朝鮮行政法要論　總論

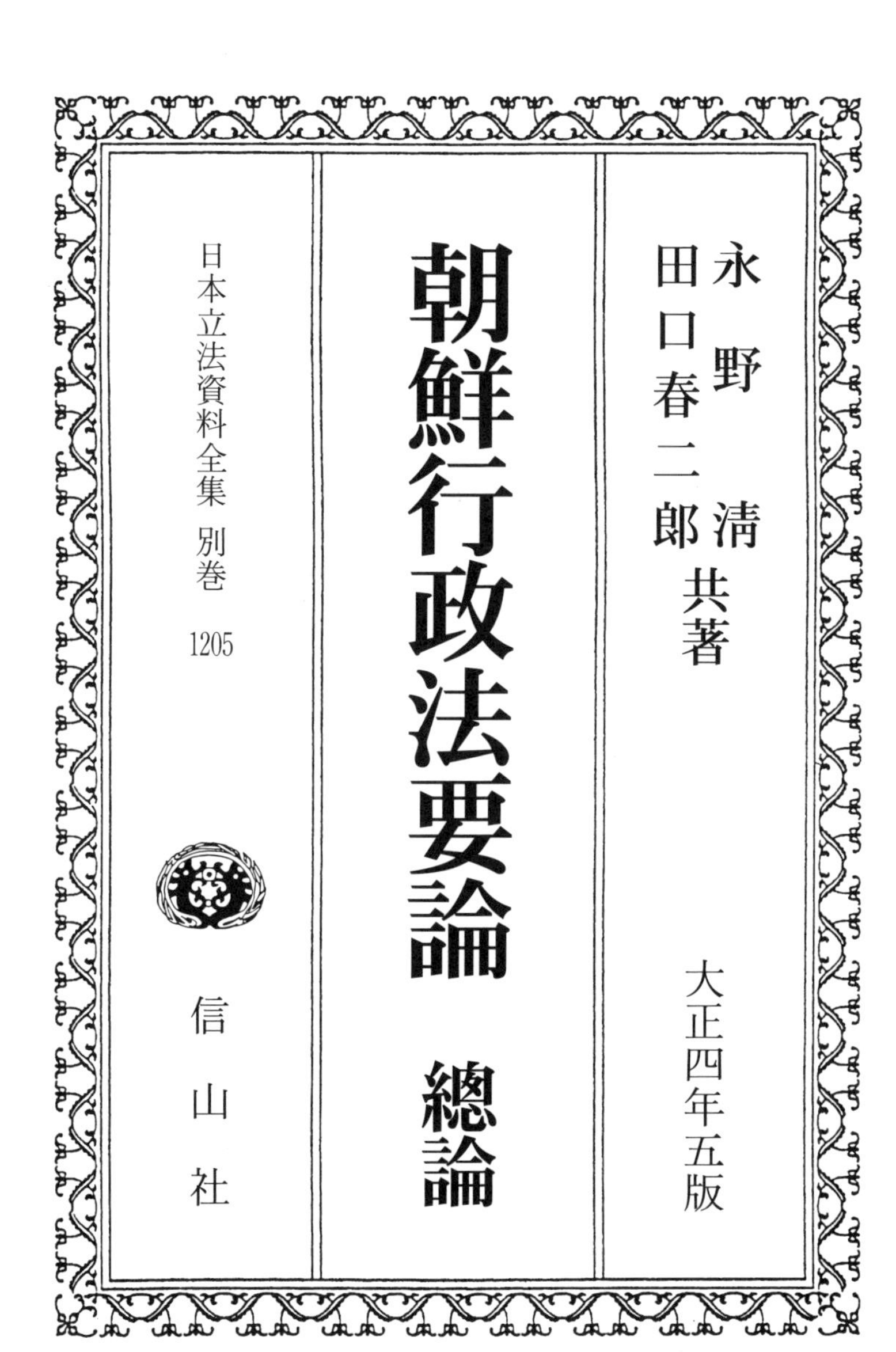

永野清
田口春二郎 共著

大正四年五版

朝鮮行政法要論 總論

日本立法資料全集 別巻 1205

信山社

法學士永野清
田口春二郎
共著

朝鮮行政法要論

總論

發行所
巖松堂京城店

叙

新領土ニ於ケル民情風俗言語慣習乃至文化ノ程度ハ本國ト同一ナラサル所アルカ故ニ其ノ統治ニ付テハ本國ノ法制ヲ以テ之ヲ强ユルヘカラサルコト東西諸國ノ史蹟ニ徵シテ明白ナリトス朝鮮統治ノ方針ハ其ノ基礎ヲ同化主義ノ上ニ置カレタリト雖之カ法制ハ半島ノ民度ニ適應スルコトヲ要シ自ラ複雜ニ涉ルヲ免カレサルカ故ニ其ノ制度ヲ知了セムト欲セハ特殊ノ研究ニ俟タサルヲ得ス

坊間朝鮮ノ法制研究ニ關スル刊行物ナキハ余ノ常ニ

遺憾トスル所ナリ此ノ時ニ方リ永野及田口兩君朝鮮行政法要論ノ著述アリタルハ空谷跫音ノ感ナクムハアラス想フニ現行法令ハ時勢ノ進運ト伴ヒ將來幾多ノ改廢ヲ要スルモノアルヘシト雖半島ノ一般法制ニ關シ兩君ノ之カ先驅タルノ功ニ至リテハ永ク沒スヘカラサルモノアリ仍テ需ニ應シ一言ヲ卷首ニ誌ス

大正三年七月　於京城

法學博士　秋山雅之介

朝鮮行政法要論序

法ハ常識ト矛盾スヘカラス、而カモ常識ハ直ニ法ヲ成サス、法ノ識ラサルヘカラサル所以也、現代ノ法ハ甚錯雜ニシテ其ノ大綱ヲスラ會得スルコト難シ、法ノ學ハサルヘカラサル所以也。

朝鮮ノ法制ハ內地ノ法制ト基礎觀念ニ於テ相杆格スルモノニ非ス、然レトモ彼此國情ニ差異アリ、其ノ適用ニ於テ、同一ナルヲ得ス、隨テ朝鮮ノ法制ハ未タ內地ノ法制ヲ以テ俄ニ之ヲ律スヘカラサル也。

法學士永野清君竝警部田口春二郎君ハ篤學ノ士也、公

務ノ餘暇朝鮮行政法ヲ研鑽シ、其ノ結構ト主義ト適用トヲ剔抉闡明シ、行政實務ノ局ニ當ル者ニ對シ、參考ノ資料トシテ本書ヲ提供セムトス、其ノ事推奬スルニ堪ヘタリ、由來行政官吏、特ニ地方官吏タル者、劇職ニ沒頭スルノ極、動モスレハ常識ニ偏頼シ或ハ却テ法ノ結構ト主義トヲ無視セムトスルノ傾向ナキニ非ス、此ノ如クムハ、其ノ適用ニ於テ法ノ精神ト時ニ千里ノ差ヲ致スノ虞ナキニ非サル也、本書ノ朝鮮行政ノ實際ニ貢獻スル所尠少ニ非サルヲ信ス、記シテ之ヲ序ト爲ス。

大正三年七月

朝鮮總督府地方局長　小原新三

序

朝鮮併合ノ事アリテヨリ正ニ四星霜法制ノ整理稍緒ニ就クト雖モ其ノ根本ニ於テ母國ト全然立脚點ヲ異ニシ專ラ殖民地統治ノ必要ニ應シタルモノナリ從テ單ニ近世ノ學理ノミヲ繹シテ其ノ本義ヲ知ル能ハス之ヲ系統的ニ研究スルハ最モ難事ニ屬ス

頃日永野清及田口春二郎兩君朝鮮行政法要論ナル一書ヲ著ハシ來テ序ヲ徵ス就キテ觀ルニ朝鮮ノ國法上ノ關係ヨリ現行法制ノ細部ニ涉リテ之ヲ說キ序次整然論議剴切遺ス所ナキカ如シ講學ニ實務ニ裨益スル

コト至大ナルモノアルヲ喜フ一言ヲ卷首ニ題ス

大正三年七月

於京城倭城臺

伯爵　兒玉秀雄誌

自序

半島ノ保護政策ハ開展シテ併合ノ機運ヲ促シ遂ニ千古ノ懸案ヲ解決シタリ是レ帝國ノ膨脹史上不朽ニ傳フヘキ大事蹟ナリトス今ヤ槿域日高クシテ風色收マリ法治ノ恩露一千五百萬ノ蒼生ニ浴ク茲ニ四週年ノ紀念日ヲ迎ヘムトス

既往ニ於ケル鮮土ノ社禝ハ幾度カ革命易姓ノ變ニ遇ヒ疲弊混沌ヲ極メタリ而カモ猶ホ堂々タル國家ノ體裁ヲ具備シタルモノナレハ之レカ統治ノ政策ハ單純ナル法理ヲ以テ律スヘカラサルモノアリ從テ時代ノ要求スル法規ハ其ノ數敢テ滋シト謂フニ非サルモ母國同化竝特別立法ノ兩主義相併立シテ頗ル紛糾ナリ之ヲ系統的ニ研究按排シテ錯雜ノ裡ニ秩序ヲ發見セムトスルハ寔ニ至難ノ業ニ屬ス菲才自ラ其ノ分ヲ越エ本書ヲ稿

スルニ公開ノ餘光ヲ以テス蓋シ日常行政ノ事務ニ與ル者法規ノ意義竝ニ趣旨ヲ知悉スルニ非サレハ能ク所期ノ效果ヲ收ムルコト難カル可キヲ思ヒ聊カ其ノ參考ニ資スルヲ以テ自己ノ責務ナリト信スレハナリ所論淺薄ニシテ杜撰必スシモ當ヲ得ス若ハ前後牴觸スルモノ尠ナカラサルヘク予等自身ニ於テモ意ニ滿タサルモノ多シ他日更梓ノ時ヲ俟テ更ニ補正セム

本書ニ於テハ母國ト內容ヲ同シクスルモノハ普通行政法ノ著書ニ讓リ主トシテ朝鮮統治ノ特別ナル點ニ付精細ヲ盡サントセリ讀者請フ之ヲ諒セラレヨ

大正三年七月

於京城

著者識

朝鮮行政法要論（總論）目次

朝鮮行政法要論（總編）目次終

朝鮮行政法要論（總論）

法學士　永野清
田口春二郎　共著

緒論

第一章　憲法ト朝鮮

我憲法カ當然ニ新領土ニ效力ヲ及ホスヤ否ハ既ニ臺灣領有ノ當時ニ於テ盛ニ論議セラレタル問題ニシテ十數年來ノ學說トシテ又實際問題トシテ今尙ホ解決ヲ見サル所ナリ曾テハ政府當局者議會ニ於テ憲法ハ新領土ニ行ハレ居ルト認ムル旨ヲ公言シ學者ノ多數モ亦此ノ積極說ニ贊成スルノ傾向ヲ呈セルヲ以テ現時ニ

於テハ恰カモ積極説ヲ以テ確定ノ説ナリトスルカ如シト雖モ多數説必シモ眞理正當ナリト認ムルヲ得ス有名ナル公法學者中現ニ反對ナル消極説ヲ熱心ニ主張スル者ナキニアラス美濃部博士ノ如キ其一人ナルヘシ去レハ本問題ハ有力ナル學説トシテ一致シアラサルハ確カナル事實ニシテ尚ホ未解決ノ儘現時ニ及ヒアリト謂ハサルヘカラス余輩ハ實際論トシテハ勿論法理論トシテモ我憲法ハ當然ニハ新領土ニ行ハレサルモノトシテ全然積極説ヲ否認セント欲スルモノナリ以下兩説ノ主張ヲ掲ケ之ニ私見ヲ加ヘテ少シク論評ヲ試ムヘシ

積極説ノ論據トスル主ナル點ハ

我憲法ニハ其ノ施行區域ニ何等ノ制限ヲ設ケサルヲ以テ憲法ハ當然ニ帝國ノ全領土卽チ新領土ニモ行ハルトナスニアリ

消極説ノ論據トスル主ナル點ハ

我憲法ノ施行區域ハ國家ノ定ムル所ニ依ルヘク領土ノ一部ニ憲法ヲ行ヒ他ノ一部ニ之ヲ行ハサルモ毫モ憲法ノ精神ニ反スルモノニ非ス何トナレハ憲法ハ制定當時ニ於テハ現ニ我帝國ノ統治權ニ服スル領土ヲ基礎トシテ制定セラレ

タルモノニシテ將來ノ新領土獲得ハ全ク豫想セサリシ所ナリ法ハ制定當時ノ社會狀態ヲ基礎トシテ制定スヘキモノニシテ新領土ノ社會狀態ハ全ク未知ノ事ニ屬シ未知ノ社會ニ對シ法ヲ制定スルハ法カ社會現象タル性質ニ反スルモノナリ之カ爲メ我憲法ハ當然ニ新領土ニ行ハルヘキモノニ非ストナスニアリ

其ノ他、憲法條規ノ解釋及之ニ伴フ區々ノ論爭ニ付テハ二說ノ異ナル所多々アルヘシト雖モ根本的爭點ノ大要ハ右ニ示ス所ノ如シ之ヲ先進國タル歐米ノ憲法ノ規定ト對照スルニ英國ノ憲法ニハ新領土ニ關スル事項ノ包括的規定ナキト同時ニ慣習モナク唯特別ノ法規トシテ王領地令ト云フカ如キモノ之アリ獨逸ニ於テハ其ノ憲法第二條ニ於テ明ニ獨逸帝國ノ文字內ニハ殖民地ヲ含有セサル旨ヲ規定シ以テ新領土ニ憲法ノ條章ヲ適用スルヤ否ヤノ問題ヲ未然ニ禦キタリ即チ千八百五十年一月三十一日現在ノ普國領土ハ憲法ノ效力ヲ有スヘキ地タルト同時ニ其ノ以後ニ於テ獲得シタル領土ニ對シテハ法律ニ依リテ變更セサル限リ當然ニハ憲法ノ效力ヲ及ホササルモノトセリ

然ルニ積極說ヲ爲ス者ハ帝國憲法ハ憲法ノ效力ヲ有スル地域ヲ明確ニシタル獨

逸憲法(普國憲法其他獨逸諸君主國及白耳義ノ憲法)ヲ其ノ直接ノ模範トシタルニ拘ラス現在ノ範圍ニ於ケル帝國ノ領土ト謂ハスシテ大日本帝國ト謂ヘルハ蓋シ將來獲得スルコトアルヘキ領土ニモ當然憲法ノ效力ヲ及スヘキモノトナシタルヤ明カナリ且ツ又明治四十四年法律第三〇號ハ無期限ニ立法權ヲ朝鮮總督ニ委任シテ同法第一條ニ朝鮮ニ於テハ法律ヲ要スル事項ハ朝鮮總督ノ命令ヲ以テ規定スルコトヲ得ト規定シ其ノ第四條ハ法律ノ全部又ハ一部ヲ朝鮮ニ施行スルコト要スルモノハ勅令ヲ以テ之ヲ定ムルコト其ノ第五條ニハ第一條ノ命令ハ第四條ニ依リ朝鮮ニ施行シタル法律及特ニ朝鮮ニ施行スル目的ヲ以テ制定シタル法律及勅令ニ違反スルコトヲ得サル旨ヲ規定ス若シ憲法ニシテ當然朝鮮ニ效力ヲ有セストスレハ朝鮮總督ノ立法權ヲ特ニ法律ヲ以テ認ムルノ必要ナク法律ト朝鮮總督ノ立法セル法令トノ效力ノ差等ヲ特ニ法律ヲ以テ規定スルノ要ナキニ終ルヘク總テ勅令ヲ以テ規定シ毫モ支障ナカルヘキニ事茲ニ出テスシテ法律ヲ以テ是等ノ規定ヲ設クルハ憲法ノ當然朝鮮等ノ新領土ニ效力ヲ及ホス所以ニシテ從テ大日本帝國ハ新附ノ領土ヲモ包含スル意ナルコトヲ反證スルモノナリト

論セリ今之ニ付テ考フルニ
帝國憲法カ普國憲法ヲ參酌シテ制定セラレタルコトハ寔ニ積極説ノ如シ然リト雖モ現在ノ範圍ニ於ケル帝國ノ土地ト規定セサリシノ故ヲ以テ直ニ將來ノ領土ヲモ考察シテ立法シタルモノナリト論斷スルハ早計ナリト謂ハサルヲ得ス帝國カ常ニ膨脹的機運ヲ享有シ世界ニ飛躍スヘキ國體タルハ夙ニ神國ノ詔ニ依リテ明カナリ此ハ憲法制定當時ニ於テ立法者ハ勿論一般ニ覺知セシ所ニシテ從テ將來ニ於テ南ニ延ヒ北ニ展シテ領土ノ擴大ヲ來シ人情風俗、慣習言語ニ於テ內地人ト相容レサル種族ヲ帝國ノ國籍ニ附隨スヘキ事アルヘキヲ豫見シタルヤ明ナリ而シテ斯ル新附ノ民ニ對シテモ內地人ニ與ヘタル憲法上ノ保障ヲ與フルモノトスレハ朝鮮及臺灣等ノ新附人民モ亦憲法ノ保障スル所トナリ憲法第十八條乃至第三十條ニ規定セル所ノ臣民トシテノ權利義務ヲ享有シ朝鮮人臺灣人ハ母國人ト等シク最高ノ文武官ト爲リ得ヘク國會議員トシテ議會ニ出席スル參政權ヲ有シ兵役ノ義務ヲ課シ彼我懸隔アルヲ許ササルナリ即チ一般內地人ト同一ナル法令ノ下ニ是等ノ權利義務ヲ獲負スヘキモノニシテ何等制限セラルルコトナカルヘシ若シ是等ノ事項ニ關シ一般內地人ト異ナル法令ニ依リテ律セラルルニ於テハ內地人ト同一ナル權利義務ノ保障アリト謂フヘカラサルヤ必セリ然ラハ帝國カ他日野蠻國ヲ併合シ猛惡ナル黑人ヲ帝國臣民ト爲シタル時アリトセンカ又近キ例ニ於テ臺灣ノ生蕃人ノ如キモ內地人ト同一ナル憲法ノ下ニ權利義務ノ保障ヲ有スルモノト謂フコトヲ得ヘシ帝國憲法カ斯ル理想ヲ以テ制定セラレタルモノト言ハハ誰レカ其ノ不眞面目ニシテ非常識ナルニ驚カサルモノアランヤ是レ蓋シ實際ニ於テモ理論ニ於テモ斯ノ如ク我憲法ヲ解釋スヘキ必要毫モ存セサル所以ヲ證シテ明ナリト云フヘシ

我國ニ於ケル憲法學ノ泰斗トシテ一般法學界ニ識ラレタル故穗積法學博士ノ所說モ亦我憲法ハ其ノ施行區域ヲ限定セサルノ故ヲ以テ帝國ノ全領土ニハ必ス行ハルトノ說ヲナシ又上述ノ如ク爲政家ニ於テモ此ノ說ヲ唱フルモノアリト雖モ憲法ノ條章中ニ於テ新領土ニ憲法ヲ施行セサルコトヲ禁シタル文字アルヲ見ス故ニ國家ハ新領土ニ對シ憲法ヲ施行セサルモ何等憲法ニ牴觸違反スルモノニアラサルヘシ而シテ憲法カ憲法制定當時ノ帝國ノ領土ナルコトヲ明示セサリシ所

以ノモノハ凡ソ法規ハ其ノ制定當時ノ領土人民乃チ被治者ノ智識發達ノ程度及風俗人情慣習等ヲ參酌シテ立法セラルヘキモノナリトスル原理ヲ知ラハ何等疑ヲ容ルルノ餘地ナキヲ信ス若シ夫レ文明ノ程度懸隔シ人情風俗慣習ノ異ナル人民ヲ束テ一括ト爲シ直ニ母國憲法ノ保障ヲ與フルトセンカ恰カモ猫ニ小判ヲ投與スルト同シク毫モ其ノ價値ヲ辨セス强テ之ヲ與フルノ愚ヤ識者ヲ俟タスシテ知ル可キナリ故ニ大日本帝國憲法ハ其ノ制定ノ始メニ當リテ自ラ其施行地域ナルモノナカルヘカラス外國ノ憲法中其ノ施行區域ヲ明示セルモノアリ之ナキモノ亦寡カラス然リト雖モ施行地域ヲ明示セルモノハ其ノ行ハルル地域ニ限界アリ其ノ明示ナキモノハ其ノ行ハルル地域ニ限界ナシト云フハ根據ナキ説ナリ余ハ斯ル場合ニ於テハ明示アルモノハ全ク論ナク之ナキトキハ則チ事實ニ就テ之ヲ認ムルノ外ナシト云ハント欲ス蓋シ憲法ト謂ヒ法律命令ト謂ヒ虛ニ劃キ空ニ架スルモノニアラス何レモ制定ノ時ニ當リ被治者ノ知識發達ノ程度及人情風俗慣習ニ鑑ミ制定セラレタルモノニシテ母國ト顯著ナル徑庭優劣アル新領土ニ對シテ施行セラルル意思アルモノトナスコトハ到底觀念スルコト能ハサル所ナリ

以上ノ前提ニ基キ余ハ我憲法ハ其ノ施行地域ニ關スル明文ナキヲ以テ明治二十三年之ヲ施行セル地域ヲ以テ憲法ノ施行地域ト認ムルノ正當ナルヲ信スル者ナリ外國ノ事例ニ付テ見ルモ英國ニ於テハ憲法ハ英蘭愛蘭及蘇蘭ノ本土ニ於テノミ行ハレ殖民地タル印度加奈陀及濠洲等ニ對シテハ全ク別個ノ法域ヲ爲セリ又獨逸ハ千八百七十一年エルサス、ロートリンゲンヲ獲得シタリト雖モ自發的ニハ此ノ新領土ニ憲法ノ效力ヲ及ホスコトナキナリ即チ獨逸帝國ハ法律ヲ以テ帝國憲法ヲ千八百七十三年一月一日ヨリ施行スヘキコトヲ定メ其ノ後更ニ法律ヲ以テ千八百七十四年一月一日ヨリ施行スヘキコトヲ明示シ此ノ時期ヨリ新領地タルエルサス、ロートリンゲンニ行ハレタルモノニシテ其ノ憲法ノ效力ハ凡テノ殖民地ニ及ハス獨逸本土以外ノ領土ハ之ヲ保護領ト稱シ憲法ヲ行フコトナシ

次ニ朝鮮總督ニ對シ附與シタル立法權ヲ法律ヲ以テ認メタル所以如何ヲ研究スルニ是レ畢竟特別統治ノ特例ヲ示スモノニシテ寧ロ憲法ヲ是等ノ地ニ行ハスト謂フコトヲ反證スルモノニアラスヤ即チ朝鮮ノ情況ニ依リ憲法施行ノ區域外ノ領土トナシ特別ニ統治スヘキコトノ意思ヲ表示シタルモノニ非スシテ何ソヤ

茲ニ余輩ノ所謂憲法施行ト云フハ憲法ノ或ル一條又ハ其ノ一部分カ行ハルルト云フコトニアラスシテ憲法ノ全部カ無條件ニテ完全圓滿ニ行ハルルコトヲ意味スルニアリ故ニ憲法ノ全部カ無條件ニ行ハルルト云フ以上ハ憲法附屬法及憲法上ノ立法事項カ無條件ニ施行セラレ居ルコトヲ意味スヘクシテ何等カ特異ナル個所アレハ卽チ立憲統治ノ下ニアリト云フヲ得スシテ特別統治ナリト謂ハサルヘカラス此ノ點ニ於テ我憲法ノ行ハルル地域ハ新領土ヲ包含セサルヤ何等疑ヲ挾ム餘地ナキモノト謂ハサルヘカラス若シ憲法ノ或條項カ行ハレアルニ依リ之レヲ以テ憲法施行ノ地域ナリト唱フコトヲ許スヘクンハ殖民地保護國ハ勿論外國領土ノ租借地又ハ他ノ獨立國トテモ我憲法ノ施行地域内ニ入ルト稱スルコトヲ得ヘシ何トナレハ我憲法ニ依リテ任命セラレタル文武官ハ常ニ外國ニ駐在シ我憲法ニ依リテ定メラレタル豫算ノ外國ニ於テ支出スルモノ決シテ少ナカラサレハナリ然リト雖モ是レ豈大日本帝國憲法ノ施行ナランヤ故ニ新領土ニ憲法ノ全部カ無條件ニ且ツ完全ニ行ハルルトハ之ヲ施行スル手續アリタル時期ニ於テ初メテ唱フルコトヲ得ルモノニシテ其ノ施行手續ノ明示ナルト默示ナルトハ敢

テ問フ所ニアラス單ニ無條件ニシテ且ツ圓滿ニ施行セラレアリト認ムヘキ事實ノ發生アレハ可ナルノミ

之ヲ要スルニ我國憲ハ憲法ノ定ムル所ニ依リ帝國領土ノ全部ニ行ハルト云フ事ヲ得ヘシ然リト雖モ其ノ新領土ニ行ハルルモノハ我領土權ノ性質ト其ノ政治ノ實情ニ依リ其ノ態樣ヲ異ニスルノミナラス外國ノ地ニモ我國憲ノ行ハルル場合多キヲ想フトキハ憲法ノ行ハルルト云フ語ト國憲ノ行ハルルト云フ語トハ截然タル區別アルモノナリト謂ハサルヘカラス余ハ叙上ノ論旨ヲ以テ新領土ニ對シテ我國憲ノ行ハルル所ナリト爲スモ我憲法カ當然ニ無條件ニシテ且ツ完全ニ行ハルル地ナリト爲サス如何ナル事項ト雖モ單ニ大權ノ發動ニ依リテ統治スルコトヲ得ヘクシテ委任立法ニ淵源ヲ酌ム朝鮮總督ノ有スル立法權ハ素ヨリ適法ノ法規ニシテ憲法違反又ハ不適法ノモノニ非スト解ス乞フ次ニ之ヲ論セン

先ツ總督ノ有スル立法權ハ如何ナル法源ニ基キテ適法ニ朝鮮ニ行ハレ居ルモノナリヤ此ノ點ニ關シ聊カ說クノ必要アリ凡ソ憲法ノ行ハレサル新領土ヲ統治スルニハ君主固有ノ大權ニ依リ如何ナル形式ヲ以テ法規ヲ定ムルモ自由ナルヘシ

此ハ憲法制定以前ニ於ケル法令ノ制定ト毫モ異ナル所ナキカ故ニ君主ハ新領土ヲ統治スルニ付或ハ直接ニ大權ノ命令卽チ勅令ヲ以テシ或ハ大權ノ行使ニ議會ヲ參與セシメ卽チ法律ヲ以テスルモ乃至法律ノ委任ヲ以テ特別統治ノ形式ニ依リ新領土ノ總督ニ一切又ハ或限定セル立法權ヲ委任スルモ一ニ大權ノ自由ナルヘシ故ニ朝鮮ヲ統治スルニ付明治四十三年緊急勅令第三二四號ヲ以テ翌年更ニ法律第三〇號ヲ以テ朝鮮總督ニ立法權ヲ委任シタルハ憲法ノ條規ニ依リタルニアラスシテ全ク大權ノ自由ナル行動ニ出テタルモノニ外ナラス緊急勅令第三二四號ニ代フルニ法律第三〇號ヲ以テシタルハ緊急勅令ノ違憲ナルカ為ニアラスシテ單ニ朝鮮總督ノ立法權ヲ尊重スルノ意思ヲ以テ法律ノ形式ヲ採リタルニ過キサルモノト解釋スルヲ妨ケス蓋シ我帝國カ既ニ立憲主義ノ政體タル以上ハ新領土ノ統治ニ關シテモ常ニ亦此ノ主義ヲ沒却スヘカラサルハ當然ノコトナレハナリ從テ新領土ヲ統治スルニ必要ナル法規ヲ制定スルニ付大權ノ行使ニ議會ヲシテ參與セシムルニ至リタルハ機宜ヲ得タルノ措置トナスヘク之ヲ以テ憲法カ朝鮮ニ行ハレ居ルニ基クト解セントスルハ全ク誤解ナリト斷スルヲ憚カラス又

法律ノ朝鮮ニ施行セラルルモノアルカ故ニ憲法カ朝鮮ニ行ハレ在ルノ證左トナスモノアルモ是亦失當ノ見解ナリ新領土ニ憲法カ行ハレサルト雖モ便宜上若ハ特別ノ事項ニ付内地ト統一ヲ保ツノ必要上ヨリ法律ヲ行フハ何等ノ差支ナカルヘシ我帝國ノ領土外ニ於テモ尚ホ且ツ法律ヲ施行シタル實例アリ卽チ明治四十一年東洋拓植株式會社法及明治三十九年京釜鐵道買收法ヲ舊韓國ニ施行シタルカ如キハ其ノ一例ナリ況ンヤ領土内ニ於テハ設令憲法ノ行ハレサル地方ト雖モ法律ヲ施行スルニ於テ何等ノ支障ナキナリ左レハ朝鮮ニ於テ現ニ勅令制令ノ外法律ノ施行セラレアルヲ理由トシテ之レカ爲メ直ニ朝鮮ニ憲法ノ行ハレアリトスルノ論據ハ薄弱ニシテ採ルニ足ラサルナリ

余輩ハ新領土ニ對シテハ我憲法ハ當然ニハ施行セラルルモノニアラスト解スルノ結果憲法ヲ行フニハ必ス國家意思ノ宣明アルコトヲ要スルモノナリ固ヨリ其ノ意思ノ宣明ハ明示タルヲ要セス默示ニテモ可ナリ新附ノ臣民ニシテ母國ノ文物ト同一程度ノ進境ニ達シ人情風俗習慣ニ於テ同化ノ實績ヲ擧ケ特別立法ノ權限ヲ極縮セラレ事實上憲法ノ施行セラレアル狀態ニ至レハ憲法ノ施行セラレタ

ルモノト認容スルヲ得ヘシ然ルニ從來朝鮮ニ憲法ヲ行フトノ明示的宣明ナキハ勿論默示ノ宣明ト認ムヘキ事實一モ之レヲ存スルナシ立憲政治ニ最モ必要ナル裁判所構成法ノ如キ尙ホ之ヲ施行セラレスシテ行政訴訟訴願ノ自由ヲモ許容シアラサルヨリ見ルモ他ハ之ヲ推知スルニ難カラサルナリ

積極說ノ多數ナル現時ニ於テ消極說ヲ主張スルトキハ恰カモ專制政治ヲ謳歌スルカ如キ誤解ヲ招ク恐レナキニアラスト雖モ理論及事實上ニ於テ之ヲ認メサルヘカラサル以上ハ徒ラニ虛飾ヲ爲シ空論ヲ弄ヒテ大勢ニ阿附スルカ如キハ國政上何等裨益スル所ナカル可ク法ハ社會現象ナリトスル原則ノ存スル以上ハ社會民度ニ適應スル法規ナラサレハ法ノ目的ヲ達シ得サルモノナルヘシ然ルニ現時ノ朝鮮ニ於テ一千四百萬ノ一般民度ニ徵シ必ス憲法ノ保障ヲ與ヘサルヘカラサルノ狀態ニ進ミアルヤ否ヤ余輩ハ文化ノ點ニ於テハ勿論習慣風俗ヲ異ニスル朝鮮人ハ未タ憲法ノ保障ヲ與ヘサルヘカラサル程度迄日本化セルモノト云フ能ハサル狀態ニアリト認ム從テ憲法ノ保障ヲ與フル必要ヲ認メス新附ノ臣民ヲ統治スルニハ須ラク機宜ニ適スル法制ヲ以テ之ニ臨ムハ政治上得策ナリト信ス憲法

カ行ハレサルノ故ヲ以テ專制ヲ標榜シ國利民福ニ反スル政治ヲ許サヽルハ勿論ニシテ政治ハ其ノ根柢ニ於テ立憲ノ趣旨ニ從ヒ國利民福ヲ以テ主眼トシ併合ノ精神ニ背乖セサル如ク力メテ母國人ト同樣ノ進度ニ誘導スヘキモノナリ要スルニ憲法カ朝鮮ニ行ハレサルカ爲メ現ニ朝鮮ニ行ハルル法規ノ實質上不法ナルモノナリト誤解スヘカラサルハ極メテ緊要ナル事項ニ屬ス余輩ハ新領土統治ノ實績ヲ擧クルコトカ國家最上ノ目的ト信スルモノナルカ故ニ此ノ事實ヨリ見ルモ尚ホ且ツ委任立法ハ適法ナリト解セムト欲スルモノナリ朝鮮總督ノ有スル立法權ニ基ク法令ヲ以テ憲法違反ノ法規ナリトスルカ如キハ我欽定憲法ノ神聖ヲ損スルノ甚タシキモノト謂ハサルヘカラス

以上所論ノ如ク我憲法ト朝鮮トノ關係ニ付テハ實際論トシテモ且ツ又法理論トシテモ消極說ヲ至當ト信ス換言スレハ帝國憲法ハ新領土ニ對シ當然ニハ其ノ效力ヲ及ホサストナスモノナリ

第二章　國法上朝鮮ノ地位

近時我國運ノ發展ハ大ニ領土ノ擴張ヲ來シ民情風俗ヲ異ニスル新領域ヲ統治スル關係上從來ニ於ケル帝國ノ現行法律ハ直チニ採テ新領土ノ臣民ニ施行スルコトヲ得サル事情アル結果トシテ時々或ハ特別ノ法律ヲ制定シ或ハ是等新附人民ノ從來ノ慣習ヲ認容スヘキ必要ヲ生シ今ヤ帝國ノ法律ハ必シモ領域一般ニ其ノ效力ヲ及スモノニアラスシテ地方民族ニ依リ其ノ規定適用ヲ異ニシ一國ノ領域內ニ於テ同一性質ヲ有スル數多ノ法律ハ互ニ法域ヲ異ニシテ行ハルルニ至レリ而シテ我現行法上斯ノ如キ關係ヲ發生スルハ內地ト朝鮮、臺灣、樺太及租借地タル關東州トノ間並是等地方相互間ナリトス而シテ朝鮮カ內地ニ比シ如何ナル關係ヲ以テ統治セラルルヤ換言スレハ朝鮮ハ國法上如何ナル地位ニ立ツモノナリヤノ研究ハ朝鮮ニ於ケル立法及諸般施政ノ基礎ヲ攻覈スル上ニ於テ極メテ緊要ナルコトナリト信ス

一般學者ハ國法上我朝鮮ハ殖民地ナリト稱ス而カモ殖民地ナル語ハ元來經濟政策上ノ觀念ヨリ生シタル稱呼ニシテ法律上ノ術語ニアラス其ノ意義ニ關シテハ學說時ニ甚喧シキヲ見ル蓋シ國家ノ發達領土ノ擴張等ハ主トシテ歷史的事實ニ

シテ憲法法律ニ先テ存シ憲法法律ト相離レテ其ノ形ヲ成スコト多キヲ以テ法文又ハ法理ヲ以テ之ヲ解説スル能ハサル場合之ナシトセス或者ハ憲法施行區域外ノ領土ヲ以テ殖民地ト定義シ或者ハ母國主權ノ一部カ行使セラルル地方ヲ稱シ政治上及經濟上母國ト特別ナル事情アルカ爲メ之ヲ殖民地ト看做シ特種ノ法制ヲ採用シタル地ナリト定義ス何レニセヨ外國ノ領土内ニ一國民ノ移住スルカ如キ單純ナル移民地ハ殖民地ト稱スヘカラサルモノニシテ殖民地タル觀念ニハ一國主權ノ行使セラルルコトヲ必要トス之ヲ外國ノ例ニ付テ見ルニ英國ニ於テハ憲法政治ノ行ハルル區域以外ノ英國領ヲ殖民地ト謂ヒ其ノ英領印度ニ至リテハ之ヲ一ノ獨立國ト同一視シ英國皇帝ハ印度王ヲ兼ヌル君合國ナリト稱シ之ヲ殖民地視セサルナリ獨逸ニ於テハ保護領ナル名稱アリト雖モ殖民地ナリヤ否ヤハ同シク憲法施行區域ニ屬スル領土ナリヤ否ヤニ依リ之ヲ區別シ米國ニ於テモ亦然リ即チ米國ハ憲法上北米合衆國ヲ構成スル各州ハ原則トシテ互ニ獨立ノ法域ヲ成スモ各米國本土ノ一部分ニシテ殖民地ニアラス之ニ反シ憲法上斯ル領域ニ屬セサル米國ノ領土ハ所謂屬地ニシテ本國ノ一部分ニアラス從テ屬地ナリヤ將

タ又本國ナリヤハ憲法施行ニ屬スル領土ナリヤ否ヤニ依リ之ヲ區別ス次ニ若シ佛國ノ如ク國際法上佛國ノ主權ニ專屬スル領土ハ國法上ニ於テモ亦直ニ本國ノ一部分ヲ成シ憲法ノ規定ハ當然新領土ニ其ノ效力ヲ及スヘキモノトスル原則ヲ採ルカ或ハ專制君主國ノ如ク國法上ノ領土ト國際法上ノ領土ト常ニ其ノ範圍ヲ同フスルトキハ一定ノ領土カ本國ナリヤ將タ又殖民地ナリヤハ全ク經濟上ノ意義ヲ有スルニ過キスシテ何等法律上ノ意義ヲ有セサルモノト言フヲ得ヘシ然ルニ立憲政體ノ國家ニ於テ風俗慣習及智識ノ程度ヲ異ニスル新領土ヲ獲得シタルトキニ當リ特別ノ意思表示ナキニ於テハ直ニ之ヲ本國ニ編入シ憲法施行區域ト爲ササルハ前章所論ノ如クナルヲ以テ國際法上ニ於テハ其ノ領土ニ屬スルモ國法上之ヲ殖民地ト稱シテ本國ノ一部分ト認メサルニ至レリ故ニ殖民地ハ單ニ地理的名稱タルニ止マラスシテ憲法上ノ意義ヲ有スルモノナレハ殖民地トハ一國ノ憲法施行區域以外ノ領土ナリトスル定義ヲ至當ト信スルナリ從テ殖民地ニ對スル本土(本國又ハ母國)トハ國家ノ最高權力ノ發源地タル部分若クハ中央政府ノ所在タル法域ヲ謂フニアラスシテ國家カ憲法施行區域ト認ムル領域ノ全部ヲ意

味ス然レトモ本土ト殖民地トノ區別ハ主トシテ政治上ノ事實若クハ政治學上ノ意味ヲ以テ之ヲ定ム可クシテ法理論トシテハ其ノ基準ヲ求ム可キ資料甚乏シト云ハサルヘカラス以下少シク臺灣樺太及關東州カ國法上ニ於ケル地位ト對照シ朝鮮ノ國法上ニ於ケル地位ヲ論定セント欲ス

我憲法ハ其ノ施行區域ヲ地理的ニ局限スル所無ク且ツ國境ノ變更領土ノ得喪ハ必ス法律ヲ以テ定ムヘキコトヲ規定セス宣戰媾和條約ノ締結ハ一ニ君主ノ大權ニ屬シ國際法上新領土ヲ獲得シタルトキハ其ノ新領土ハ何等ノ立法手續ヲ要セスシテ直ニ我憲法上ノ領土タルコトヲ認メサルヘカラス從テ國家ノ特別ノ意思表示ナキ限リハ憲法ノ規定ハ當然新領土ニ施行セラルヘキコトヲ認メサルヘカラサルカ如シト雖モ我國家ハ必シモ新領土ヲ統治スルニ憲法ノ規定ニ依ルヘキ拘束ヲ受ケサルカ故ニ新領土ヲ憲法施行ノ區域外ノ領土トシテ統治スヘキ特別ノ意思表示ヲ爲スコトヲ得ルハ論ヲ俟タス曩ニ臺灣ヲ領有スルヤ法律ヲ以テ臺灣總督ニ律令制定權ヲ附與シ朝鮮ヲ併合スルヤ先ツ緊急勅令ヲ以テ更ニ之ニ代フルニ法律ヲ以テ朝鮮總督ニ制令制定權ヲ附與シ特別統治ノ主義ヲ表明シタル

ハ我國家カ朝鮮及臺灣ヲ憲法施行區域外ノ領土トシテ統治スヘキ特別ノ意思表示ヲナシタルモノト認ムルコトヲ得ヘク從テ我憲法上殖民地ト稱スヘキ領土ハ朝鮮及臺灣アルノミナリ

樺太及關東州ハ經濟上ノ意義ニ於テハ勿論我殖民地ナリト雖モ憲法施行區域外ノ領土タルコトヲ認メサルヲ以テ憲法上ノ意義ニ於テ之ヲ殖民地ト稱スルコトヲ得サルモノトス即チ樺太ニ付テハ明治四十年法律第二五號ヲ以テ法律ノ全部又ハ一部ヲ樺太ニ施行スルヲ要スルトキハ勅令ヲ以テ之ヲ定ムト規定シ樺太ニ施行セラルヘキ政治ハ皆憲法ノ條規ニ從テ立法シタル法律ニ依リテ司法シ行政セサルヘカラス朝鮮及臺灣等ニ於ケル特別立法主義ノ如ク其ノ性質ニ於テ別種ノ法律トシテ樺太ニ施行スルモノニアラス即チ此ノ法律第二五號ニ基キ明治四十年三月勅令第九四號ヲ以テ樺太ニ施行セル法例、裁判所構成法、民法、商法、刑法、刑事訴訟法及登記法等六十餘種ノ法律ハ皆法律其ノ儘ノ性質ヲ變スルコトナク內國法トシテ施行セラレ朝鮮ニ於テ制令ノ內容トシテ是等多クノ法律ヲ採用シタルトハ全ク其ノ性質ヲ異ニスルヲ以テ法律上樺太ハ原則トシテ內地ト法域ヲ異

ニスルモノナリト論定スルコトヲ得サルナリ

關東州ノ殖民地ニアラサル所以ハ元來租借地ハ純然タル我國領土ニ屬スルモノニアラス一ノ國家カ國際條約ニ依リテ他ノ國家ノ領土ノ一部ヲ占領シテ之ヲ統治スルモノニシテ條件附領土權ノ一種ナリ租借地ノ讓與者ハ其ノ主權ヲ己ニ保留シ其ノ讓受者ハ其ノ條件ノ範圍內ニ於テ其ノ殖民的經營ヲ行フモノトス而シテ租借地ニ行ハルル統治權ハ我國固有ノ權力ニシテ他國ノ委任ニ依リテ行フモノニアラスト雖モ租借地ノ土着ノ人民ハ我臣民トシテ統治スルニアラスシテ名義上ノ領土權ハ尙ホ租貸國ニ留保セラレ將來ニ於テハ之カ還附ノ機運ナキヲ測ルヘカラサルハ勿論之ヲ我朝鮮ニ於ケル如ク領土ノ併合ニ依リ新附ノ國民トシテ國籍ヲ變更シ之カ統治ノ方法ニ關シ特別ナル政策ヲ認ムル必要ヨリ出テタル統治權ノ作用トハ全ク其ノ性質形式ヲ異ニスルモノニシテ國法上關東州ハ殖民地ト稱スルコトヲ得サルハ明瞭ナルコトナリ

以上論シタル所ニ依リ我朝鮮ハ國法上一ノ殖民地タル地位ニ在ルモノニシテ併合ノ當初ニ於テ既ニ特別統治ノ方針ヲ採リ緊急勅令第三二四號ヲ以テ委任立法

ノ制ヲ認メ更ニ此ノ立法權ヲ尊重スルカ爲メ之ニ代フルニ法律第三〇號ヲ以テ該緊急勅令ノ趣旨ニ寸毫ノ改竄ヲ試ムルコトナク且ツ無期限ニ委任立法ノ制ヲ繼續シタル結果特別統治ノ基礎ハ永久ニ確立セラレタルモノナリト謂フヘシ而シテ朝鮮ハ地理上一葦帶水ヲ隔テテ母國ト指呼ノ間ニ位シ太古ヨリ互ニ交通融合セル事跡ハ事々物々ニ瞭々タルモノアリ從テ種族ニ於テモ殆ト近邇ノ關係ニアルヲ以テ等シク殖民地ト雖モ同化ノ進度ニ於テ歐米ノ殖民地ト同一ニ視ルヘカラサルモノアリ卽チ英國ノ埃及ニ於ケル佛國ノ安南東京ニ於ケル和蘭西班牙ノ南洋ニ於ケルカ如キハ人種風土ニ於テ全ク本國ノ夫レト隔絕シ法律上永久的殖民地タル地位ニアルモノナリト雖モ我朝鮮ハ此ノ點ニ於テ一時的殖民地タル性質ヲ有スルモノニシテ同化ノ進步ニ伴ヒ或ル時期ニ到達セハ特別統治ノ制度ヲ撤廢シ之ヲ憲法施行ノ區域內ニ編入シ母國ノ一部分トナスコト敢テ難キニアラサルヘシ其ノ經營ノ方法ニ至リテハ母國民タル移住者ハ常ニ土着人ト協同シテ其ノ信任ヲ穫成シ土着人ニ勞働ノ途ヲ得ル智識ヲ與ヘ好ク帝國ノ國旗ヲ愛慕スルコトニ誘導スヘキモノニシテ其ノ個々ノ方略ニ至リテハ卽チ殖民政策又ハ

土民政策トシテ論スヘキモノニ屬シ本書ノ範圍ニアラサルヲ以テ之ヲ省ク

第一編　朝鮮行政ノ法源

第一章　併合條約ノ成立ニ付テ

母國ト鮮土ノ關係タルヤ其ノ縁源遠ク邈漠タル古代ニ發シ變遷推移業ニ二千餘載ヲ經タリ而シテ其ノ直接ニ併合ノ機運ヲ促進シタルハ近ク十年前即チ明治三十七年二月二十三日日韓議定書締結以來數次ノ協約又ハ覺書ニ依リ半島ニ對スル保護權ヲ獲得シタルニ在リ帝國政府ハ明治三十八年十一月勅令第二四〇號ヲ以テ保護領經營ノ爲メ統監府及理事廳ヲ設ケ統監ヲ京城ニ理事官ハ京城、仁川、元山、釜山、鎮南浦、木浦、群山其ノ他須要ノ地ニ置クコトトシ同年十二月勅令第二六七號ヲ以テ之カ官制ヲ定メ同時ニ韓國駐在ノ帝國公使館及領事館ヲ撤廢シ統監ハ韓國ニ於テ帝國政府ヲ代表シ其ノ外交事務ヲ統理監督シ安寧秩序ノ保持ノ爲メ必要ナルトキハ韓國ニ駐剳スル帝國軍隊ノ使用ヲ司令官ニ命令スル權限ヲ有シ又日韓協約覺書等ノ取極メニ依レハ韓國施政ノ改善ニ關シ忠告シ且ツ指導誘掖スル職責アルコトヲ明ニシ茲ニ保護制度ヲ確立シテ時ノ樞密院議長伊藤公爵統監ニ親任セラレ三十九年三月二日大小ノ僚員ト共ニ京城ニ入リ諸般ノ改良ニ貢獻スルコト三年有餘日明治四十二年七月十日副統監曾禰子爵更迭シテ統監トナリ明治四十三年五月曾禰子爵病ノ故ヲ以テ更ニ陸軍大臣寺內子爵代テ第三世統監ノ職ヲ兼攝スルニ至ル此ノ間年ヲ閱スル四年有餘鋭意施政ノ革新ニ努メ效果少ナカラスト雖モ保護統治ノ制度ハ到底完全ニ韓國王室ノ安固ト人民ノ福利ヲ保障シ難キノミナラス東洋ノ平和ハ永遠ニ期待スヘカラサルモノアリ即チ海牙密使事件、暴徒ノ蜂起、伊藤公爵哈爾賓車站ノ慘劇、李首相ノ危禍其ノ他諸種ノ暗流ハ十全ニ所期ノ實績ヲ奏スルコト能ハスシテ過渡逡巡ノ狀態ニ彷徨スルノ間對韓政策展開ノ祥瑞ハ早ク既ニ熟成シ政界ノ晴雨計ハ著シキ變徵ヲ示シ保護制度ニ一大革新ヲ加フヘキ萠芽ヲ發生シタリ仍テ明治四十三年五月寺內統監ハ着任ニ先チ之カ準備トシテ韓國政府ヨリ警察權ノ委託ヲ受ケ駐劄憲兵及在來ノ警察官ヲ合シテ同一首腦ノ下ニ統一シ以テ治安維持ノ確實ヲ保シ越ヘテ七月二十三日京城ニ着任シ八月十八日始メテ併合ニ關スル帝國政府ノ所見ヲ韓國政府ニ開陳セリ爾來幾次ノ協議ヲ重ネ兩國ノ意見合致セシヲ以テ統監ハ八月二十一日併合條約案ヲ帝國政府ニ打電シテ御親裁ヲ仰ク韓國皇帝亦能ク時勢ヲ洞觀シ併合ハ相互永遠ノ幸福ヲ增進スル所以ナルヲ認メラレ同日兩國政府ハ寺內統監及李總理大臣ヲ併合條約締結全權委員ニ任命シ直ニ調印ヲ結了シタルモ之カ發表ハ八月二十九日トセラレ其ノ公布ト同時ニ之ニ附帶スル詔書、詔勅竝勅諭、諭告等ヲ發布セラレタリ併合ノ趣旨竝施政ノ根本的方針ハ之ニ依リテ窺知スルコトヲ得ヘキヲ以テ左ニ其ノ全文ヲ掲ク

●詔書

朕東洋ノ平和ヲ永遠ニ維持シ帝國ノ安全ヲ將來ニ保障スルノ必要ナルヲ念ヒ又常ニ韓國カ禍亂ノ淵源タルニ顧ミ曩ニ朕ノ政府ヲシテ韓國政府ト協定セシメ韓國ヲ帝國ノ保護ノ下ニ置キ以テ禍源ヲ杜絶シ平和ヲ確保セムコトヲ期セリ

爾來時ヲ經ルコト四年有餘其ノ間朕ノ政府ハ鋭意韓國施政ノ改善ニ努メ其ノ成績亦見ルヘキモノアリト雖韓國ノ現制ハ尚未タ治安ノ保持ヲ完スルニ足ラス疑懼ノ念每ニ國內ニ充溢シ民其ノ堵ニ安セス公共ノ安寧ヲ維持シ民衆ノ福利ヲ增進セムカ爲ニハ革新ヲ現制ニ加フルノ避ク可ラサルコト瞭然タルニ至レリ

朕ハ韓國皇帝陛下ト與ニ此ノ事態ニ鑑ミ韓國ヲ擧テ日本帝國ニ併合シ以テ時勢ノ要求ニ應スルノ已ムヲ得サルモノアルヲ念ヒ茲ニ永久ニ韓國ヲ帝國ニ併合スルコトトナセリ

韓國皇帝陛下及其ノ皇室各員ハ併合ノ後ト雖相當ノ優遇ヲ受クヘク民衆ハ直接朕カ綏撫ノ下ニ立チテ其ノ康福ヲ増進スヘク産業及貿易ハ治平ノ下ニ顯著ナル發達ヲ見ルニ至ルヘシ而シテ東洋ノ平和ハ之ニ依リテ愈々其ノ基礎ヲ鞏固ニスヘキハ朕ノ信シテ疑ハサル所ナリ

朕ハ特ニ朝鮮總督ヲ置キ之ヲシテ朕ノ命ヲ承ケテ陸海軍ヲ統率シ諸般ノ政務ヲ總轄セシム百官有司克ク朕ノ意ヲ體シテ事ニ從ヒ施設ノ緩急其ノ宜キヲ得以テ衆庶ヲシテ永ク治平ノ慶ニ頼ラシムルコトヲ期セヨ

明治四十三年八月二十九日

御名御璽

朕天壤無窮ノ丕基ヲ弘クシ國家非常ノ禮數ヲ備ヘムト欲シ前韓國皇帝ヲ册シテ王ト爲シ昌德宮李王ト稱シ嗣後此ノ隆錫ヲ世襲シテ以テ其ノ宗祀ヲ奉セシメ皇太子及將來ノ世嗣ヲ王世子トシ太皇帝ヲ太王ト爲シ德壽宮李太王ト稱シ各其ノ儷匹ヲ王妃太王妃又ハ王世子妃トシ竝ニ待ツニ皇族ノ禮ヲ以テシ特ニ殿下ノ敬稱ヲ用ヰシム世家率循ノ道ニ至リテハ朕ハ當ニ別ニ其ノ軌儀ヲ定メ李家ノ子孫ヲシテ奕葉之ニ頼リ福履ヲ増綏シ永ク休祉ヲ享ケシムヘシ茲ニ有衆ニ宣示シ殊典ヲ昭ニス

明治四十三年八月二十九日

御名御璽

●舊韓國皇帝ノ詔勅

朕東洋ノ平和ヲ鞏固ナラシメンカ爲韓日兩國ノ親密ナル關係ニヨリ彼我相合シテ一家ト爲ルハ相互萬世之幸福ヲ圖ル所以ナルヲ念フヲ以テ茲ニ韓國ノ統治ヲ擧ケテ此ヲ朕ノ極メテ信賴スル大日本皇帝陛下ニ讓與スルコトニ決定シ依テ必要ナル條章ヲ規定シ將來我皇室永久ノ安寧ト生民ノ福利トヲ保障スル爲內閣總理大臣李完用ヲ全權委員ニ任命シ大日本帝國統監寺內正毅ト會同シテ商議協定セシムル諸臣亦朕カ意ノ確斷タル所ヲ體シテ奉行セヨ

隆熙四年八月二十二日

御名御璽

●舊韓國皇帝ノ勅諭

皇帝若ク曰朕否德ヲ以テ艱大ノ業ヲ承ケ臨御以後今日ニ至ルマテ維新ノ政令ニ關シ亟圖備試シ未タ嘗テ用力至ラサルハナシ由來積弱痼ト成リ疲弊極度ニ到リ時日ノ間挽回ノ施措望無ク中夜憂慮善後ノ策茫然タリ此ニ任シテ支離益甚タシカランニハ自ラ終局收拾シ得サルニ底ルヘシ寧ロ大任ヲ人ニ托シテ完全ニスヘキ方法ト革新ノ功效ヲ奏セシムルニ如カス故ニ朕ハ是ニ於テ瞿然トシテ內省シ廓然トシテ自斷シ茲ニ韓國ノ統治權ヲ從前ヨリ親信依仰セル隣國大日本帝國皇帝陛下ニ讓與シ外東洋ノ平和ヲ鞏固ニシ內八域ノ生民ヲ保全セシム惟爾大小臣民ハ深ク國勢ト時宜ヲ察シテ煩擾スル勿ク各其業ニ安ンシテ日本帝國文明ノ新政ニ服從シ共ニ幸福ヲ受ケヨ朕カ今日ノ此擧ハ爾有衆ヲ忘レタルニアラスシテ實ニ爾有衆ヲ救活セントスルノ至意ニ出テタルモノナレハ爾

臣民等克ク朕カ此意ヲ體セヨ

隆熙四年八月二十九日

御璽

韓國併合條約

明治四十三年八月二十九日 條約第四號

日本國皇帝陛下及韓國皇帝陛下ハ兩國間ノ特殊ニシテ親密ナル關係ヲ顧ヒ相互ノ幸福ヲ増進シ東洋ノ平和ヲ永久ニ確保セムコトヲ欲シ此ノ目的ヲ達セムカ爲ニハ韓國ヲ日本帝國ニ併合スルニ如カサルコトヲ確信シ茲ニ兩國間ニ併合條約ヲ締結スルコトニ決シ之カ爲日本國皇帝陛下ハ統監子爵寺内正毅ヲ韓國皇帝陛下ハ內閣總理大臣李完用ヲ各其ノ全權委員ニ任命セリ因テ右全權委員ハ會同協議ノ上左ノ諸條ヲ協定セリ

第一條

韓國皇帝陛下ハ韓國全部ニ關スル一切ノ統治權ヲ完全且永久ニ日本國皇帝陛下ニ讓與ス

第二條

日本國皇帝陛下ハ前條ニ掲ケタル讓與ヲ受諾シ且全然韓國ヲ日本帝國ニ併合スルコトヲ承諾ス

第三條

日本國皇帝陛下ハ韓國皇帝陛下太皇帝陛下皇太子殿下並其ノ后妃及後裔ヲシテ各其ノ地位ニ應シ相當ナル尊稱威嚴及名譽ヲ享有セシメ且之ヲ保持スルニ十分ナル歳費ヲ供

給スヘキコトヲ約ス

第四條

日本國皇帝陛下ハ前條以外ノ韓國皇族及其ノ後裔ニ對シ各相當ノ名譽及待遇ヲ享有セシメ且之ヲ維持スルニ必要ナル資金ヲ供與スルコトヲ約ス

第五條

日本國皇帝陛下ハ勳功アル韓人ニシテ特ニ表彰ヲ爲スヲ適當ナリト認メタル者ニ對シ榮爵ヲ授ケ且恩金ヲ與フヘシ

第六條

日本國政府ハ前記併合ノ結果トシテ全然韓國ノ施設ヲ擔任シ同地ニ施行スル法規ヲ遵守スル韓人ノ身體及財產ニ對シ十分ナル保護ヲ與ヘ且其ノ福利ノ增進ヲ圖ルヘシ

第七條

日本國政府ハ誠意忠實ニ新制度ヲ尊重スル韓人ニシテ相當ノ資格アル者ヲ事情ノ許ス限リ韓國ニ於ケル帝國官吏ニ登用スヘシ

第八條

本條約ハ日本國皇帝陛下及韓國皇帝陛下ノ裁可ヲ經タルモノニシテ公布ノ日ヨリ之ヲ施行ス

右證據トシテ兩全權委員ハ本條約ニ記名調印スルモノナリ

明治四十三年八月二十二日

隆熙四年八月二十二日

統監 子爵 寺内正毅

内閣總理大臣 李完用

●諭告

叡聖文武 天皇陛下ノ大命ヲ奉シ本官今ヤ朝鮮統轄ノ任ニ膺ルニ際シ茲ニ施政ノ綱領ヲ示シテ朝鮮上下ノ民衆ニ諭告ス

夫レ疆域相接シ休戚相倚リ民情亦昆弟ノ誼アルモノ相合シテ一體ヲ成スハ自然ノ理必至ノ勢ナリ是ヲ以テ大日本國 天皇陛下ハ朝鮮ノ安寧ヲ確實ニ保障シ東洋ノ平和ヲ永遠ニ維持スルノ緊切ナルヲ念ヒ前韓國元首ノ希望ニ應シ其ノ統治權ノ讓與ヲ受諾シ給ヒタリ自今前韓國ノ皇帝陛下ハ昌德宮李王殿下ト稱セラレ皇太子ハ王世子トナリテ後嗣長ヘニ相繼承シ萬世無窮タルヘク太皇帝陛下ハ德壽宮李太王殿下ト稱セラレ並ニ皇族ノ禮遇ヲ賜ハリ其ノ秩俸ノ豐厚ナル皇位ニ在スノ時ト異ルナカルヘシ朝鮮民衆ハ盡ク帝國臣民ト爲リ 天皇陛下撫育ノ化ヲ被ムリ長ヘニ深仁厚德ノ惠澤ニ浴スヘシ殊ニ忠順ニ新政ヲ翼贊スル賢良ハ其功勞ニ準シ榮爵ヲ授ケラレ恩金ヲ賜ハリ又其ノ材能ニ應シ帝國ノ官吏トシテ或ハ中樞院職官ノ班ニ列セラレ或ハ中央若ハ地方官廳ノ職員ニ登用セラルヘシ

又班族儒生ノ耆老ニシテ恭謙能ク庶民ノ師表タル者ニハ尙齒ノ恩典ヲ與ヘラレ孝子節婦郷黨ノ模範タル者ニハ褒賞ヲ賜リ以テ其ノ德行ヲ表彰セラルヘシ旣ニ地方官吏ノ職

ニ在リ國稅逋缺ノ行爲アリタル者ハ其責任ヲ解除シ特ニ其ノ未勘金ノ完納ヲ免セラルヘシ又從前法律ニ違反シタル者ニシテ其ノ犯罪ノ性質特ニ愍諒スヘキ者ニ對シテハ一律ニ大赦ノ特典ヲ與ヘラルヘシ

如今地方ノ民衆積弊ノ餘辟ヲ受ケ或ハ業ヲ失ヒ產ヲ傾ケ又甚シキハ流離饑餓ニ瀕スル者アリ依テ先ツ民力ノ休養ヲ圖ルノ急務ナルヲ認メ隆熙二年度以前ノ地稅ニシテ今尙未納ニ係ルモノハ之ヲ免除シ隆熙三年以前ノ貸付ニ係ル社穀ハ其ノ還納ヲ特免セシメ且本年秋季ニ徵收スヘキ地稅ハ特ニ其ノ五分ノ一ヲ輕減シ更ニ國帑約一千七百萬圓ヲ支出シ之ヲ十三道三百二十有餘ノ府郡ニ配與シ以テ士民ノ授產敎育ノ補助並凶歉ノ救濟ニ充テシムヘシ是皆斯ノ更始一新ノ時ニ方リ惠撫慈養ノ聖旨ヲ昭ニスル所以ナリ然リト雖國政ノ利澤ヲ蒙ル者其ノ分ニ應シテ國費ヲ負擔スルハ天下ノ通則ニシテ古今東西皆然ラサルハ莫シ故ニ克ク這般救恤ノ本旨ヲ體シ或ハ恩ニ狃レテ奉公ノ心ヲ失ハサラシコトヲ期スヘシ凡ソ政ノ要ハ生命財產ノ安固ヲ圖ルヨリ急ナルハ莫シ蓋シ殖產ノ方興業ノ途之ニ次テ振作スルヲ得ヘケレハナリ從來不逞ノ徒頑迷ノ輩遐邇ニ出沒シ或ハ人ヲ殺シ財ヲ掠メ或ハ非謀ヲ企テ騷擾ヲ起ス者アリ是ヲ以テ帝國ノ軍隊ハ各道ノ要所ニ駐屯シテ時變ニ備ヘ憲兵警官ハ普ク都鄙ニ亘リテ專ラ治安ノ事ニ從ヒ又各地ニ法廷ヲ開キテ公平無私ノ審判ヲ下スニ努ム是固ヨリ奸凶ヲ懲罰シ邪曲ヲ芟除セムカ爲ナリト雖畢竟國內全般ノ安寧秩序ヲ維持シ各人ヲシテ其ノ堵ニ安シテ業ヲ營ミ產ヲ治メシメムトスルニ外ナラス

今朝鮮ノ地勢ヲ通觀スルニ其ノ南土ハ肥沃ニシテ農桑ニ適シ其ノ北地ハ概ネ鑛物ニ富ミ內河外海亦魚介多シ遺利餘澤ノ獲收スヘキモノ鮮少ナリトセス其ノ開發ノ方法宜シキヲ得ハ產業ノ振作期シテ待ツヘシ而シテ產業ノ發達ハ主トシテ運輸機關ノ完成ニ俟タサルヘカラス是事ヲ創メ業ヲ起スノ階梯ナレハナリ今道路ヲ十三道ノ各地ニ開キ鐵道ヲ京城元山間及三南地方ニ新設シ漸ヲ以テ全土ニ及ホサムトス斯ノ如クニシテ大成ヲ將來ニ期スルト共ニ其ノ開墾敷設ノ工程ニ於テ衆民ニ生業ヲ與ヘ其ノ窮乏ヲ拯フノ一助タルヘキヲ疑ハス朝鮮古來ノ流弊ハ奸惡乘シ唯利ヲ以テ相爭フニ在リ是ヲ以テ一黨勢ヲ得レハ忽チ他派ヲ賊ハムトシ一派力ヲ占ムレハ輙チ他黨ヲ仆サムトシ頡頏排擠其ノ窮極スル所ヲ知ラス終ニ產ヲ破リ家ヲ亡ホス者尠シトセス是尺害アリテ寸益ナシ爾後黨ヲ樹テ社ヲ結ヒ徒ニ輕擧妄動ヲ事トスルカ如キコトアルヘカラス但シ政令洽ク下ニ及ハス民意動モスレハ上ニ達セスシテ上壓下怨ノ弊ヲ釀スハ古今其ノ例ニ乏シカラス依テ中樞院ノ規模ヲ擴張シ老成ノ賢良ヲ網羅シテ其ノ議官ニ列シ重要ナル政務ノ諮詢ニ應セシメ又各道及府郡ニハ參與官又ハ參事ノ職ヲ設ケ能士俊材ヲ登用シテ之ニ充テ其ノ言議ヲ徵シ其ノ獻策ニ聽キ以テ政令ト民情ト相牴牾スル所ナカランコトヲ期ス

凡ソ人生ノ憂患ハ疾病ヨリ酷シキハ莫シ從來朝鮮ノ醫術ハ未タ幼稚ノ域ヲ脫セスシテ以テ病苦ヲ救ヒ天壽ヲ全フセシムルニ足ラス是最モ痛嘆スヘキ所ナリ曩ニ京城ニ中央醫院ヲ開キ又全州淸州及咸興ニ慈惠醫院ヲ設ケテ以來衆庶ノ其ノ恩波ヲ蒙ル者極メテ

多シト雖未タ全土ニ普及セサルヲ遺憾トシ既ニ令ヲ發シテ更ニ各道ニ慈惠醫院ヲ增設セシメ名醫ヲ置キ良藥ヲ備ヘ汎ク起死回生ノ仁術ヲ施サシメムトス

顧フニ人文ノ發達ハ後進ノ教育ニ俟タサルヘカラス而シテ教育ノ要ハ智ヲ進メ德ヲ磨キ以テ修身齊家ニ資スルニ在リ然ルニ諸生動モスレハ勞ヲ厭ヒ逸ニ就キ徒ニ空理ヲ談シテ放漫ニ流レ終ニ無爲徒食ノ遊民タル者往々ニシテ之レ有リ自今宜シク其ノ弊ヲ矯メ華ヲ去リ實ニ就キ懶惰ノ陋習ヲ一洗シテ勤儉ノ美風ヲ涵養スルコトニ努ムヘシ

信教ノ自由ハ文明列國ノ均シク認ムル所ナリ各人其ノ崇拜スル教旨ニ倚リ以テ安心立命ノ地ヲ求メムトスルハ固ヨリ其ノ所ナリト雖宗派ノ異同ヲ以テ漫ニ紛爭ヲ試ミ又ハ名ヲ信教ニ藉リテ叨ニ政事ヲ議シ若ハ異圖ヲ企テムトスルカ如キハ即チ良俗ヲ紊亂シ安寧ヲ妨害スルモノナルヲ以テ當ニ法ヲ案シテ處斷セサルヘカラス然レトモ儒佛諸教ト基督教トヲ問ハス其ノ本旨ハ畢竟人心世態ノ改善ニ在ルカ故ニ固ヨリ施政ノ目的ト背馳セサルノミナラス却テ之ヲ裨補スヘキモノタルヲ疑ハス是ヲ以テ各種ノ宗教ヲ待ツニ毫モ親疎ノ念ヲ挾マサルハ勿論其ノ布教傳道ニ對シテハ適當ナル保護便宜ヲ與フルニ吝ナラサルヘシ

本官今　聖旨ヲ奉シテ此ノ地ニ莅ムヤ一ニ治下生民ノ安寧幸福ヲ增進セムト欲スルノ外他念アルナシ是レ茲ニ諄々トシテ其ノ適從スヘキ所ヲ諭示スル所以ナリ倘漫ニ妄想ヲ逞フシ敢テ施設ヲ妨碍スル者アラハ斷シテ假借スル所ナカルヘシ若シ夫レ忠誠身ヲ持シ謹愼法ヲ守ルノ良士順民ニ至ツテハ必ス皇化ノ惠澤ニ霑ヒ其ノ子孫亦永ク恩波ニ

浴スヘシ爾等恪テ新政ノ宏謨ヲ奉體シテ苟モ違フ所アル勿レ

明治四十三年八月二十九日

統監子爵寺内正毅

斯ノ如クニシテ二千有餘年間ノ懸案タリシ韓國併合ノ偉業ハ兩國政府ノ意思疏通ニ基キ條約ノ形式ニ依リ保安上多少ノ動搖ヲ豫期シタルニ反シ何等流血ノ慘狀ヲ現出セサルノミナラス毫末騷擾ノ徵候ダニ見ルコトナク面積一萬四千百餘方里ノ全領土蒼生一千四百萬餘ノ生靈ハ擧ケテ帝國ノ統治權ニ入リ僅カニ保護領トシテ列強均勢ノ間ニ介在シタル半開ノ國民ハ是ヨリ世界一等國ノ伍列ニ加リテ文明ノ曙光ニ浴スルコトヲ得タルナリ而シテ半島ノ社稷ハ素ト幾度カ革命易姓ノ災禍ヲ經上下相率テ疲弊ノ極ニ陷リタリト雖モ當時尚ホ堂々タル國家ノ體裁ヲ具備シタルモノニシテ彼ノ大國ノ一斷片ヲ割取セル臺灣樺太又ハ租借地タル關東州ニ比シ大ニ其ノ事情ヲ異ニスルモノアリ今日之カ根本的解決ヲ見ルノ時運ニ遭遇シタルハ皇國ノ稜威且ツハ時勢推移ノ然ラシムル所ナリト雖モ亦天佑ナルヘキカ余輩ハ歷次統監ノ重職ニ在リテ豫定ノ方策ヲ盡シ能ク其ノ大任ヲ全フスルコトヲ得タル國家重臣ノ功ヲ思フヤ切ナリ

茲ニ於テ同年八月二十九日勅令第三一八號ヲ以テ韓國ノ國號ハ之ヲ廢シテ朝鮮ト稱シ同日勅令第三一九號ヲ以テ朝鮮ニ朝鮮總督府ヲ設置シ總督府官制ノ制定ニ到ルマテ統監ヲシテ朝鮮總督ノ職務ヲ行ハシメ舊韓國一切ノ政務ヲ繼承セシメラレタリ當時韓國ニハ宮中ニ宮内府及親衛府アリ統治機關トシテ中央ニ内閣內部、度支部、農商工部學部ノ四部ノ外ニ中樞院、表勳院、會計檢査院アリ其ノ所屬官廳トシテハ法典調査局、警視廳、大韓醫院、漢城府、土地調査局、建築所、稅關、印刷局、臨時財產整理局、參政局等ノ諸官廳アリ又地方所在ノ官廳トシテハ觀察、道府郡、財務監督局、財務署、慈惠醫院、營林廠、勸業模範場、平壤鑛業所、輸出牛檢疫所、種苗所等ノ機關ヲ有シ外ニ在韓帝國官廳トシテ統監府及其ノ所屬官廳タル理事廳、司法廳、裁判所鐵道管理局、通信官署、警察官署、特許局等アリシカ併合條約成立スルヤ先ツ親衛府内閣、表勳院、會計檢査院ヲ廢シ宮内府ハ李王職ト改稱シ學部ハ之ヲ廢シテ其ノ事務ヲ內部ニ移シ內部、度支部、農商工部ハ之ヲ存置シテ統監府司法廳ハ之ヲ司法部ト改稱シ共ニ朝鮮總督府ノ組織ニ編入セラルルコトトナシ爾來約一箇月間各機關ノ統一廢設其ノ諸般ノ準備ニ着手シ同九月三十日數號ノ勅令ヲ以テ朝鮮總督府又其ノ所屬官署ノ官制ヲ公布セラレ同十月一日ヨリ之ヲ實施セラレタリ而シテ可成急激ナル變革ヲ加フルヲ避ケ專ラ實質ノ改善ヲ圖リ漸次緊縮ノ方針ヲ以テ著々改良ノ歩武ヲ進メラレ現行ノ制度ニ於ケル分課ノ大要左表ノ如シ

- 稅務課
- 檢查課
- 稅關出張所
- 稅關監視署
- 營林廠
  - 庶務課
  - 會計課
  - 營林支廠
  - 營林廠出張所
- 醫院
  - 附屬醫學講習所
- 濟生院
  - 濟生院分院
- 平壤鑛業所
  - 庶務課
  - 業務課
- 勸業模範場
  - 勸業模範場支場
    - 女子蠶業講習所
  - 勸業模範場出張所
  - 農林學校
- 中央試驗所
  - 工業傳習所
- 朝鮮關稅訴願審查委員會
- 土木會議
- 高等土地調查委員會
- 道地方土地調查委員會
- 官立學校
- 朝鮮公立學校

朝鮮總督府所屬官署

- 監獄
  - 監獄出張所
  - 監獄分監
    - 監獄分監出張所
- 鐵道局
  - 總務課
  - 營業課
  - 汽車課
  - 工務課
  - 經理課
  - 建設課
  - 鐵道局出張所
- 遞信局
  - 監理課
  - 計理課
  - 工務課
  - 通信課
  - 電氣課
  - 海事課
  - 郵便爲替貯金管理所
  - 郵便局
    - 郵便所
  - 遞信局出張所
- 臨時土地調査局
  - 總務課
  - 調査課
  - 測量課
  - 臨時土地調査局支局
  - 臨時土地調査局出張所
  - 臨時土地調査局事務員養成所
  - 臨時土地調査局技術員養成所
- 稅關
  - 庶務課
  - 監視課
  - 稅關支署

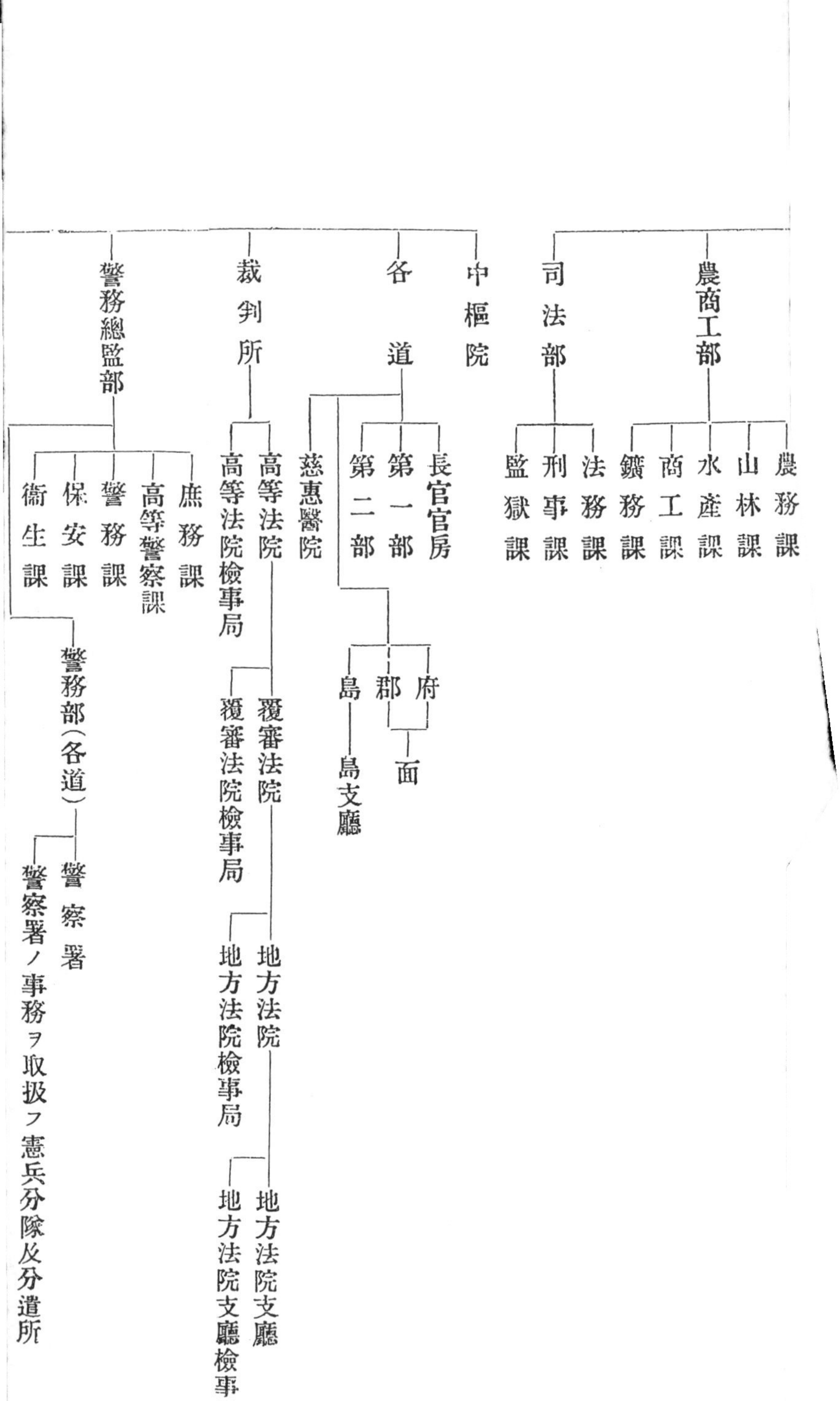

農商工部
農務課
山林課
水産課
商工課
鑛務課
司法部
法務課
刑事課
監獄課
中樞院
各道
長官官房
第一部
第二部
慈惠醫院
府
郡
島
面
島支廳
裁判所
高等法院
高等法院檢事局
覆審法院
覆審法院檢事局
地方法院
地方法院檢事局
地方法院支廳
地方法院支廳檢事局
警務總監部
庶務課
高等警察課
警務課
保安課
衛生課
警務部(各道)
警察署
警察署ノ事務ヲ取扱フ憲兵分隊及分遣所

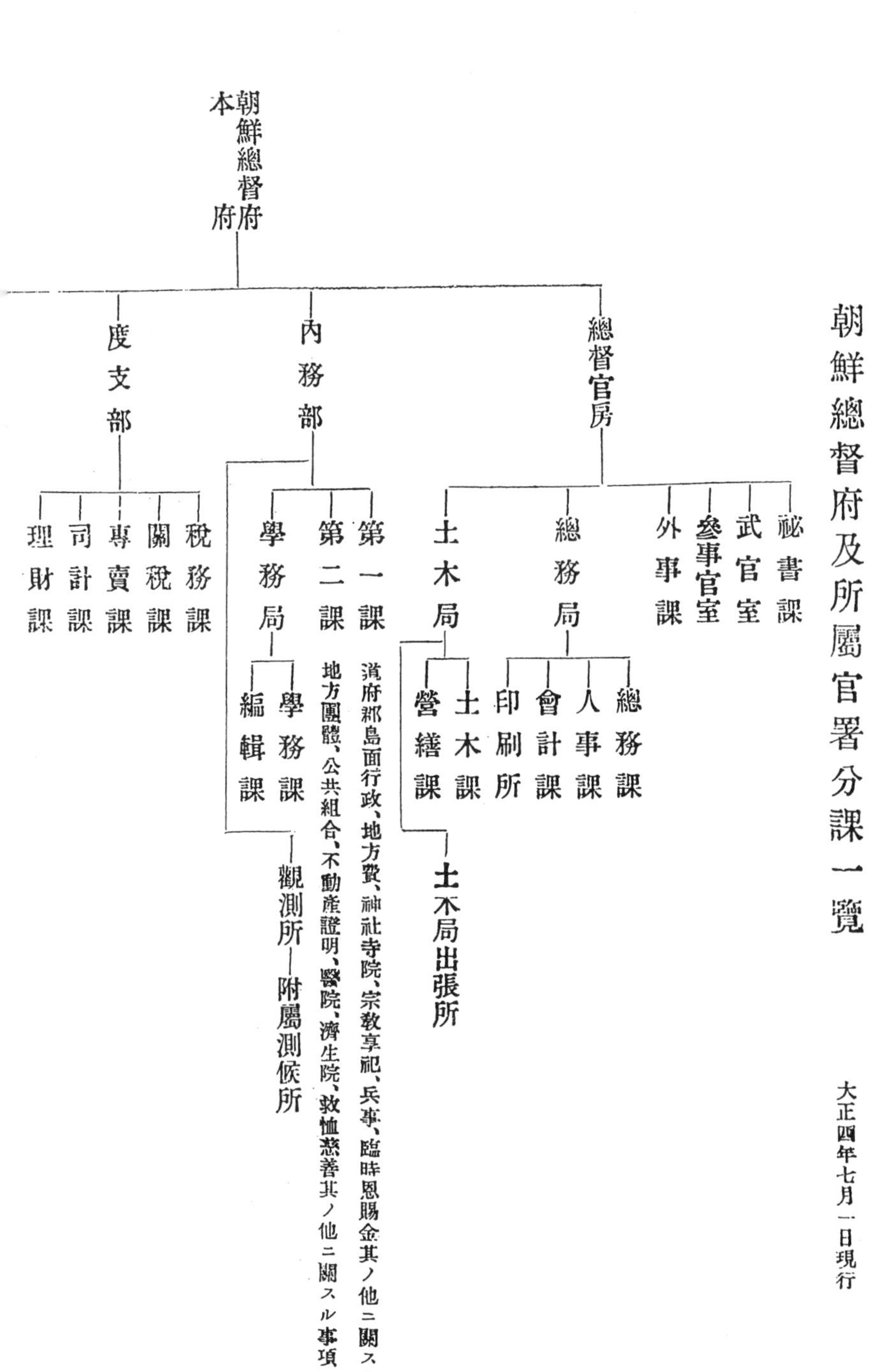

朝鮮總督府及所屬官署分課一覽
大正四年七月一日現行
朝鮮總督府本府
總督官房
秘書課
武官室
參事官室
外事課
總務局
總務課
人事課
會計課
印刷所
土木局
土木課
營繕課
土木局出張所
內務部
第一課
道府郡島面行政、地方費、神社寺院、宗教享祀、兵事、臨時恩賜金其ノ他ニ關スル事項
第二課
地方團體、公共組合、不動產證明、醫院、濟生院、救恤慈善其ノ他ニ關スル事項
學務局
學務課
編輯課
觀測所
附屬測候所
度支部
稅務課
關稅課
專賣課
司計課
理財課

第二章　朝鮮ノ立法

第一節　朝鮮ノ特別立法主義

明治四十三年八月二十九日帝國政府ハ併合ノ實行ト同時ニ朝鮮ニ對シ殖民地制度ヲ採リ勅令第三二四號ヲ以テ特別立法主義ヲ認メタリ該勅令ハ翌年帝國議會ノ承諾ヲ得サリシヲ以テ將來ニ向テ其ノ效力ヲ失フヘキ旨公布セラレタリト雖モ更ニ直ニ全文同一ノ諸條ヲ內容トスル法律第三〇號ヲ公布シ朝鮮總督ニ對シ二三條件附帶ノ下ニ無期限ニ朝鮮ニ於ケル立法ノ權限ノ委任セラレ特別立法ノ根本的方針ニハ何等ノ影響ヲ及ホスコトナシ蓋シ朝鮮ニ於ケル法律事項ハ憲法ノ規定セル普通ノ方法ニ依リ之ヲ制定スルコトヲ得ヘキハ素ヨリ論ナキ所ナリト雖モ前已ニ詳述シタル如ク民俗言語習慣ノ相容レサル新領土ノ人民ニ對シ母國ト同一手續ノ立法ヲ要スルモノトセハ(一)新領土統治上焦眉ノ急ニ應スヘキ法令ハ議會閉會ノ故ヲ以テ空シク荏苒ノ厄ニ遇ヒ緊急勅令ノ發布ト雖モ尚ホ且ツ之カ御裁可迄ニ要スル時日間ニ於テ測ルヘカラサル危殆ヲ招致スヘキ狀態ナキ

ヲ保セス(二)況ンヤ議會ノ多數ハ比較的新領土ノ事情ニ通セス協賛ハ殆ント無意味ノ形式ニ過キサルモノアルヘキノミナラス(三)立法案ノ修正改廢ハ往々新領土ノ實際ニ適合セサルコトナキヲ保セス(四)而シテ新領土ニ於テハ民俗習慣ノ異ナルカ爲メ法規ハ往々ニシテ試驗的ニ制定セサルヘカラサル必要アルコトアリ(五)且ツ又新領土ノ社會狀態ノ急劇ナル變遷ハ試驗ノ結果ニ徴シテ急速ニ法規ノ改正ヲ要スル事情多々アルハ免レサル所ナリトス故ニ殖民地總督ニ對シ委任立法ノ權ヲ認容シ總督ヲシテ一方行政機關タルト同時ニ他方ニ於テ立法機關タラシムルモノニシテ統治上尤モ適切ナル方策ナリト謂フヘシ

朝鮮ニ於ケル行政法規ハ主トシテ明治四十三年勅令第三二四號及同四十四年法律第三〇號ニ其ノ根據ヲ酌ムモノナリ今試ニ左ニ之ヲ掲ケン

●朝鮮ニ施行スヘキ法令ニ關スル件　明治四十四年三月法律第三十號（四十三年八月二十九日緊急勅令第三二四號）

第一條　朝鮮ニ於テハ法律ヲ要スル事項ハ朝鮮總督ノ命令ヲ以テ之ヲ規定スルコトヲ得

第二條　前條ノ命令ハ內閣總理大臣ヲ經テ勅裁ヲ請フヘシ

第三條　臨時緊急ヲ要スル場合ニ於テ朝鮮總督ハ直ニ第一條ノ命令ヲ發スルコトヲ得

前項ノ命令ハ發布ノ後直ニ勅裁ヲ請フヘシ若シ勅裁ヲ得サルトキハ朝鮮總督ハ直ニ其ノ命令ノ將來ニ向テ效力ナキコトヲ公布スヘシ

第四條　法律ノ全部又ハ一部ヲ朝鮮ニ施行スルヲ要スルモノハ勅令ヲ以テ之ヲ定ム

第五條　第一條ノ命令ハ第四條ニ依リ朝鮮ニ施行シタル法律及特ニ朝鮮ニ施行スル目的ヲ以テ制定シタル法律及勅令ニ違背スルコトヲ得ス

第六條　第一條ノ命令ハ制令ト稱ス

附　則

本令ハ公布ノ日ヨリ之ヲ施行ス

此ノ法律ニ基キ朝鮮總督ハ從來ノ法令ヲ有效ナラシムル爲メ左ノ命令ヲ發セリ

●法令ノ效力ニ關スル件　明治四三、八、二九 制令第一號

朝鮮總督府設置ノ際朝鮮ニ於テ其ノ效力ヲ失フヘキ帝國法令及韓國法令ハ當分ノ內朝鮮總督ノ發シタル命令トシテ尙其ノ效力ヲ有ス

附　則

本令ハ公布ノ日ヨリ之ヲ施行ス

●明治四十三年制令第一號ニ依ル命令ノ區分ニ關スル件　明治四三、一〇、一 制令第八號

明治四十三年制令第一號ニ依リ現ニ效力ヲ有スル命令ニシテ其制令ヲ以テ定ムルコト

ヲ要スル事項ヲ規定シタルモノハ制令、其ノ朝鮮總督府令ヲ以テ定ムルコトヲ得ル事項ヲ規定シタルモノハ朝鮮總督府令、其ノ警務總監部令ヲ以テ定ムルコトヲ得ル事項ヲ規定シタルモノハ警務總監部令、其ノ道令ヲ以テ定ムルコトヲ得ル事項ヲ規定シタルモノハ道令、其ノ警務部令ヲ以テ定ムルコトヲ得ル事項ヲ規定シタルモノハ警務部令ヲ以テ定メタルモノトス

附　則

本令ハ公布ノ日ヨリ之ヲ施行ス

●制令ヲ以テ法律ニ依ルノ規定アル場合ニ於テ其ノ法律ノ改正アリタルトキノ效力ニ關スル件

明治四四、六、一二 制令第二號

制令ニ於テ法律ニ依ルノ規定アル場合ニ於テ其ノ法律ノ改正アリタルトキハ改正法律施行ノ日ヨリ其ノ改正法律ニ依ル但シ別段ノ規定アル場合ハ此ノ限ニ在ラス

附　則

本令ハ公布ノ日ヨリ之ヲ施行ス

以上ノ法令ヲ根據トシ個々ノ法規ヲ考覈スルトキハ現行朝鮮ニ於ケル法令ノ種類ハ實ニ左ノ如シ

一、法律

二、勅令

三、條約

四、制令

五、朝鮮總督府令

六、閣令及省令

七、布告及太政官達（明治四年布告菊御紋章ニ關スル件、明治十八年太政官達第十六號文官傷痍等差例、明治十五年太政官達第六七號一般人民巡査同様ノ働キヲ爲シ死傷セシ者ノ療治料弔祭料扶助料支給ノ件等）

八、朝鮮總督府警務總監部令

九、朝鮮總督府道令

一〇、朝鮮總督府警務部令

一一、朝鮮總督府島令

一二、舊韓國ノ法令中今尙ホ有效ナル法令

一三、併合ノ際失效スヘキ帝國法令ニシテ今尙ホ有效ナル法令

一四、併合後始政記念日ニ至ル間ノ法令

一五、不文法

一六、公法人ノ條例又ハ規約

一見シテ其ノ複雜ニシテ探究ノ困難ナルヲ推測スルニ難カラス是レ蓋シ朝鮮ハ原則トシテ特別立法ノ治下ニ置カルト雖モ主權ノ發動ハ母國立法部ヲシテ朝鮮ニ對シ何時ニテモ法令ヲ制定セシメ之ヲ施行スルニ何等ノ妨ケナク又法令ノ性質上帝國ノ全領域ニ當然其ノ效力ヲ及ホスモノアリ且ツ併合草卒ノ際ニ於テ準據スヘキ個々ノ法令ヲ一々新定スルノ繁煩ハ到底爲シ能フ所ニアラサルノミナラス在來ノ法令ハ假令適切ナラサルニセヨ遽カニ改廢ヲ要セスシテ寧ロ急劇ナル變更ハ却テ人心ノ動搖ヲ惹起スルコトナキヲ保セサルヲ以テ差當リ從前ノ法令ニ由ラシムルヲ至當ト認メタル結果斯ク複雜ナル法規ノ存在スル所以ニシテ亦止ムヲ得サルモノナリト謂フヘシ而シテ叙上各種ノ法令中在留內地人ノミニ適用スヘキモノアリ朝鮮人ノミニ適用スヘキモノアリ又在留內地人及朝鮮人ニ共通ニ適用スヘキモノアリテ之カ適用ノ範圍竝法令ノ性質效力及其ノ競合等ニ付テハ以下節ヲ分テ詳述セントスルモ要スルニ朝鮮現時ノ法制ハ複法統治ノ主義ナルヲ以テ土着人法ト在留母國人法トハ同一事項ニ付別個ノ法規存在スルコ

トアルニ注意スヘシ民智ノ程度風俗慣習ノ相容レサル目下ノ狀況ニ於テハ誠ニ機宜ヲ得タルモノナリト謂フヘシ然リト雖モ歲月經過シ彼我同化ノ接近スルニ伴ヒ漸次此ノ主義ヲ改良シテ單法統治ノ方針ニ出ツル傾向アルハ頗ル顯著ナル事實ナリトス卽チ近時法制ノ整理ハ在留內地人及朝鮮人ニ對シ多ク共通的ニ制定セラレアルヲ見ル例ヘハ併合後發布ノ法律、勅令、制令、朝鮮總督府令其ノ他ノ命令ハ特別ノ明示ナキ限リ又ハ土着人ニノミ適用スヘキ性質タル默示ノ認ムヘキモノナキ限リハ何レモ內鮮人ニ共通適用スヘキモノナリ而シテ土着人カ永年平和ノ裡ニ慣行シ來リタル善良ナル風俗慣習ハ之ヲ尊重シテ益々發達セシムヘキモノナルヘク其ノ如何ニ之ヲ助長セシムヘキヤハ政策ノ範圍ニ屬シ本論ノ關スル所ニアラス序ニ朝鮮ノ立法機關ヲ一言セン茲ニ立法機關ト謂フハ單ニ法律事項ノ制定ニ關與スル機關ノミナラス苟クモ朝鮮ニ於ケル法規命令ノ制定ヲ爲シ得ル權限ヲ有スル總テノ機關ヲ謂フモノニシテ母國ノ立法機關及朝鮮ノ立法機關ノ二アリ

第一　母國立法機關

天皇ハ固有ノ大權ヲ發動シ立法機關以外ニ立テ殖民地タル朝鮮ニ對シ何時ニテモ命令ヲ發スルコトヲ得ルハ當然ナリ又帝國議會ハ憲法ノ朝鮮ニ施行セラルルト否ニ關セス立法權ヲ有スルヲ以テ朝鮮ニ關スル法律案ヲ提出協贊シ得ルハ勿論ナリ又內閣總理大臣竝各省大臣ハ朝鮮ニ行ハルル法律勅令ノ授權アリタル事項ニ限リ朝鮮ニ效力ヲ及ホス命令ヲ發スルコトヲ得然リト雖モ母國立法機關ニシテ殖民地ノ事情ニ精通セス猥リニ新領土ノ立法ニ干涉スルコトアラムカ法ハ社會ノ反影ナリト謂フ原則ニ背キ爲ニ殖民地ノ經營ニ支障ヲ來シ統治上憂慮スヘキコトナキヲ保セス特ニ土人ニ關スル事項ノ如キハ全ク特別立法主義ヲ尊重シ其ノ發達ニ阻碍ヲ招クコトナキヲ要ス然レトモ母國タルト朝鮮タルトヲ問ハス事情ヲ同シクスル事項ニ付テハ力メテ統一ヲ圖ル必要アルヘシ例ヘハ海事ニ關スル法規ノ如シ又鴨綠江橋梁取締ノ如キハ帝國ノ支配ニ屬スル同一橋梁ニ對シ朝鮮及關東州ニ於テ區々ノ規定アルヲ見ル是等ハ母國法規ヲ以テ劃一ニセハ寧ロ便宜ナルヘシト思料ス

第二　朝鮮ノ立法機關

朝鮮ニ於ケル立法機關トシテ中央ニ總督及警務總長アリ地方ニ道長官及警務部長アリ朝鮮總督ハ法律ノ委任ニ依リ制令ノ制定權及法律、勅令、閣令ノ委任ニ依リ、朝鮮總督府令ヲ發スル權限ヲ有ス又朝鮮總督ノ所屬官廳タル警務總長、道長官、警務部長、島司モ官制其ノ他ノ委任ニ依リ各或種ノ命令ヲ發スル權限ヲ有ス其ノ他公法人タル自治團體モ亦特種ノ條例又ハ規約ヲ制定スルコトヲ得ルモ茲ニ所謂立法機關ニアラサルナリ

抑〻殖民地統治ノ基礎ハ其ノ立法ノ適否如何ニ關スルコト頗ル大ナリ從テ立法機關ノ如何ハ學者及實際家ノ着目スル所ナリ朝鮮ニ於テハ夫ノ各部長官會議及中樞院官制アリテ立案審議ニ干與スルコトナキニアラスト雖モ是等ハ單純ナル總督ノ諮問機關ニシテ總督ハ其ノ議決ニ拘束セラルヽコトナク其ノ意見ヲ採用スルト否トハ全ク自由ナリ而シテ總督ハ自己ノ直屬トシテ專任參事官三人ヲ有シ法令ノ審議立案ヲ掌ラシメアリテ立法ノ統一上秩序アル組織ナリト雖モ立法ノ鄭重ヲ要スル上ニ於テ更ニ改善ノ餘地アルモノト信ス

第二節　法律

我朝鮮ハ殖民地トシテ特別統治ノ主義ヲ採リ總督ニ委任立法ノ授權ヲ認メタル結果朝鮮ハ母國ニ對シ法域ノ異ナル帝國版圖タルコトハ前述ノ如シ從テ母國ニ於テ制定シタル一切ノ現行法律命令ハ之ヲ朝鮮ニ施行スベキ表示ノ認ムヘキモノナキ限リハ朝鮮ニ其ノ效力ヲ及ホサズ換言スレハ母國ノ法律ハ朝鮮ニ行ハレサルヲ原則トス唯例外トシテ明治四十四年法律第三〇號第四條ニ依リ勅令ヲ以テ法律ノ全部又ハ一部ヲ朝鮮ニ施行スル明示アリタルトキ及法律其ノモノニ於テ朝鮮ニ施行スル明示アルカ若ハ法律ノ性質上當然朝鮮ニ施行セラルベシトノ默示ノ認ムベキモノアルトキノ二ツノ場合ニ限リ朝鮮ニ其ノ效力ヲ及スモノトス前者ハ之ヲ勅令施行ノ法律後者ハ之ヲ直接施行ノ法律ト稱スルコトヲ得次ニ之ヲ說明スヘシ

第一　勅令施行ノ法律

勅令ヲ以テ法律ヲ朝鮮ニ施行シタル場合ニ於テ該勅令ハ法律第三〇號ノ委任ニ基キ法律ヲ施行スル爲メ發布スルモノナレハ法律ハ勅令ノ內容トシテ施行セラレ勅令ハ性質上委任命令ノ一種ナリト謂フコトヲ得ヘシ而シテ其ノ法律ニ改廢

アリタルトキ其ノ點ニ付朝鮮ニ及ホス效力如何ハ法律第三〇號其ノ他ノ法令ニ於テ明示スル所ナキテ以テ異説アル所ナリ或者ハ改廢ノ新法律ハ更ニ勅令ヲ以テ朝鮮ニ施行スル明示ナキ限リ當然ニ其ノ效力ヲ及ホサスト爲シ或者ハ勅令ヲ以テ朝鮮ニ法律ヲ施行スル所以ハ母國ト朝鮮ト同一法律ノ下ニ統治スル必要ニ因ルモノナルヲ以テ法律ニ改廢アリタルトキハ何等ノ明示ヲ要セス卽チ更ニ勅令ヲ以テ施行スヘキ表示ナクトモ當然朝鮮ニ其ノ效力ヲ及ホスハ立法ノ精神ナリト爲セリ又或者ハ折衷説ヲ採用シテ法律ヲ施行スル勅令ノ趣旨ニシテ施行當時內容ノ如何ヲ問ハス母國ト統一主義ニ出テタルヤ又ハ其ノ內容カ朝鮮ニ適恰スルヲ以テ施行シタルモノナリヤニ依リ改廢ノ法律カ朝鮮ニ效力ヲ及スヤ否ヤヲ決定セントスル學者アリト雖モ斯ノ如キ區分ノ標準ハ實際ノ適用上頗ル困難ナルヲ以テ何レモ一理ナキニアラスト雖モ予輩ハ中説ニ左袒スルモノナリ之レ勅令施行ノ法律ハ制令ノ內容トシテ施行シタル法律ト異ナリ其ノ規定事項ノ內容カ朝鮮ニ適恰スルト否トヲ問ハス母國ト朝鮮ト同一法令ヲ以テ統治セントスル立法者ノ主旨ナリト信スルヲ以テナリ

第二　直接施行ノ法律

直接施行ノ法律ハ法律第三〇號第五條小段ノ解釋トシテ起ル所ノ觀念ニシテ母國立法部ハ何時ニテモ朝鮮總督ノ立法權ヲ排シ朝鮮ニ對スル法律案ヲ提出協贊スルコトヲ得ルモノナリ此ノ點ニ於テ朝鮮ニ對スル特別立法主義ハ絶對的ノモノニアラサルナリ而シテ法律第三〇號ニ特ニ朝鮮ニ施行スル目的ヲ以テ制定シタル法律トハ單ニ朝鮮ニノミ施行シ又ハ母國及朝鮮ニ共通的ニ施行スルト云フ明示アルトキハ何等疑ナキ所ナルモ若シ之ナキトキハ如何ナル法律カ當然朝鮮ニ其ノ效力ヲ及ホスモノナリヤハ各個ノ法律ニ付其ノ性質ヲ考察シ決定セサルヘカラサル問題ナリ故ニ余輩ハ其ノ性質ニシテ朝鮮ニ行ハルヘシトノ默示ノ認ムヘキモノアルニ於テハ單ニ朝鮮ニノミ施行スヘキ法律ナルト母國及朝鮮ニ共通的ニ施行スヘキ法律ナルトヲ問ハス朝鮮ニ施行セラルト解スルモノナリ且ツ又特ニ朝鮮ニ施行セラルト認ムヘキ法律ナルニ於テハ明治四十三年勅令第三二四號及翌年法律第三〇號發布以前ノ法律ニテモ猶ホ朝鮮ニモ施行セラルルモノニシテ其ノ制定ノ前後ニ拘ラサルナリ例ヘハ官吏恩給法ノ如キハ明治二十三年

(併合前)ニ發布セラレタル法律ニシテ特ニ朝鮮ニ施行スル明示ナシト雖モ本法ハ日本人タル官吏ノ身分ニ附隨シテ母國タルト殖民地タルト乃至外國タルトヲ問ハス亦在留母國人タルト殖民地土着人タルトヲ問ハス特別ノ除外規定ナキニ於テハ當然朝鮮ニ其ノ效力ヲ及スモノトス而シ直接朝鮮ニ施行セラルル法律ニ改廢アリタルトキハ朝鮮ニ於テモ當然其ノ改廢ニ依ルヘキハ論ナキ所ナリトス

第三　制令ノ內容タル法律

法律ノ朝鮮ニ行ハルルハ以上二ツノ場合ニ限ルト雖モ總督ハ立法事項ヲ制定シ得ル關係上其ノ發スル制令ノ內容トシテ法律ヲ援用スル場合アリ然ルトキハ法律ハ法律タルノ性質ヲ失ヒ制令トシテ效力ヲ有スルモノナレハ勅令施行ノ法律ト異ナリ法律トシテハ其ノ效力ヲ有セス此ノコトニ付テハ別ニ制令ノ節ニ於テ述フル所アルヘシ尙ホ現行勅令施行ノ法律及直接執行ノ法律ノ概目左ノ如シ

第四　朝鮮ニ施行セラルル法律ノ種目

(一)勅令施行ノ法律

明治四十三年八月勅令第三三五號施行

一、特許法

一、意匠法

一、商標法

一、實用新案法

一、著作權法

明治四十三年九月勅令第四一二號施行

一、會計法

一、郵便貯金法

一、郵便法

一、鐵道船舶郵便法

一、電信法

一、郵便爲替貯金取立金特別會計法

一、郵便爲替法

一、逃亡犯罪人引渡條例

一、外國船舶乘組員ノ逮捕留置ニ關スル援助法

明治四十三年十月勅令第四五五號施行

一、軍港要港ニ關スル件

一、軍港要港規則違反者處分ノ件

明治四十四年三月勅令第六三號施行

一、保管金規則

明治四十四年四月勅令第一二〇號施行

一、租税外諸收入金整理ニ關スル件
明治四十四年十月勅令第二七二號施行
一、飲食物其ノ他取締制
一、傳染病豫防救治ニ從事スル者ノ手當ニ關スル制(第一條乃至第五條及別表ノミ施行)
明治四十五年三月勅令第二一號施行
一、法例
明治四十五年六月勅令第一三五號施行
一、膃肭獸猟獲禁止法
大正元年十月法律第三六號施行
一、國債ニ關スル件
一、登錄國債ノ擔保充用ニ關スル件
一、政府ニ對スル保證金其ノ他ノ擔保ニ供シタル國債ノ買入消却ニ關スル件
大正二年九月勅令第二八三號施行

一、陸軍刑法

一、海軍刑法

一、陸軍刑法施行法

一、海軍刑法施行法

一、海軍治罪法

一、陸軍軍人軍屬違警罪處分例

一、軍機保護法

一、陸海軍軍法會議私訴裁判强制執行法

一、戒嚴令

一、海軍軍人軍屬違警罪處分例

一、軍用電信法

大正二年九月勅令第二八四號施行

一、要塞地帶法（第十八條及第二十八條ヲ除ク）

大正二年十二月勅令第三一三號施行

一、水路測量標條例（官有地ニ關スル規定ヲ除ク）

仝年仝月勅令第三一五號施行

一、朝鮮ニ於ケル水路測量標建設ノ爲メ官有地ヲ使用スル件

大正三年四月勅令第四九號施行

一、海上衝突豫防法

大正三年九月勅令第一八九號施行

一、戰時海上保險人補償法

(二)直接施行ノ法律

一、官吏恩給法　　一、官吏遺族扶助法

一、朝鮮總督府等在勤官吏恩給及遺族扶助料ニ關シ加算制

一、巡査看守退隱料及遺族扶助法

一、朝鮮總督府等在勤巡査看守等退隱料及遺族扶助料ニ關シ加算制

一、淸國朝鮮等在留帝國臣民取締法(明治二九年法律第八〇號)

一、東洋拓殖會社法　　一、朝鮮事業公債法

一、朝鮮銀行法

一、朝鮮總督府特別會計ニ關スル件

一、朝鮮事業公債特別會計法

一、朝鮮鐵道用地所資金會計法

一、朝鮮總督府醫院及濟生院特別會計法

第三節　勅令

第一　母國命令ノ朝鮮ニ及ホス一般的效力

朝鮮ニ對スル特別立法主義ハ獨リ法律事項ニ關シテノミ存在スルニ止マラス一般ノ命令ニモ亦之カ適用アルモノナリ本節ハ主トシテ如何ナル勅令カ朝鮮ニ施行セラルルモノナリヤヲ研究スト雖モ先ツ母國命令ノ一般ニ通シ其ノ朝鮮ニ於ケル效力ニ付一言セントス

母國ノ命令ハ原則トシテ朝鮮ニ效力ヲ及ホサス唯例外トシテ效力ヲ及ホスハ朝鮮ニ對スル(一)勅令施行ノ法律又ハ直接施行ノ法律ニ基キ發スル委任命令及執行命令(二)特ニ朝鮮ニ施行スル目的ヲ以テ制定シタル勅令(三)行政各部ノ統一上發スル所ノ閣令ノ三ツノ場合ニ限ルモノトス而シテ委任命令ニ在リテハ其ノ基礎タル法律ノ授權(勅令施行ノ法律ニ在リテハ其ノ勅令ニ於テ授權ス)カ勅令閣令省令等何レカノ一ヲ明示又ハ默示シテ委任シタルトキハ當該事項ニ付テハ母國ト朝鮮トヲ同一法令ノ下ニ統

治セントスル趣旨ニ出テタルモノナレハ是等ノ委任命令ハ當然朝鮮ニモ效力ヲ及スヘシト雖モ其ノ基礎タル法律カ母國又ハ朝鮮ノ立法者ノ一ニ對シ單獨又ハ各別ニ其ノ發令權ヲ授權シタルトキハ朝鮮ノ立法者ハ自由ニ命令ヲ發スルコトヲ得、母國機關ノ發スル委任命令ハ朝鮮ニ行ハレサルモノトス而シテ執行命令ニ關シテモ同一ナル理論ニ基キ其ノ基礎タル法律カ勅令閣令省令及朝鮮ノ立法者ノ何レニ對シ執行命令ヲ發スルコトヲ認メタルヤヲ考察シテ之ヲ決スヘキモノトス尙ホ特ニ朝鮮ニ施行スル目的ヲ以テ制定シタル勅令ニ付テハ項ヲ改メテ之ヲ述フ

法律第三〇號第五條後段ニ曰ク「制令ハ特ニ朝鮮ニ施行スル目的ヲ以テ制定シタル法律及勅令ニ違背スルコトヲ得ス」ト之ニ由リテ其ノ反面ヨリ考察スルトキハ勅令ハ法律ノ委任又ハ執行ニアラスシテ單獨ニテ朝鮮ニ施行セラルルコトアル、ヲ豫想スルコトヲ得ヘシ而シテ勅令ノ朝鮮ニ施行セラルルハ大體ニ於テ法律ノ直接ニ施行セラルルト同一ノ理論ヲ以テ推スコトヲ得ヘシト雖モ而カモ法律ノ如ク單純ニ解スヘカラサルモノナリ何トナレハ勅令ニハ大權事項ニ關スル勅令

及其ノ以外ニ於ケル普通ノ勅令ノ二種アリテ之ヲ各別ニ研究スヘキ必要アルヲ以テナリ

第二　大權事項ニ關スル勅令

大權事項ニ關スル勅令トハ憲法上天皇ノ大權ニ專屬シ法律又ハ他ノ命令ヲ以テ規定スルコトヲ許サザル事項ニ關スルモノヲ謂フ憲法第十條ノ官制大權ノ如キハ一面法律ニ特例ヲ留保シタルモノナレハ大權ニ專屬シタルモノト云フヲ得サルヲ以テ余輩ハ茲ニ所謂大權勅令ニ包含セサルモノトス卽チ大權事項ニ關スル勅令トハ軍事、外交、爵位、勳章、榮典ノ授與戒嚴、赦免等ニ關スルモノニシテ我憲法上法律ヲ以テ規定スルコトヲ得ス從テ制令ヲ以テ規定スヘカラサルモノニ屬ス而シテ此ノ種ノ勅令（勅令、詔勅、詔書、軍令等ノ形式ヲ以テセラルル）ハ殖民地ノ民俗慣習其ノ他ノ事情ニ拘ラス領土ノ全體ニ渉リ國家指針ノ一途ニ出ツル必要アルヲ以テ特別統治主義ノ適用ナク特ニ朝鮮ニ施行セサル反對表示ナキ限リハ當然朝鮮ニ施行セラルルモノトス

法律第三〇號第五條ノ勅令トハ明示スル所ナキモ叙上ノ大權勅令ヲ包含セサル

モノナルヘシ何トナレハ同條ハ素ト勅令ト制令ノ撞着セル場合ノ效力ニ關シ設ケタル規定ナリ然ルニ大權事項ハ天皇ニ專屬シ法律ハ勿論制令ヲ以テ規定スヘカラサルモノナルヲ以テ互ニ牴觸ヲ惹起スル恐レナク特ニ第五條ノ如キ明文ヲ揭クル必要ナケレハナリ元來我國法ハ大權勅令ト他ノ勅令トニ關シ軍令ヲ除キテハ其ノ間ニ名稱ノ區別アルコトナシ故ニ等シク勅令ト稱スルモ大權勅令ト他ノ勅令トノ間ニハ重大ナル法理上ノ差アルコトニ注意スルヲ要ス

第三　普通ノ勅令

前述セル大權事項ニ關スル勅令及朝鮮ニ施行スル法律ニ基ク委任命令並執行命令以外ノ勅令所謂普通ノ勅令ハ特ニ朝鮮ニ施行スル目的ヲ以テ制定セラレタル場合ノ外絕對ニ朝鮮ニ效力ヲ及ホサス是レ法律第三〇號第五條後段ノ解釋ヨリ生スル當然ノ結果ナリトス特ニ朝鮮ニ施行スル目的ヲ以テ制定シタル勅令ノ何タルヤハ直接施行ノ法律ト同一理論ヲ以テ推スコトヲ得ヘク卽チ其ノ施行ノ表示ハ明示ナルト默示ナルトニ拘ラス又單ニ朝鮮ニノミ施行スルト母國ト朝鮮ト共通的ニ施行セラルルモノモアルヘク且ツ性質上朝鮮ニモ施行セラルヘシト認

ムヘキモノアルニ於テハ併合前ノ勅令ト雖モ尚ホ且ツ效力ヲ及ホス例ヘハ明治三十二年勅令第六二號官吏服務規律ハ統監府時代ノ帝國官吏ニハ之カ適用アリシハ勿論ナルモ併合ニ依リ日本帝國臣民タル身分ヲ取得シタル朝鮮人官吏ニ對シテモ當然拘束力ヲ及スモノトス而シテ法律第三〇號第五條ノ規定ハ實ニ本項ノ勅令ト制令トノ衝突ヲ避クル爲メ勅令ニ優先的效力ヲ認メタルモノトス

現今朝鮮ニ施行セラルル勅令ノ主ナルモノ左ノ如シ

一、朝鮮總督府其ノ所屬官府ノ諸官制
一、警務總長、道長官、警務部長ノ發スル命令ノ罰則ニ關スル件
一、朝鮮等ニ法律命令ノ施行時期ニ關スル件
一、高等官々等俸給令　一、判任官俸給令
一、文武判任官々等俸給令　一、朝鮮人タル文官ノ分限及給與令
一、朝鮮總督府警務官署ノ職員タル憲兵ノ官等ニ關スル件
一、朝鮮總督府判事及同檢事給與令
一、朝鮮等ニ在勤スル官吏加俸令　一、宿舍料支給ノ件

一、交際手當支給ノ件
一、文官任用令
一、文官試補及見習ニ關スル件
一、文官分限令
一、警察賞與ノ件
一、勳章記章制定ノ件
一、判任以上ノ文官退官賜金制
一、勳章記章佩用取締ノ件
一、恩給年金ヲ郵便官署ニ取扱ハシムル件
一、恩赦令
一、朝鮮教育令
一、內地、臺灣、樺太ト朝鮮トノ間ニ通船スル船舶ニ關スル件
一、通譯兼掌手當支給ノ件
一、朝鮮總督府官吏特別任用ノ諸件
一、朝鮮人試補及見習ニ關スル件
一、官吏服務紀律
一、褒賞條例
一、文官懲戒令
一、勳章褫奪令
一、官吏療治料給與令
一、大赦令
一、驛屯土特別處分令

一、朝鮮ニ在ル者ノ徴兵身體檢査ノ件
一、六週間現役兵條例
一、陸軍々人服役令
一、朝鮮ニ在ル陸軍々人服務事務ニ關スル件
一、朝鮮ニ於テ水路測量標建設ノ為メ官有地ヲ使用スル件
一、海軍區ノ件
一、永興要港鎭海軍港境界ニ關スル件
一、陸軍召集令
一、會計規則
一、特別會計規則
一、朝鮮總督府特別會計規則
一、會計ニ關スル諸勅令

第四節　條約

第一　併合ニ依リ列國ト帝國及舊韓國トノ間ニ締結シタル條約ノ效力

帝國政府ハ明治三十八年十一月十七日日韓協約ニ依リ舊韓國ヲ以テ完全ニ保護國ト為シ同時ニ其ノ外交權ハ擧ケテ我統監ノ指揮監督ニ屬シ韓國臣民ハ我外交官及領事ニ由リ外國ニ於テ保護セラルルコトトナリ韓國政府ハ帝國ノ承諾ヲ經

スシテ渉外事項ノ決定ヲ許サレサリシナリ而シテ併合ノ日ニ於テ我外務大臣ハ舊韓國トノ間ニ條約ヲ有シ又ハ最惠國待遇ヲ享クル獨逸、亞米利加合衆國、墺地利洪牙利、佛蘭西、大不列顛、露西亞、伊太利、白耳義、丁抹、淸國ノ各國政府ニ對シ從來韓國ト列國間ノ條約ハ併合ニ依リ當然無效ニ歸シ以後帝國ト列國トノ條約ハ之ヲ朝鮮ノ事情ニ支障ナキ限リ朝鮮ニ適用スヘキヲ宣言シタリ是レ國際法上一新例ヲ成シタルモノナリ、凡ソ國家併合ノ場合ニ當リ被併合國ト列國トノ間ニ締結シタル條約ニ基ク彼我ノ特權的義務ハ國際法上當然ニ消滅スルモノニ非ス併合國ニ於テ承繼スヘキヲ原則トスルモ韓國ト列國トノ間ニハ特ニ此ノ種ノ義務トシテ重要視スヘキモノナキニ依リ單ニ朝鮮ニ在留スル諸外國人ハ事情ノ許ス限リ日本內地ニ於ケルト同一ナル權利及特典ヲ享有シ又其ノ適法ナル既得權ノ保護ヲ受クルモノトシ且ツ從來ノ慣例ヲ存續セシムヘキ一方的宣言ヲ爲シタリ蓋シ併合前ニ於ケル帝國ト列國トノ條約ハ日本內地ヲ目的トシテ締結シタルモノナレハ朝鮮ノ實際ニ適セサルモノナキニ非ス條約ノ全部ヲ採テ直ニ朝鮮ニ有效ナラシムルコト能ハサルヲ以テ或ル場合ニハ多少ノ制限ヲ加フヘキコトアルヘキヲ

宣言中ニ留保セシメタリ
以上ハ併合時前ニ於ケル我國條約ノ朝鮮ニ及ホス效力ナリ而シテ併合後帝國ト外國トノ間ニ締結セラレタル條約ハ之ヲ批准公布セラレタルトキハ國家主權者ノ命令トシテ帝國領土全般ニ遵由ノ義務アルモノニシテ特ニ朝鮮ニ施行セサル表示ナキ限リ當然朝鮮ニモ其ノ效力ヲ及ホスナリ之ニ依リテ見ルトキハ朝鮮ハ國內法上ニ於テハ內地ト法域ヲ異ニスル帝國領土ナルモ國際法上ニ於テハ全ク同一ナリト謂フヘシ法律第三〇號ニ於テ條約ニ關シ何等ノ言及スルコトナキ所以ノモノハ該法律ニ所謂勅令ニハ條約ヲ包含セス從テ條約ハ制令ト撞着スル場合絶對ニ之ナキカ爲メナリ條約ノ締結ハ一ニ大權ノ發動ニ依ルモノナレハ之ニ關シテハ特別統治主義ノ適用ナキヲ原則トス條約ノ法律上ノ性質及其ノ國內法トノ關係ニ付テハ研究スヘキコト多々アリト雖モ此ハ一般ノ法理ニ讓リ茲ニハ二三ノ事項ヲ特記スルニ止ム

立憲政治ヲ標榜スル國家ノ施政ハ一トシテ法令ノ觀念ニ基カサルハナシ故ニ國家ノ行爲ニ關スルモノハ其ノ公法的事物ナルト將タ亦私法的事物ナルトニ論ナ

ク法令ノ正條ニ遵據シ所謂專制的ノ裁量處分ハ斷シテ之ヲ許サス隨テ百般ノ行動ニ處スヘキ法律命令ノ種類ハ實ニ幾千ノ多キヲ以テ數フルニ至ル啻ニ旃レノミナラス其ノ國際間ノ事項ニ至テモ其ノ規定スル所國家間ノ關係ハ勿論相互國民間ノ關係ニ於テモ頗ル混亂錯綜ヲ極ム之カ為メ内ハ以テ法律命令ニ充タサレ外ハ以テ條約ニ圍繞セラレ實際之ヲ適用スルニ當リ偶以テ成文ノ上ニ錯誤ヲ來シ條約ノ明文ト法律ノ明文トカ知ラス識ラスノ間ニ互ニ矛盾シ牴觸スル結果トシテ何レヲ採リ何レヲ捨テテ可ナルヤノ疑問時ニ或ハ之ナキヲ保セサルナリ勿論朝鮮ニ於テハ前ニ述ヘシ如ク併合ノ宣言中ニ併合前ニ於ケル帝國ト列國トノ條約ハ其ノ全部ヲ完全ニハ有效タラシムヘキ保證ヲ與ヘサルヲ以テ以下述フル原則ヲ其ノママニ適用スヘカラスト雖モ併合後帝國ト外國トノ間ニ締結セラレタルモノニ對シテハ特別ナル表示ナキ限リ次ノ解釋ニ依ルヘキモノトス

第三　條約ト命令トノ競合

條約ヲ國内ニ實施シ之ヲ有效ニ適用セント欲セハ國家ハ條約締結ノ後更ニ國内ニ向テ正式ナル公布ヲ為ササル可カラス然リ公布ハ國家主權ノ命令ニシテ正式

ニ之ヲ行フトキハ國民タルモノ由テ以テ遵奉ノ義務アルモノトス此ノ如ク推考シ來レハ假令國家相互ヲ羈束スル所ノ條約ト雖モ更ニ命令的公布ヲ經ルニアラサレハ國民一般ニ對スル效力ハ絶對ニ之ヲ認ムル能ハス隨テ其ノ名稱ノ如キ勿論條約ニ相違ナキモ國內ニ於ケル效力如何ヲ基礎トシ之ヲ論究スルトキハ尙ホ且ツ國家主權ノ作用ニ基ク一種ノ命令卽チ勅令ナリト謂フノ穩當ナルヲ信ス然リ既ニ一種ノ命令ナリトスレハ當初ヨリ國家ノ單獨ニ發スル所ノ一般ノ命令ト其ノ間ノ效力ニ於テハ何等ノ差異ヲ認ムル能ハス故ニ例ヘハ條約ノ公布以後其ノ條約ニ牴觸スル一ノ命令アリト假定スルモ條約ノ公布ト俱ニ後法ハ前法ヲ廢ストノ原則ニ從ヒ牴觸スル部分ノ命令ハ條約ノ爲メ自然消滅ニ歸セサルヲ得ス此點ニ關シテハ敢テ疑ヲ存セスト雖モ若シ前例ヲ顚倒シテ既ニ一定ノ條約ノ存スル場合ニ當リ後更ニ之ニ牴觸スル一ノ命令ヲ發シタリトセンカ等シク命令ナリトノ斷定ヨリ其ノ效力ヲ爭フトキハ尙ホ後發ノ命令ハ以テ牴觸スル部分ノ條約ヲ消滅セシム可キヤノ疑ヲ生ス然リト雖モ是レ或ハ早計ノ見解タラン何トナレハ勿論條約モ國內ニ向フトキハ尙ホ一種ノ命令ナリトハ余ノ所論ニ屬スト雖

モ而モ等シク命令ニシテ時ニ國家ハ其ノ意思ノ自由ニ基キ或ハ之ニ特別ナル條件ヲ附帶セシメテ效力ノ異動ヲ示ス場合ナキニアラス乃チ條約ハ國家間ノ約定ナルヲ以テ苟モ之ヲ變更シ若ハ廢止セントセハ必ス對手國家ノ承諾アルヲ要ス隨テ當初國內ニ向テ公布セラレタル條約ハ一面ニ於テ命令タルノ性質ヲ帶ヒ他方ニ於テ之ヲ變更若ハ廢止スルノ要アルトキハ先ツ對手國家ノ承諾ニ任セサル可カラストノ條件附帶ノモノナルコトハ國家竝ニ國民ニ於テ豫メ覺悟セサルヘカラサルハ理ニ於テ當然ナリ是ヲ以テ本例ノ場合ニ於ケル條約ニ牴觸スル命令ハ未タ條件ヲ充タササルノ點ニ於テ自ラ其ノ效力ヲ保有シ得サルハ勿論條約ニ對シ何等ノ異動ヲ與フル效果ナシト謂ハサル可カラス

尚ホ一言スヘキハ條約ハ之ヲ批准公布セラレタルニ於テハ勅令ト同一ノ效力ヲ有シ法規ノ淵源ヲ爲スモノナリト雖モ條約ノ內容ニ於テ立法事項ヲ包含スルニ於テハ更ニ法律ノ形式ヲ以テ公布セサルニ於テハ有效タルモノニアラサルヘシ此點ニ付テハ次ニ項ヲ更メテ述フル所アルヘシ

第三　條約ト法律トノ競合

由來法律ハ命令ト等シク國家單獨ノ意思ニ因テ成立シ國家ト國家ノ間ニ於ケル關係ハ全ク之ヲ存セスト雖モ而モ其ノ成立ノ經過ニ至テハ命令トハ全然趣ヲ異ニスルモノナリ乃チ法律ハ我帝國憲法第五條ノ條規ニ基キ帝國議會ノ協贊ヲ要ス可キモノタリ勿論之カ裁可ノ如何ハ一ニ　天皇ノ大權ニ屬スルヲ以テ議會ノ協贊ハ絶對的法律ノ成立要素ナリト謂フヲ得サレトモ立法機關ノ一トシテ憲法上ノ權能アルハ敢テ疑ヲ存セサルナリ而シテ若シ議會ノ協贊ヲ經サル法律ノ發布アリタルトキハ國民ハ法律成立ノ內容ニ立入リ果シテ議會ノ協贊ヲ經タルモノナルヤ否ヤヲ審査スルノ權ナキカ故ニ尙ホ之ヲ遵奉スルノ義務アリト雖モ之ヲ憲法上ヨリ論スルトキハ明カニ憲法違反ノ行爲ニシテ全ク法律タルノ效力ナシト謂ハサルヘカラス然ルニ例ヘハ現ニ公布セラレタル條約ニシテ既存法律ニ牴觸シ又ハ條約ノ實施ニ關シ之ト相關聯スル法律ノ規定ヲ要スル場合ニ當リ帝國議會カ之ニ協贊ノ意ヲ表セサルカ爲メ法ノ成立ヲ見ルニ至ラサリシトキノ如キ其ノ前者ニ在テハ牴觸シタル法律ト條約トノ效力如何ニヨリ二者何レカノ生死ヲ判斷シ其ノ後者ニ在テハ條約ハ果シテ爲スナキニ終ルモノニ非サルナキカ

ノ判斷ヲ與ヘサル可カラス是レ條約ト法律トノ關係ニ於テ最モ必要ナル根柢ノ觀念ナリトス

想フニ條約ノ公布アリタルトキハ之ニ牴觸スル法律ハ自然消滅ニ歸セサルヲ得サルカ又ハ少クトモ其ノ法律ノ廢止案ヲ議會ニ提出シタルトキハ議會ハ義務トシテ之ニ協贊ノ意ヲ表セサル可カラサルヤ若シ又條約施行ノ爲メ法律ノ制定ヲ必要トスルトキハ議會ハ均シク協贊ノ義務ヲ有スルコト勿論ナリヤ條約締結ノ權及法律裁可ノ權ハ共ニ天皇ノ大權ニ屬スルヲ以テ既存ノ法律ニ牴觸シ若ハ更ニ法律ノ制定ヲ要スヘキ條約ヲ締結シタルトキハ法律制定ノ內容ニ於テ働ク所ノ帝國議會ハ恰モ義務トシテ唯之ニ協贊セサル可カラサルカ如シト雖モ余ハ甚タ之ヲ疑フモノナリ何トナレハ既存ノ法律ヲ廢止變更シ若ハ新タニ之ヲ制定セントスルハ必ス帝國議會ノ協贊ヲ經サル可カラス而シテ議會ハ憲法上常ニ獨立ノ地位ヲ有シ憲法ノ條規ニ違背スルナキニ於テハ假令如何ナル法律ト雖モ之ニ協贊ノ意ヲ表スルト否トハ全ク自己ノ任意ニシテ豫メ協贊ノ意ヲ表セサルヲ得サル義務ヲ負フ可キモノニアラス此ノ如ク觀察シ來レハ苟モ議會ノ協贊ナキニ

於テハ既存ノ法律ヲ變更廢止シ若ハ新タニ法律ヲ制定スル能ハサルハ理ノ當ニ然ラシムル所ニシテ前例ニ於ケル條約ト法律トノ牴觸ハ法律ハ依然其ノ效力ヲ有スト雖モ之ニ牴觸スル或部分ノ條約ハ遂ニ其ノ效力ヲ實際ニ施スヲ得ス又條約ノ實施ニ必要ナル法律ノ制定ニ至ラサルトキハ之カ爲メ其ノ部分ノ條約ハ遂ニ完全ナル效果ヲ充タス能ハサルニ終ルモノト謂ハサルヲ得サルヘシ是レ事實ニ於テハ殆ント稀有ニ屬スト雖モ若シ之レアルニ於テハ國家施政上甚タ憂フヘキ現象ナリトス又國家ト國家トノ間ニ於ケル二者ノ關係ヲ研究スルトキハ全ク之ト反對ノ論結ヲ生ス蓋シ法律ハ國民ニ對スル國家ノ命令ナルカ故ニ其ノ效力ノ及フ範圍ハ勢ヒ一國ノ版圖ニ止リ敢テ國際間ニ及ハスト雖モ條約ハ之ニ反シ國家間ノ意思ノ協定ナルヲ以テ其ノ效力ハ國際ニ及ヒ苟モ國家相互ノ意思ニ基キ之ヲ變更廢止スルニ非サレハ單ニ一國內ノ事情ノ爲メ何等ノ異動ヲ生ス可キモノニ非サルカ故ニ若シ其ノ國ノ法律ト牴觸シ又ハ條約ノ實施ニ必要ナル法律ノ成立セサルカ爲メ其ノ效果ヲ奏スル能ハサルニ至リシトキハ國家ハ其ノ對手國家ニ對シ條約不履行ノ結果ニ於ケル一定ノ責任ヲ負ハサル可カラス是レ條約

ハ國家ノ實施如何ニ拘ハラス國家間ニ在テハ依然羈束ノ效力ヲ保有スルヲ以テナリ

而シテ朝鮮ニ於テハ立法事項ヲ制令ヲ以テ規定スルコトヲ得ル關係上條約ノ內容ニシテ立法事項ニ係ルトキハ勅令ヲ以テ總督府ニ對シ制令ノ發布ヲ命シ條約上ノ義務ヲ履行セシムルコトヲ得ルモノナルヘシ

次ニ參考ノ爲メ明治四十三年八月二十九日韓國併合ニ際シ外務大臣ノ爲シタル宣言ヲ掲ク

●韓國併合ニ關スル宣言

韓國併合ノ件ニ關シ帝國政府ハ韓國トノ間ニ條約ヲ有シ又ハ韓國ニ於テ最惠國待遇ヲ享クヘキコトトナリ居リタル獨逸國、亞米利加合衆國、墺地利洪牙利國、白耳義國、清國、丁抹國、佛蘭西國、大不列顛國、伊太利國及露西亞國ノ各政府ニ對シ左ノ宣言ヲ爲シタリ

明治三十八年日韓協約成リテヨリ茲ニ四年有餘其ノ間日韓兩國政府ハ鋭意韓國施政ノ改善ニ從事シタリト雖同國現在ノ統治制度ハ尚未タ十分ニ公共ノ安寧秩序ヲ保持スルニ足ラス黎民疑懼ノ念ヲ懷キ適歸スル所ヲ知ラサルノ狀アリ韓國ノ靜謐ヲ維持シ韓民ノ福利ヲ增進シ併セテ韓國ニ於ケル外國人ノ安寧ヲ計ルカ爲ニハ此ノ際現制

度ニ對シ根本的ノ改善ヲ加フルノ必要アルコト瞭然タルニ至レリ

日韓兩國政府ハ前記ノ必要ニ應シテ現在ノ事態ヲ改良シ且將來ノ安固ニ對シテ完全ナル保障ヲ與フルノ急務ナルヲ認メ日本皇帝陛下及韓國皇帝陛下ノ承認ヲ經兩國全權委員ヲシテ一ノ條約ヲ締結セシメ全然韓國ヲ日本帝國ニ併合スルコトトナセリ該條約ハ八月二十九日ヲ以テ之ヲ公布シ同日ヨリ直ニ之ヲ施行スヘク日本帝國政府ハ同條約ノ結果朝鮮ニ關スル統治ノ全部ヲ擔當スルコトトナレルヲ以テ茲ニ左ノ方針ニ依リ外國人及外國貿易ニ關スル事項ヲ處理スヘキコトヲ表明ス

一 韓國ト列國トノ條約ハ當然無效ニ歸シ日本國ト列國トノ現行條約ハ其ノ適用シ得ル限リ朝鮮ニ適用セラルヘシ

朝鮮ニ在留スル諸外國人ハ日本法權ノ下ニ於テ事情ノ許ス限リ日本内地ニ於ケルト同一ノ權利及特典ヲ享有シ且其ノ適法ナル既得權ノ保護ヲ受クヘシ

日本帝國政府ハ併合條約施行ノ際現ニ朝鮮ニ於ケル外國領事裁判所ニ繫屬スル事件ハ最終ノ決定ニ至ル迄其ノ裁判ヲ續行セシムルコトヲ承諾スヘシ

二 日本帝國政府ハ從來ノ條約ニ關係ナク今後十年間朝鮮ヨリ外國ニ輸出シ又ハ外國ヨリ朝鮮ニ輸入スル貨物及朝鮮開港ニ入ル外國船舶ニ對シ現行ト同率ノ輸出入税及噸税ヲ課スヘシ

朝鮮ヨリ日本ニ移出シ又ハ日本ヨリ朝鮮ニ移入スル貨物及朝鮮開港ニ入ル日本船舶モ亦今後十年間前項ノ貨物及船舶ニ對スルト同率ノ課税ヲ受クルモノトス

三日本帝國政府ハ今後十年間日本國ト條約國ノ船舶ニ對シ朝鮮開港間及朝鮮開港ト日本開港間ノ沿岸貿易ニ從事スルヲ許スヘシ

四從來ノ開港場ハ馬山浦ヲ除クノ外舊ニ依リ之ヲ開港トナシ更ニ新義州ヲモ開港トシ内外船舶ノ出入及之ニ依ル貨物ノ輸出入ヲ許スヘシ

帝國政府ハ又亞爾然丁國、伯刺西爾國、智利國、格倫比亞國、西班牙國、希臘國、墨西哥國、諾威國和蘭國、秘露國、葡萄牙國、暹羅國、瑞典國及瑞西國ノ各政府ニ對シ左ノ宣言ヲ爲シタリ

明治四十三年八月二十二日日本國ト韓國トノ間ニ締結セラレタル條約ニ依リ韓國ハ日本國ニ併合セラレ本日ヨリ日本帝國ノ一部ヲ成スコトトナレリ爾今日本國ト列國トノ現行條約ハ其ノ適用シ得ル限朝鮮ニ適用セラルヘク該現行條約ヲ有スル列國ノ臣民又ハ人民ハ朝鮮ニ於テ事情ノ許ス限リ日本内地ニ於ケルト同一ノ權利及特典ヲ享有スヘシ

第五節　閣令及省令

閣令及省令ハ法律勅令ト同シク特別立法主義ヲ適用セラルル結果其ノ效力ヲ朝鮮ニ及ホササルヲ原則トス唯例外トシテ朝鮮ニ施行セラルル法律勅令ノ委任ニ基キ發スルモノニ限リ有效ナリ詳言スレハ内閣總理大臣及各省大臣ハ職權又ハ

委任ニ依リ朝鮮ニ施行スヘキ命令ヲ發スル權限ヲ有スル場合ニ於テノミ其ノ命令ハ朝鮮ニ施行セラルルモノトス而シテ各省大臣ハ現行法規上職權トシテ朝鮮ニ對シ命令ヲ發スルコトヲ得スシテ單ニ委任命令又ハ執行命令ノ二ツノ場合ニ限リ有效ナル發令權アルモノトス以下閣令及各省令ニ區別シ之ヲ述フヘシ

第一　閣令

內閣官制第二條後段ニ「內閣總理大臣ハ旨ヲ承ケ行政各部ノ統一ヲ保持ス」又其ノ第三條ニ「內閣總理大臣ハ須要ト認ムルトキ行政各部ノ處分又ハ命令ヲ中止セシメ勅裁ヲ待ツコトヲ得」ト茲ニ行政各部トハ帝國行政官廳ノ全部ヲ指稱スルモノニシテ朝鮮ニ於ケル行政長官タル朝鮮總督モ亦當然之ニ包含セラルルモノトス蓋シ朝鮮總督府官制第三條第二項ニ「總督ハ政務ヲ統轄シ內務大臣ニ由リ內閣總理大臣ヲ經テ上奏ヲ爲シ裁可ヲ受ク」ト規定シアルハ其ノ精神ニ於テ行政各部ノ統一保持上ノ必要ニ基キタルモノナルコト明カナリ故ニ內閣總理大臣ハ朝鮮總督ニ對シテモ亦統一保持ノ職權ヲ及ホスコトヲ得ルナリ此ノ點ニ於テハ內閣總理大臣ハ朝鮮總督ノ上級官廳ナリト謂フモ敢テ失言ニアラサルヘシ從テ此ノ職

權又ハ朝鮮ニ施行スル法律勅令ノ委任ニ依リ發スル閣令ハ勅令ト同一理論ヲ酌ミ例外トシテ朝鮮ニ效力ヲ及ホスモノト云フコトヲ得可シ例ヘハ明治四十三年閣令第十六號ヲ以テ朝鮮總督府及其ノ所屬官署ノ執務時間ニ關スル規定ヲ朝鮮總督ニ委任シタルカ如キ同四十四年閣令第十三號褒賞褒狀等ノ賜與手續ニ關スル件等ハ行政各部ノ統一ニ關スル職權ニ依ル命令ニシテ同二十三年公布セラレタル官吏恩給法及官吏遺族扶助法ノ如キハ何等ノ明示ナキモ官吏タル身分ニ隨伴スル性質ヨリ朝鮮ニ在勤スル官吏ニモ當然效力ヲ及ホス從テ其ノ施行規則タル閣令第三號及第四號モ亦有效ナリトス

第二 省令

朝鮮總督ハ官制上天皇ニ直隷シ諸般ノ政務ヲ統轄シ敢テ各省大臣ノ指揮監督ヲ受クルモノニアラス常ニ各省大臣ト對等ノ地位ニ在リテ朝鮮ノ行政ニ關シ直接責ニ任スルモノナリ各省大臣ハ國務大臣トシテ憲法上ノ責任アルハ格別朝鮮ノ政務ニ關シ直接ノ責ニ任スルモノニアラス從テ省令ハ朝鮮總督ト閣令トノ關係トノ如クナラス全ク其ノ性質ヲ異ニシ各省大臣ハ其ノ職權トシテ朝鮮ニ效力ヲ

及ホス命令ヲ發スルコトヲ得ス左レハ省令ノ朝鮮ニ行ハレサルハ特別立法主義ノ原則ニ基キタリト云ハンヨリハ寧ロ對等ナル權限ヲ有スルヨリ生スル當然ノ結果ト謂フコトヲ得ヘシ然リト雖モ朝鮮ニ施行セラルル法律勅令カ其ノ執行命令又ハ細則ノ制定方ヲ母國ノ大臣ニ對シテノミ委任シタル場合ニ於テ省令ハ其ノ法律勅令ノ效果トシテ朝鮮ニ行ハルルモノトス又總督ハ自己ノ命令ノ內容トシテ省令ヲ援用スルコトアルヘキモ此ノ場合ニ於テ省令ハ最早其ノ性質ヲ失ヒ總督ノ命令トナリタルモノナリ尙ホ各省令ヲ細別シテ其ノ效力ヲ述フヘシ

(1) 陸海軍省令

朝鮮總督ハ官制上委任ノ範圍內ニ於テ陸海軍ヲ統率シ及朝鮮防備ノ事ヲ掌ルトアリテ明カニ軍令權及軍政權ニ關シテモ或ル權限ヲ委任セラレアリト雖モ朝鮮駐劄軍司令部條例ニ依レハ朝鮮駐劄軍司令官ハ天皇ニ直隸シ駐劄陸軍諸部隊ヲ統率シ朝鮮ノ防衞ニ任シ其ノ軍政及人事ニ付テハ陸軍大臣、作戰及動員計畫等軍令權ノ範圍ニ屬スルモノハ參謀總長、敎育ニ關シテハ敎育總監ノ區處ヲ受クトアリ統率防備ニ關シ一モ朝鮮總督ニ對スル權限ヲ規定シタルモノナ

シ從テ現行ニ於ケル總督ノ有スル軍事權ハ法令上頗ル狹隘ニシテ僅カニ駐劄憲兵カ治安警察ヲ掌ル關係上之ニ對シ或ル種ノ命令權ヲ有スルニ過キスシテ其ノ他軍隊ノ統率及朝鮮防備ニ關シ何等ノ見ルヘキ職權ナク單ニ治安保持ノ爲メ必要ナル場合ニ於テ朝鮮駐劄ノ軍事當局者ニ對シ兵力使用ノ命令權ヲ有スルノミ朝鮮駐劄ノ軍事當局者ハ主任大臣ノ命ニ依リ行動シ總督ハ軍政ニ關シ命令權ヲ有セサルカ如シ之ニ依リテ見ルトキハ軍事事項ハ力メテ母國機關ヲシテ管轄統一セシムル趣旨ニシテ大權命令ト共ニ陸海軍大臣ノ發スル省令ハ性質上朝鮮ニ效力ノ及ハサルモノノ外ハ之ヲ朝鮮ニ施行セサル特別ノ表示ナキ限リ其ノ效力ヲ及ホスヲ原則トスヘキ趣旨ト解スヘキモノトス

(2) 外務省令

曾テ條約ノ節ニ於テ述ヘタル如ク帝國カ對外國是ノ統一上總督ニ對シ外交權ヲ附與セス外交ニ關スル法律及勅令ハ當然朝鮮ニ效力ヲ及ホスノミナラス外務大臣ノ發スル命令モ朝鮮ニ施行セラレサル表示ナキ限リハ之ヲ適用スルヲ原則トス故ニ例ヘハ明治四十年三月外務省令第一號外國旅券規則第四條ニ朝

鮮(韓國)ニ於テ旅券ノ下付ハ朝鮮總督(統監)ノ定ムル所ニ依ル(保護制ノ實施ト共ニ舊韓國外交權ハ帝國ニ移リタルヲ以テ早ク已ニ外務省令ハ朝鮮ニ及ヒタルナリ)ト規定シ朝鮮ニ於ケル外國旅券ノ下付ハ外務大臣ノ命令ヲ以テ總督(統監)ニ一任シタリ而カモ旅券ハ外務大臣ノ名義ニ於テ之ヲ發給セサルヘカラサルナリ

尚ホ注意スヘキハ明治四十三年十月朝鮮總督府令第二七號ヲ以テ改正シタル外國旅券規則第二條中「移民保護法ノ規定ニ依リ移民取扱人ニ依ル云々」ト規定シアリ所謂移民保護法トハ明治二十九年法律第七〇號移民保護法ナルヤ又ハ舊韓國ノ制定シタル移民保護法ヲ指スモノナリヤニ付テナリ或者ハ併合ト同時ニ外交ニ關スル統一保持ノ必要上舊韓國ノ移民保護法ハ消滅シ母國ノ移民保護法ノ支配ニ依ルヘキモノトセリ然リト雖モ余輩ハ此ノ點ニ付キ一考スヘキ餘地アルモノト信ス何トナレハ帝國政府カ明治三十八年十一月締結シタル日韓協約ニ依レハ「統監ハ韓國ノ外國ニ對スル關係及事務ヲ監理指揮スヘク日本國ノ外交代表者及領事ハ外國ニ於ケル韓國臣民ノ利益ヲ保護スヘシ」トアリテ同時ニ韓國外部ヲ廢シタルモノナリ左レハ當時ヨリ已ニ韓國ノ外交權ハ帝

國政府ニ統一セラレアリテ併合ニ依リ新ニ發生シタル事實ニアラス而シテ統監ハ翌三十九年七月舊韓國政府ヲシテ法律第二號移民保護法ヲ發布セシメ韓國人ノ實情ニ適合スル規定ヲ以テセリ卽チ帝國政府ハ併合前ヨリ之ヲ承認シアルモノト謂ハサルヘカラス其ノ精神ヨリ推ストキハ同法ハ併合ニ依リ當然消滅セルモノニアラスシテ何等ノ表示ナキ限リハ今尙ホ朝鮮人ニ對シテノミ效力ヲ有シ母國移民保護法ハ在住内地人ニ對シテ適用セラルヘク畢竟移民ニ關シテハ複法統治主義ニアルモノトス從テ該法ニ基ク移民保護法施行細則(明治四十年外務省令第三號及光武十年農商工部令第四四號)モ屬人的關係ニ於テ各有效ナルモノトス現ニ朝鮮總督府ニ於テモ此ノ見解ニ依ルモノノ如ク舊韓國ノ移民保護法等ヲ有效トシテ其ノ編纂スル法規提要ニ掲ケアリ然ラハ舊韓國ノ移民保護法及同施行細則ハ如何ナル命令ノ形式ニ準シテ有效ナルヤ又其ノ執行者ハ外務大臣ナリヤ朝鮮總督ナリヤハ更ニ研究ヲ要スヘキモノアリ後節更ニ併合ノ際失效スヘキ舊韓國ノ法令ナル題下ニ於テ述フル所アルヘシ

(3) 大藏省令

明治四十三年九月勅令第四一二號ヲ以テ會計法ヲ朝鮮ニ施行セラレタル結果會計法ノ委任又ハ其ノ執行ニ關スル勅令ニ基キ發シタル大藏省令等ノ如キハ朝鮮ニ效力ヲ及ホスモノナリ尤モ朝鮮ハ特別會計トシテ母國ノ一般會計ヨリ分離シアリト雖モ財政ノ整理ハ元ト是レ民俗慣習等地方的性質ヲ以テ其ノ規定ヲ異ニスルモノニアラサルヲ以テ經理上ノ取扱ハ特別會計ニ付テモ大藏省令ヲ及ホスヘキモノナリ然リト雖モ會計法其ノ他朝鮮ニ施行スル法律勅令ノ委任以外ニ基ク大藏省令ハ勿論朝鮮ニ施行セラレサルナリ

(4)

農商務省令

明治四十三年八月勅令第三三五號ヲ以テ特許法、意匠法、商標法、實用新案法、商標法、著作權法ヲ朝鮮ニ施行シタル結果其ノ委任ニ依ル各施行規則タル農商務省令及内務省令モ亦特別ノ明示ナキモ當然其效力ヲ及ホスモノナルヘシ何トナレハ朝鮮總督府官制及其ノ事務分掌規定又ハ其ノ所屬官廳ノ官制ヲ見ルモ是等ノ事務ヲ掌理スヘキ規定ナキヲ以テ母國ノ規定ニ依リ母國機關ヲシテ處理セシムル趣旨ナルヘシ其ノ他ノ農商務省令ハ特別ノ委任ニ依ラサル限リ朝鮮

ニ其ノ效力ヲ及ホサス

(5) 內務省令

內務省令ハ主トシテ內地關係ニ止マルモノニシテ殖民地ト共通制度ヲ採ルノ必要ナキモノ多ク從テ現行法規上內務省令ニシテ朝鮮ニ效力ヲ及ホスモノ殆ントナシト雖モ茲ニ注意スヘキハ朝鮮總督府官制ニ依レハ總督ハ「諸般ノ政務ヲ統轄シ內務大臣ニ由リ內閣總理大臣ヲ經テ上奏シ及裁可ヲ受ク」トアリ又內務省官制ニハ「內務大臣ハ朝鮮、臺灣、樺太ニ關スル事項ヲ統理ス」トアリテ一見朝鮮總督ハ內務大臣ノ下級官廳トシテ其ノ指揮監督ヲ受クルカ如キモ總督ハ內務大臣ト等シク天皇ニ直隸スルモノニシテ決シテ內務大臣ノ下級官廳ニアラス故ニ該官制ハ單ニ殖民地施政ノ統一ヲ補助セシムル爲メニ經由機關トシテノ規定ト見ルヘク何等ノ監督作用ヲ意味スルモノニ非ス從テ內務省令ハ該官制ニ依リテハ朝鮮ニ效力ヲ及ホササルモノトス

(6) 遞信省令

明治四十三年九月勅令第四一二號ヲ以テ郵便法、郵便爲替法、鐵道船舶郵便法、電

信法、郵便貯金法其ノ他遞信行政ニ關スル一二法律ヲ朝鮮ニ施行セラレタルモ是等ノ法律カ命令ノ規定ニ委任シ又ハ主務大臣ノ權限ニ屬セシメタル事項ハ當然ニ朝鮮ニ行ハレス朝鮮總督ハ別ニ之ヲ規定シ得ルモノトス此ハ明示シアラサルモ各個ノ法律ノ條項ヲ通讀セハ其ノ精神ノ在ル所ヲ知ルヲ得ヘシ即チ是等ノ法律ニ於テハ多ク其ノ施行規則ノ制定ハ命令ヲ以テ定ムト謂ヒ內地及朝鮮ノ立法機關ノ何レヲモ指定セサルヲ以テ總督ハ任意ニ之ヲ規定スルコトヲ得ヘシ而シテ朝鮮ニハ特ニ總督ノ所屬官署トシテ遞信局官制ヲ設ケ母國ト相對立シテ遞信行政ヲ掌ラシメアリ現時遞信大臣ノ命令ニシテ朝鮮ニ效力ヲ及ホスモノハ明治四十三年遞信省令第一〇八號軍事郵便ニ關スル件及同年勅令第二五號ニ基ク遞信省令第六號年金恩給支給規則等少數ニ限ラレアリ此等ハ遞信行政ノ性質ヨリ生スル結果ニアラスシテ軍事ニ關シ或ハ遞信官署ヲシテ處理セシムルヲ便宜トシタル事務ナルニ由ルモノナリ

次ニ帝國ト外國トノ間ニ通信又ハ運輸ニ關シ締結シタル條約又ハ覺書ニ基ク遞信大臣ノ指定等ハ條約カ當然朝鮮ニ效力ヲ及ホス關係上是亦朝鮮ニ效力ヲ

有スルモノナリ

(7) 司法省令

朝鮮ニ於ケル司法行政ニ關スル事項ハ總テ總督ノ管掌スル所ナルヲ以テ母國主務大臣ノ命令ハ當然ニハ朝鮮ニ行ハレサルコト他ノ省令ト同シ

(8) 文部省令

學事行政モ亦總督ノ管掌スル所ニシテ母國主務大臣ノ命令ハ當然ニハ朝鮮ニ及ハスト雖モ例外トシテ文部大臣ノ認定又ハ命令ニシテ朝鮮ニ行ハルルモノアリ例ヘハ朝鮮總督ノ所管ニ屬スル實業專修學校中學校等ニ對シ徵兵令又ハ文官任用令上ノ資格認定、明治四十四年文部省令第一六號朝鮮人ヲ文部省直轄學校ニ入學セシムル件、及同四十五年文部省令第一二號乃至第一四號大正二年文部省令第一一號等ニテ朝鮮ニ於ケル內地人小學校高等女學校中學校實業專修學校ノ兒童及生徒ニシテ他校ヘ入學轉學ノ件等ハ朝鮮ヲ目的トシテ命令セラレタルモノトス是等ハ朝鮮人ニシテ內地ニ在住スル屬地的ノ關係上又ハ內地人タル身分ヲ有スル屬人的關係上認メラレタルモノナリト云ハサルヘカラ

ス

第六節　制令

朝鮮ニ對スル特別立法主義ハ明治四十三年八月二十九日併合條約實施ノ際緊急勅令第三二四號ヲ以テ朝鮮總督ニ立法權ノ委任ヲ爲シタルニ依リ樹立セラレ翌年三月勅令第三〇號ハ該緊急勅令ノ將來ニ向テ無效ナル旨ヲ公布シタルモ同時ニ更ニ同一内容ヲ有スル法律第三〇號ヲ公布シ以テ總督ニ對スル立法權ノ委任ニ何等ノ影響ヲ及ホスナク繼續セラレアルコトハ前已ニ詳述シタル所ナリ此ノ委任立法ノ制タルヤ實ニ殖民地特別統治主義ノ觀念ヲナスモノナリ今左ニ制令ノ性質及效力ヲ論セン

第一　制令ノ性質

法律第三〇號ニ朝鮮ニ於テハ法律ヲ要スル事項ハ朝鮮總督ノ命令ヲ以テ之ヲ規定スルコトヲ得此ノ命令ハ之ヲ制令ト稱ストセリ之ニ由テ觀ルトキハ制令ハ朝鮮ニ於テ法律トシテ規定スヘキ事項ヲ朝鮮總督カ勅裁ヲ經テ自己ノ命令トシテ

發スル所ノモノニシテ法律ト同シク人民ニ對シ或ハ權利ヲ與ヘ義務ヲ附加スルニ何等ノ制限アルコトナシ國家主權者ニアラサル機關ニ對シ斯ノ如キ鴻大ナル權限ヲ附與スルハ恰モ封建時代ヲ想起セシムル感ナキニアラストト雖モ制令制定權ノ行使タルヤ絕對無條件ナルニアラス法律第三〇號ノ制限ニ羈束セラル卽チ(一)發布前必ス內閣總理大臣ヲ經テ勅裁ヲ仰カサルヘカラス(二)特ニ朝鮮ニ施行スル法律及勅令ニ違背スルヲ得ス(三)勅令ヲ以テ朝鮮ニ施行スル法律ニ違背スルヲ得ス(四)若シ臨時緊急ノ場合ニ於テ發令前豫メ勅裁ヲ請フ暇ナクシテ公布シタルトキハ事後直ニ勅裁ヲ請フヘク(五)其場合ニ於テ事後勅裁ヲ得サルトキハ直ニ將來ニ向テ效力ヲ失フヘキ旨ヲ公布セサルヘカラサル條件付ノモノニテ放肆的ナル發令ヲ許ササルノミナラス帝國議會ハ委任立法ノ制ニ基ク朝鮮ノ施政ニ對シ一般監督以外ニ立チ上奏建議質問ハ勿論每年政府ヨリ提出スル殖民地ノ收支豫算ノ編成ニ付之カ削減癈除ノ爲メ自由ナル討議ヲ試ムルニ妨ナク專恣ノ弊害ヲ監督スルニ敢テ杞憂ナシト謂フ可キナリ而シテ制令ハ法律事項ヲ規定スルモノナリト雖モ法律ト同一ノ效力ヲ有スルモノナリト謂フヲ得ス又勅裁ヲ經タル點

ニ於テ實質上一種ノ勅令ト見做スコトヲ得ト雖モ而カモ勅令ト同一ノ效力ヲ有スルモノナリト謂フヲ得スシテ朝鮮ニ施行セラルル法律勅令ニ對シテハ常ニ其ノ下位ニアリ又等シク總督ノ命令ナル朝鮮總督府令ノ如ク總督ノ任意ニ發スル命令ニアラスシテ勅裁ヲ經テ發スルモノナレハ形式上制定ノ手續ニ於テ府令ト異ナリ法制上特種ノ性質ヲ有スル官廳命令ナリ緊急制令カ勅裁ヲ得サル場合ニ於テ總督カ將來ニ向テ無效ヲ公布スルマテノ間有效ニ成立シタル制令ハ其ノ性質府令ト類似スルモ之ヲ以テ制令ハ勅裁ヲ要セサル場合アリト誤解スルコトナキヲ要ス

制令ノ規定シ得ヘキ法律ヲ要スル事項ノ實質ニ付テハ法律第三〇號其ノ他ニ於テ明示スル所ナキヲ以テ議論ナキニアラス或者ハ憲法上ノ立法事項ニ限ラス勅令若ハ府令以下ニ當ルヘキ命令事項ト雖モ總督カ人民ノ權利ヲ尊重シ將來之カ改廢ヲ濫ニセサルヲ保障スル爲メ法律第三〇號ニ牴觸セサル範圍ニ於テ制定手續ニ鄭重ヲ加ヘ制令ヲ以テ規定スルコトヲ妨ケスト爲スモノアリ又或者ハ憲法上ノ立法事項ニノミ限リ制令ヲ以テ制定スヘク命令事項ヲ包含スルコトヲ得ス

ト嚴格ニ解釋スルモノアリ余輩ハ理論ニ於テ制令ハ命令事項ヲ規定スルニ妨ケナシトスルモ實際ニ於テ法律事項ニアラス卽チ法律ヲ以テ規定スルヲ要セサルコトヲ特ニ煩雜ナル手續ヲ經テ制令ノ形式ニ依ルヘキ何等ノ必要ヲ認メサルナリ制令カ勅令事項ヲ規定シ得ルノ根據トスヘキハ法律第三〇號第五條後段ニ於テ制令ハ特ニ朝鮮ニ施行スル目的ヲ以テ制定シタル勅令ニ違背スルコトヲ得ストアルニヨリ其ノ反面ニ於テ制令ハ勅令事項ヲ實質トスルモ妨ケナク從テ之ト撞着スル場合ナキニ非サルヲ以テ豫防的ニ斯ル規定ヲ設ケタルモノト推測スルヲ得ルニ在リ而シテ制令ハ勅令ノ全般ニ涉リ規定スルコトヲ得ルヤ換言スレハ法律第三〇號第五條ノ所謂「制令ノ違背シ能ハサル勅令」トハ其ノ範圍如何ナルモノナリヤハ前ニ勅令ノ節ニ於テ之ヲ述ヘタリ凡ソ制令ハ朝鮮ニ施行セラルル法律ノ委任ニ基ク勅令ニ對シテハ其ノ基礎タル法律ニ違反スヘカラサル結果トシテ無效トナリ勅令其ノモノニ違背スヘカラサルカ爲メ無效トナルニアラス又憲法上ノ大權命令（陸海軍ノ統帥編成、宣戰、講和、戒嚴ノ宣告、爵位勳章等榮典ノ授與、赦免ニ關スル事項）ハ法律ヲ以テ之ヲ規定シ能ハストスルハ一般ノ原則ナルヲ以テ法律ヲ要スル事項ヲ規定スル制令ニ於テモ當然大權命令ノ範圍ヲ侵スコト能ハサルナリ故ニ制令ハ大權命令タル勅令トハ其ノ規定事項ヲ異ニスルヲ以テ撞著スル恐ナシ從テ法律第三〇號ノ勅令ハ朝鮮ニ施行スル法律ヲ執行スル爲メ又ハ其ノ委任ニ基キ發スル勅令及大權命令以外ノ勅令ヲ指稱シタルモノト解スヘキコトモ前ニ勅令ノ節ニ於テ一言セシ所ナリ之ニ由テ考フルトキハ制令ヲ以テ規定シ得ヘキ勅令事項ハ其ノ範圍極メテ狹隘ニ局限セラレアリト云フ事ヲ得ヘシ憲法第九條後段ニ「天皇ハ公共ノ安寧秩序ヲ保持シ臣民ノ幸福ヲ増進スル爲ニ必要ナル命令ヲ發シ」トアル所謂行政命令ニ該當スル場合ノミナルヘシ尚ホ官制ノ制定ハ多ク勅令ヲ以テ公布セラルルモ憲法上法律及勅令ニ共同的ニ保留セラレ時ニ法律ヲ以テ規定スルモ妨ケナシトセルモノアリ是等ハ亦制令ヲ以テ規定スルヲ得ヘシト雖モ現行法上法律ヲ以テ規定セル官制ハ憲法ニ於テ明示シタル裁判所構成法及行政裁判所法、會計檢査院法等官制ノ性質ヲ有スルモノ數種ニ過キサルヲ以テ制令モ亦一般ノ官制ヲ其ノ實質トスヘカラサルモノトス

制令ハ總督ノ命令タルノ故ヲ以テ行政ニ關スル法律事項及行政ニ關スル命令事

項ノミニ限リ規定シ得ルモノナリト速斷スヘカラス制令ハ裁判所ノ構成法訴訟手續、民事刑事ニ關スル實體法規ヲモ規定スルモノニシテ行政司法ノ兩部ニ渉ルモノナリトス

委任立法ニ基礎ヲ汲ム制令ハ憲法違反ニアラサルヤヲ言フ者アリト雖モ余輩ノ信スル所ニ依ルトキハ帝國憲法ハ當然ニ且ツ完全ニ新領土ニ施行セラレサルヲ以テ從テ新領土ニ對スル立法主義ハ之ヲ憲法ニ準據シ法律ノ形式ニ依ルモ大權ノ發動ノ形式ノミニ依ルモ將亦委任立法ヲ以テ統治スルモ一ニ主權者ノ任意ニシテ根本ノ觀念ニ於テ憲法違反ナル問題ノ起ルコトナク法律ノ形式ヲ履ミ委任ヲ爲シタル制令ノ制定權ハ法治國ノ觀念ニ對シ尤モ適切ニシテ策ノ得タルモノナルコトハ緒論ニ於テ述ヘタル所ナリ而シテ憲法カ當然且ツ完全ニ朝鮮ニ施行セラルルト論スル者ハ憲法中立法權ノ委任ヲ禁止シタル明文ナク現ニ內地ニ於テモ法律事項ヲ命令ニ委任シアル例少ナカラストシテ朝鮮ノ委任立法ヲ辯明ス然ルニ母國ニ於テハ法律第三〇號ノ如キ概括的委任ヲ以テ立法權ヲ命令ニ一任シ個個ノ法律案ヲ議會ニ提出スルヲ省キタルコトアルヲ聞カス若シ法律第三〇

號ノ如キ概括的委任立法ヲ以テ憲法上許スヘキモノナリトセハ母國ニ於テモ斯ル利便ノ方ヲ採リ議會ヲ簡略ニスヘキモノナルヘシ然ルニ殖民地ニ對シテノミ斯ル制度ヲ認メタルハ朝鮮ハ明カニ憲法施行區域外ノ領土タルコトヲ證スルモノナリト云ハサルヘカラサルナリ

第二　制令ノ效力

制令ハ朝鮮ニ於テ法律ニ代ルヘキ命令ナルヲ以テ朝鮮ニ於ケル立法機關ノ發スル命令ノ何レヲモ排斥優先シテ之ヲ廢止變更スルヲ得ルコトハ明文ナキモ當然ノコトナリ卽チ朝鮮總督ナル同一官廳ノ發スル朝鮮總督府令ハ法律勅令ノ委任ニ依リ發スル場合ノ外及其ノ下級官廳ノ命令タル警務總監部令道令警務部令島令ハ之ニ牴觸スルコト能ハサルモノトス而シテ制令ハ其ノ目的ヲ達スル爲メ之ニ附スル制裁ハ府令以下ノ命令ノ如ク勅令ノ授權ニ由リ其ノ程度種類ヲ限定セラルルコトナク自由ニ之ヲ選擇スルコトヲ得ルモノニシテ活殺與奪一ニ總督ノ任意タルナリ斯ノ如ク强大ナル威力ヲ有スル制令ト雖モ勅令ヲ以テ朝鮮ニ施行スル法律竝特ニ朝鮮ニ施行セラルル法律及勅令ニ對シテハ毫モ牴觸スルコト能

ハスシテ之レカ為メ改廢變更セラルルモノトス又條約ハ之ヲ公布セラレタルニ於テハ特ニ朝鮮ニ施行セサル表示ナキ限リ當然朝鮮ニモ行ハルルモノニシテ制令ハ之ニ牴觸スルヲ得ス但シ併合前ノ條約ニ對シテハ外務大臣ノ列國ニ對スル宣言中ニ朝鮮ノ事情ニ照シ適用シ得ル限リハ適用スヘシト萬一ノ牴觸ヲ留保シタルコトハ前ニ條約ノ節ニ於テ述ヘタル所ニシテ制令ハ併合前ノ條約ニ對シテ相反スル規定ヲ設クル必要アルトキハ之ヲ排斥スルモ妨ケナキモノトス

次ニ論スヘキハ制令ト閣令及省令ノ競合ナリ閣令及省令ノ朝鮮ニ行ハルルハ朝鮮ニ施行セラルル法律又ハ勅令ノ委任ニ依リ發シタル場合竝軍事外交ニ關スルモノノミナルハ前節已ニ之ヲ述ヘタリ而シテ制令ハ命令事項ヲ規定シ得ルトスルニ於テハ朝鮮ニ行ハルル閣令省令朝鮮總督府令ト衝突ヲ生スル場合ナキヲ保セス法律第三〇號其ノ他ノ法規ニ於テ斯ル場合ヲ解決スヘキ規定ナシ從テ軍事外交ニ關スル省令及性質上當然ニ朝鮮ニ行ハルル閣令省令ハ制令ヲ改廢スル根據ナク制令モ亦閣令省令ヲ直ニ失效セシムヘキ優先的效力ヲ認メラレサルヲ以テ互ニ相對立ノ奇觀ヲ現出スルコトアルヘシ此場合ニ於テハ内閣官制第三條ニ

依リ内閣總理大臣ハ雙方又ハ何レカノ一方ニ執行中止ヲ命シ勅裁ヲ待ツテ歸一スル所ヲ決セサルヘカラス又特ニ朝鮮ニ施行セラルル法律勅令ノ委任ニ依ル閣令省令朝鮮總督府令ト制令ト撞着スル場合ニ於テハ制令ハ該法律及勅令ニ違反スルコト能ハサル結果トシテ無效トナルヘシト雖モ閣令省令府令其ノモノノ爲メ改廢失效スルモノニアラサルナリ要スルニ制令ハ特別ノ委任ニ由ル閣令省令府令ニ對シテハ優先スルコトヲ得サルモノトス

次ニ緊急制令カ事後勅裁ヲ得ス將來ニ向テ失效ノ宣言ヲ爲シタル場合ニ於テ其ノ制令ニ依ル既往ノ處決ニ對スル效力如何ト謂フニ緊急制令ノ失效ハ制令ノ取消ニアラスシテ單ニ將來ニ向テ廢止スルニ止マルカ故ニ廢止前ノ制令ニ基ク總テノ行爲ハ何等ノ影響ヲ受クルモノニアラサルナリ又明治四十三年緊急勅令第三二四號ハ翌年三月勅令第三〇號ヲ以テ將來ニ向テ其ノ效力ヲ失フ旨公布セラレタリト雖モ該緊急勅令ニ基キ發シタル制令ハ其ノ後改廢セラレサル限リハ今尚ホ依然トシテ其ノ效力ヲ保持シ該勅令ノ無效ハ既發制令ノ存立ニ影響ヲ及ホスコトナク單ニ其ノ後ノ制令ハ法律第三〇號ニ根據ヲ汲ムニ過キサルナリ

制令ニ於テ或ル事項ニ付テハ何々ノ法律ニ據ルヘキコトヲ規定シタルトキ換言スレハ制令ヲ以テ其ノ內容トシテ法律ヲ援用シタル場合ニ於ケル性質竝效力ニ付テハ少シク研究スヘキコトアリ例ヘハ明治四十四年制令第一四號ヲ以テ國稅徴收令ヲ發布シ同三十年法律第二一號國稅徴收法ニ依ルヘキコトヲ明示セリ此ノ場合ニ於テ法律第二一號國稅徴收法ノ各條目ハ朝鮮ノ國稅徴收令タル制令ノ內實トシテ掲ケラレアルモノト想像スルコトヲ得制令ハ法律第二一號國稅徴收法ノ各條ヲ一々掲クルノ繁瑣ヲ省キタルニ過キサルナリ然ルトキハ其ノ援用セラレタル法律ハ最早制令ニ吸收セラレ法律タル性質ヲ失ヒ制令其ノモノトナリタルナリ換言スレハ法律ハ制令ノ內容トシテ適用セラルト謂フコトヲ得從テ制令ヲ以テ其ノ內容タル法律ヲ取捨改廢スルハ毫モ妨ケサル所ナリ而シテ制令ノ內容トシテ援用シタル法律ニ改廢アリタルトキハ其ノ制令ニ如何ナル影響ヲ及ホスヘキヤ惟フニ制令ノ內容トナシタル法律ハ其ノ援用當時ニ於テ朝鮮ノ實際ニ適シタルモノトシテ之ニ依ルヘシト爲シタルモノナルヲ以テ其ノ法律カ母國ノ現況ニ適合セサルカ爲メ母國立法機關カ之ヲ改廢スルモ朝鮮ノ實際ニハ關係

ナキコトナリ從テ制令ノ内容ニ影響スルコトナシトスルハ立法ノ趣旨ニ合致スルモノナルヘシ之カ為メ明治四十四年制令第一一號ノ制令ニ於テ法律ニ依ルノ規定アル場合ニ於テ其ノ法律ニ改正アリタルトキハ改正法律施行ノ日ヨリ其ノ改正法律ニ依ル但シ別段ノ規定アル場合ハ此ノ限ニ在ラスト規定シ正當解釋ニ制肘ヲ加ヘ以テ誤解ナキヲ得セシメタルハ可ナリト雖モ其ノ法律全部ノ廢止（法律ノ全部ヲ改正シテ之ニ代ルヘキ新タナル法律ノ發布セラレサル場合ヲ云フ）アリタルトキノ規定ヲ缺ク此ノ場合ニ於テハ明示スル所ナクモ制令ニハ影響ナキモノト信ス若シ制令ノ内容タル法律全部ノ廢止ニ伴フテ制令モ廢止スルモノトセハ制令ハ何等ノ形式ヲ用ヒス消滅スヘキ奇觀ヲ呈スルヲ以テナリ今左ニ現行制令ノ概目ヲ掲ケ以テ參考ニ供ス

制令

海港檢疫ニ關スル件　四四　制一
寺刹令　四四　制七
銀行令　大元　制五
會社令　四三　制一三
銃砲火藥取締令　大元　制三
質屋取締令　四五　制三
古物商取締令　四五　制二
遺失物令　四五　制二三

漁業令　四四 制六
國稅徵收令　四四 制一四
租稅ニ關シ事犯アリタルトキ處罰方ノ件　大元 制四
土地收用令　四四 制三
土地調査令　大元 制二
森林令　四四 制一〇
朝鮮關稅令　四五 制一七
朝鮮關稅定率令　四五 制二〇
朝鮮噸稅令　四五 制一八
朝鮮保稅倉庫令　四五 制一九
鐵道軌道等ノ營業令　四五 制二四
朝鮮輕便鐵道令　四五 制二五
朝鮮陸接關稅令　大二 制二

朝鮮總督府裁判所令　四五 制七
朝鮮民事令　大三 制九
朝鮮刑事令　四五 制一一
利息制限令　四四 制一三
朝鮮民事訴訟印紙令　四五 制八
辯護士規則　四三 制一二
訴訟代理人制　四四 制八
犯罪卽決例　四三 制一二
民事爭訟調停制　四三 制一一
朝鮮不動產登記令　四五 制九
朝鮮不動產證明令　四五 制一五
朝鮮登錄稅令　四五 制一六
朝鮮公證令　大二 制三
朝鮮供託令　大元 制一

朝鮮監獄令　四五制一四
朝鮮笞刑令　四五制一三
藥品及藥品營業取締令　四五制二二
府　制　大二制七
學校組合令　大二制八
地稅令　大三制一
市街地稅令　大三制二
煙草稅令　大三制五
朝鮮船舶令　大三制七
朝鮮船舶檢査令　大三制八
朝鮮船員令　大三制九

朝鮮船舶職員令　大三制一〇
朝鮮海員懲戒令　大三制一一
朝鮮船稅令　大三制一三
朝鮮船舶積量測度令　大三制一四
朝鮮水難救護令　大三制一二
農工銀行令　大三制二一
地方金融組合令　大三制二二
朝鮮普通學校費用令　四四制二
行政執行令　大三制二三
朝鮮間接國稅犯則者處分令　大三制二四
獸疫豫防令　大四制一

尚ホ制令ノ內容トシタル法律ノ大要左ノ如シ

國稅徵收法、古物商取締法、質屋取締法、遺失物法、民法、民法施行法、民事訴訟法、商法、商法施行法、家資分散法、人事訴訟手續法、非訟事件手續法、民事訴訟費用法、執達吏手數料規則、供託法、競賣法、公證人法、刑法、刑法施行法、刑事訴訟法、印紙犯罪處罰法、通貨及證劵摸造取締法、監獄法、鐵道軌道營業法、船舶法、船舶檢査法、船員法、船舶職員法、船舶積量測度法、水難救護法等其ノ他少ナカラス

第七節　朝鮮總督府令

第一　府令ノ性質

朝鮮總督府官制第四條ニ曰ク「總督ハ其ノ職權又ハ特別ノ委任ニ依リ朝鮮總督府令ヲ發スルコトヲ得」ト之ニ由リテ見ルトキハ府令ハ憲法第九條ノ所謂執行命令（法律ヲ執行スル爲ニ發スル命令ナリ）及委任命令（公共ノ安寧秩序ヲ保持シ及臣民ノ幸福ヲ增進スル爲ニ發セル勅令ノ委任ニ依リ發スル命令ナリ）タル性質ヲ有スル命令ナリ而シテ發令權ノ所在カ朝鮮總督ナル點ニ於テ制令ト異ナル所ナシト雖モ形式上ノ制定手續ニ於テ制令ハ法律ノ總括的委任ニ基キ勅裁ヲ經タルモノナルニ反シ府令ハ官制ノ授權又ハ朝鮮ニ行ハルル法律勅令ノ委任ニ因リ總督カ自己ノ任意ニ之ヲ發令スルモノナリ又其ノ實質ニ於テハ制令ハ法律事項ト命令事項（大權命令ヲ除ク）トヲ併セ規定スルコトヲ妨ケスト雖モ府令ハ特別ノ委

任ナキ限リハ法律事項ニ渉リテ規定スルコトヲ得ス其ノ威力ニ至リテモ制令ハ之ニ附スヘキ罰則ノ無制限ナルニ反シ府令ハ勅令ト同シク一年以下ノ懲役、禁錮拘留及二百圓以下ノ罰金又ハ科料ニ限定セラレアリ茲ニ總督ノ職權トハ官制第一條第二項ニ「總督ハ朝鮮ヲ管轄ス」第三條第二項ニ「總督ハ諸般ノ政務ヲ統轄ス」トアルニ因リ當然生スル職務權限ヲ謂フモノニシテ總督ハ朝鮮ヲ管轄スル關係上朝鮮ノ安寧秩序ヲ保持シ臣民ノ幸福ヲ增進スル爲メ府令ヲ發スルコトアルヘク又政務ノ統轄上官廳內部ニ對シ又ハ人民ニ對シ府令ヲ發スルコトアルヘク卽チ總督ハ以上ノ職權ヲ遂行スル爲ニ法律事項以外ニ於テ總督ノ意思ノミヲ以テ必要ナル命令ヲ發シ權利義務ヲ設定スルコトヲ得ルモノナリ之ヲ職權ニ依ル府令ト謂フ又特別ノ委任ニ依リ發スル府令トハ職權以外（官制ニ依リ授權セラレタル以外）ノ事項ニ關シ勅令ヲ以テ朝鮮ニ施行セラルル法律又ハ特ニ朝鮮ニ施行スル法律勅令閣令ノ委任ニ依リ發スルモノニシテ委任ノ範圍ヲ超脫セサル限度ニ於テ各般ノ事項ヲ總督カ自己ノ任意ニ府令トシテ或ル權利義務ヲ設定スル所ノ命令ナリ

第二　府令ノ效力

朝鮮總督府令ノ效力ニ付テハ之ヲ明示シタル規定ナシト雖モ原則トシテハ法律事項ヲ規定シタル制令ニ優先スル能ハサルハ勿論制令ニ牴觸スル部分ノ府令ハ無效タルヘキハ當然ノコトナリ然リト雖モ朝鮮ニ行ハルル法律勅令ノ委任ニ基キテ發スル府令ハ制令ニ優先ス是レ制令カ府令ノ基礎タル法律勅令ニ違反スヘカラサルヨリ生スル當然ノ結果ナリ又府令ハ勅令ヲ以テ朝鮮ニ施行シタル法律特ニ朝鮮ニ施行スル目的ヲ以テ制定シタル法律及勅令閣令等ニ違背スヘカラサルハ自明ノ理ナリ而シテ省令ト府令ノ競合ニ付テハ少シク研究スヘキコトアリ朝鮮總督ハ各省大臣ト共ニ天皇ニ直隷スル行政機關ニシテ其ノ間上下ノ關係ナク朝鮮ノ施行ニ關シ官制上各省大臣ノ干渉ヲ受クヘキモノニアラサルハ前節已ニ之ヲ述ヘタリ卽チ總督ハ朝鮮ニ行ハルル法律勅令閣令ニ牴觸セサル範圍ニ於テ大權事項ヲ侵スコトナク施政上必要ナリトスル命令ヲ發スルニ敢テ妨ケアルコトナシ假令朝鮮ニ行ハルル法律勅令ノ委任ニ基テ發シタルニ由リ朝鮮ニ效力ヲ及ホス省令ナリト雖モ省令自身ヲ以テ直ニ府令ノ改廢ヲ試ムルコト能ハサルナリ唯此ノ場合ニ府令ハ省令ノ基礎タル法律又ハ勅令ニ違背スルノ故ヲ以テ無

效トナルニ過キス若シ亦省令ト府令トノ間ニ權限爭議ノコトアルニ於テハ內閣官制第三條ニ依リ內閣總理大臣ハ雙方又ハ一方ノ命令ニ中止ヲ命シ勅裁ヲ待テ決スヘキモノトス閣令及省令ノ之ニ附スル罰則ハ三ケ年以下ノ懲役、禁錮、拘留若ハ百圓以下ノ罰金科料ニ止マルモ朝鮮總督府令ハ之ニ比シ遙カニ擴大セラレアリテ威力ノ點ニ於テハ閣令省令ニ優ル是レ殖民地統治上ノ必要ニ出テタルモノナルヘシ

府令ハ其ノ下級官廳ノ發スル警務總監部令警務部令島令ニ對シテハ絕對ニ優先ノ效力アルモノニシテ之カ改廢ヲ爲シ得ルハ官廳上下ノ關係ヨリ生スル當然ノコトナリ

第八節　朝鮮總督府警務總監部令

第一　警務總監部令ノ性質

警務總監部令トハ朝鮮總督ノ所屬官廳タル警務總長カ其ノ職權又ハ特別ノ委任ニ依リ發スル所ノ命令ナリ警務總長ハ明治四十三年勅令第三五八號總督府警察

官署官制第九條ニ基キ警察及衛生ノ事務ニ關シ朝鮮全道及一地方ニノミ效力ヲ有スル二種ノ警察命令ヲ發スル權限アリ前者ハ中央命令後者ハ地方命令タル性質ヲ有スルモノナリ（恰カモ内地ニ於ケル警察命令タル内務省令及ヒ警視廳令各縣令トヲ併有スルカ如シ）而シテ警務總監部令ハ鐵道、遞信、關税等特種警察ニ關スル命令ヲ包含スルコトヲ得ス必ス一般ニ警察事項トシテ公共ノ安寧秩序ヲ保持スル爲ノ命令ナラサルヘカラス即チ助長行政ヲ目的トシテ發スル命令ハ假令罰則ノ制裁ヲ附スルト雖モ純然タル警察命令ニアラサルヲ以テ警務總監部令トシテ發スルコトヲ得ス然レトモ元來警察ノ意義ハ國ノ文明ノ程度ニ依ルヘク一定不變ノモノニアラス内地其ノ他文明國ニ於テハ他ノ行政ト區別シ唯危險豫防危害排除ニ關スル行政ノミニ關シ警察ナル語ヲ使用スルモ朝鮮ノ如キ文明ノ普ネカラサル地ニ於テハ少シク其ノ意義ヲ擴張シ普通ニ警察ト稱スル事務以外助長行政及司法處分ニ關スルコトモ往々警察行政トシテ行ハルルモノアリ故ニ警務總監部令ハ是等ノ行政ヲ實質トスルコトヲ得サルニアラサルモ實際ニ於テハ少シク重大ニ渉ル警察命令ハ總テ總督府令ノ形式ヲ以テ發布セラレ警務總監部令ハ極メテ其ノ範圍ヲ縮少セラレアリ

第二　警務總監部令ノ效力

警務總監部令ハ之ヲ或ル地方ニノミ限リ施行スヘキ明示又ハ默示ノ認ムヘキナキニ於テハ府令ト同シク朝鮮全土ニ其ノ效力ヲ及スモノニシテ警察及衛生ノ事務ニ關シテ府令ト衝突スルコトナキヲ保セス此ノ場合ニ於テ府令ニ牴觸スル部分ノ警務總監部令ハ官廳上下ノ關係ニ依リ當然府令ノ爲メ無效ニ歸スヘキモノトス何トナレハ若シ總督ノ取消ヲ待テ無效トナルモノトセハ取消マテノ間人民ハ遵由ノ歸向ニ迷ハサルヘカラサルヲ以テナリ又其ノ下級官廳タル警務部令ニ對シテハ優先ノ效力アルハ勿論ナリ尚ホ一言スヘキハ大正四年勅令第三七號警察官署官制ノ一部改正前警務總長ハ京城府ノ警察及衛生事務ヲ直轄スル關係上該部令中京城府ニノミ效力ヲ及ホスモノアリタルモ改正後ニ於テ此ノ權限カ京畿道警務部長ニ移サレタリ而シテ警務總長ハ京城府ハ勿論或ル地方ニ限リ效力ヲ及ホスヘキ部令ヲ發スルコトヲ禁スル明文ナキモ地方的警察及衛生ニ關スル命令ハ警務部令ニ讓ルヲ以テ可ナリトス

警務總監部令ニハ明治四十三年勅令第三七六號ニ依リ三ケ月以下ノ懲役禁錮拘

留又ハ百圓以下ノ罰金科料ノ罰則ヲ附スルコトヲ得ルモノトス

第九節　朝鮮總督府道令

第一　道令ノ性質

道令ハ明治四十三年勅令第三五七號朝鮮總督府地方官々制第六條「道長官ハ管內ノ行政事務ニ關シ職權又ハ委任ノ範圍內ニ於テ道令ヲ發スルコトヲ得」トアルニ基キ發スル所ノ地方的命令ナリ此ニ管內ノ行政事務ト謂フハ助長行政及警察行政ノ二ヲ包含スルヤ否ハ警察官署官制ニ對照シテ大ニ研究ヲ要スヘキモノナリ卽チ同年同月勅令第三五八號警察官署官制ニ於テハ警務總長ハ朝鮮全道ニ警務部長ハ各其ノ道內ニ對シ警察及衞生事務ニ關シ部令ヲ發スル權限アルヲ以テ道令ニシテ助長行政及警察命令ヲ包含スルモノナリトスレハ明カニ二者ノ間ニ撞着ヲ來スノ虞アリ而カモ兩官制ハ同日逐號ノ勅令ヲ以テ發布セラレタルモノナレハ斯ル競合ヲ豫知セサル理由ナシ道令ニハ明治四十三年勅令第三七六號ニ依リ警務總監部令ト同シク三ヶ月以下ノ懲役禁錮拘留又ハ百圓以下ノ罰金科料ノ罰

則ヲ附スルコトヲ得ルナリ罰則ヲ付シタル命令ハ總テ警察命令ナリヤ否ハ議論ナキニアラスト雖モ余輩ハ命令ノ主タル精神カ助長行政ニ係ルトキハ假令罰則ノ制裁ヲ付シアリト雖モ純然タル行政警察ノ命令ニアラストナスモノニシテ道長官ハ官制第二號ニ依リ安寧秩序ヲ保持スル爲メ出兵ノ要求ヲ爲スコトヲ得ルヨリ見ルトキハ非常保安警察ノ權限ヲ有シ又制令府令ノ委任アルトキハ警察命令タル道令ヲ發スルコトヲ得ルカ如シト雖モ一方ニ於テハ官制第五條ニ道長官ハ地方ノ警察及衛生事務ニ關シ道警務部長ヲシテ必要ナル命令ヲ發セシメ又ハ之ニ對シ必要ナル處分ヲ命スルコトヲ得ト警察官署官制第八條第二項ニ警務部長ハ道長官ノ命ニ依リ道行政ノ執行ヲ助ケ又地方警察及衛生ノ事務ニ關シ道長官ノ命ヲ受ケ必要ナル命令ヲ發シ又ハ處分ヲ爲スヘシトアリテ地方ノ警察事務ハ全然警務部長ノ權限ニ屬スルモノニシテ道長官ハ之ニ關シ直接ノ權限ヲ有スルモノト解スル能ハス從テ警務部長ノ名義ヲ以テスルニアラサレハ自ラハ地方ノ警察ニ關スル命令ヲ發スルコトヲ得サルナリ所謂地方ノ警察ナル語ハ國家警察ニ對スル語ナルヲ以テ地方ノ警察ニ關スル命令ハ警務部長ニ屬スルモ國家警

察ニ關スル命令ハ道長官ニ於テ自ラ發シ得ルカノ如キ感アルモ道長官ノ命令ハ主トシテ其ノ管轄地方ノ助長的利害ニノミ鑑ミ發ス可キ性質ノモノナレハ道長官ハ國家警察ニ關シ命令ヲ發スルコトナシトスルモ過言ニアラサルヘシ況ンヤ明治四十三年朝鮮總督府訓令第三號事務分掌規程ニ依ルモ其ノ職務ノ範圍ハ專ラ助長行政ニ限ラレアルニ於テオヤ之ニ由テ見ルトキハ道長官ハ其ノ命令ニ假令罰則ヲ付シ官制上或種ノ警察權ヲ有シアルカ如ク見ユル場合ト雖モ其ノ命令ハ警察事項ニ渉リテ規定スルコトヲ得サルモノナリトス警察命令ヲ發セントスルトキハ必ス自己ニ直屬スル下級官廳ニアラス上級官廳ニモアラスシテ全ク系統ヲ異ニスル警務部長ニ命シテ發セシメサルヘカラサルモノナリトス

明治四十三年統監府令第五十二號ハ條約上居住ノ自由ヲ有セサル外國人勞動者ノ認許權ヲ道長官ニ委任シアリト雖モ道長官ノ許可ナルモノハ是等ノ外國人ニ一ノ權利ヲ創設シタルニ過キスシテ警察命令ヲ下スニアラサルモノト見ルヘク從テ之カ取締ハ道長官ノ命ナクトモ當然警務部長ノ職權ニ屬スルモノトス又漁業令森林令ニ於テ道長官ニ警察權ヲ行使スルヲ委任シタル條項アリト爲スモ何

レモ權利ノ附與又ハ助長命令ノ發令權ヲ主トシタルモノナリ左レハ事實上ニ於テモ道長官ハ警察事項ニ涉ル命令ヲ發シ能ハサルナリ又衞生行政ニ關シテハ慈惠醫院ノ事務ニ關シテノミ發スルコトヲ得ルニ過キス

第二　道令ノ效力

道令ハ其ノ上級官廳ノ命令タル制令及府令ニ依リテ改廢セラルルト雖モ上下ノ關係ナク系統ヲ異ニスル警務總監部令警務部令ト互ニ撞著シタルトキ其ノ效力ニ付テハ硏究スヘキ問題タルナリ余輩ハ道令ヲ以テ警察及衞生事項ニ涉リテ規定スルコトヲ得スト爲スモノナリト雖モ官制上必シモ之カ競合ノ場合ヲ想像スヘカラサルニアラス從テ若シ斯ノ如キ場合發生シタルトキハ現行法規上ニ於テハ之カ優劣ヲ解決スヘキ規定ナキヲ以テ總督ハ官制第五條ノ監督權ヲ行使シ雙方又ハ或一方ヲ取消シ又ハ停止スヘキモノナルヘシ而シテ尙ホ一ノ疑問ハ警務總監部令ト道長官ノ命令ニ出テタル警務部令ノ衝突ニ際シ其ノ效力ニ付テナリ警務部長ハ警務總長ノ下級官廳トシテ其ノ指揮監督ノ下ニ在ルモノナレハ該警務部令ハ當然無效トナルカ如キ觀アルモ元是レ警務部長ノ本屬長官ニアラス且ツ

其ノ上級官廳ニモアラス全ク系統ヲ異ニスル道長官ノ正當ナル命令權ニ基キ發布シタルモノナレハ警務總監部令ヲ以テ直ニ改廢セラルヘキ性質ノモノニアラスシテ總督ノ指揮ヲ待タサルヘカラス斯ノ如キ國家意思ノ扞格齟齬アル場合ハ行政ノ運用上支障少ナカラサルヘシ

道令ハ其ノ下級官廳タル島司ノ發スル島令ニ對シテノミ優先的效力アリ

第十節　朝鮮總督府警務部令

警務部令モ明治四十三年朝鮮總督警察官署官制第八條及第九條ニ依リ警務部長カ道長官ノ命ヲ承ケ竝其ノ職權又委任ノ範圍內ニ於テ警察及衛生ノ事務ニ關シ又ハ道行政ノ執行補助トシテ其ノ管轄スル道ノ區劃內ニ限リ效力ヲ及ホス所ノ地方的命令ニシテ其ノ性質ニ至リテハ警務總監部令ト異ナルコトナシ唯警務部長ハ官廳上下ノ關係ナク官制上寧ロ同一程度ニアリテ全ク所屬ノ系統ヲ異ニスル道長官ノ命ヲ承ケ警務部令ヲ發スヘキコトアルハ朝鮮ニ於ケル憲兵警察制度ノ結果トシテ特種ナル法制ナリト謂フヘシ

警務部令ハ其ノ上級官廳ノ發スル制令及府令警務總監部令ニ牴觸シ能ハサルハ勿論ナリ又警務部令ト道令トハ其ノ規定スヘキ事項ヲ異ニスルヲ普通トスルヲ以テ牴觸スルコト稀ナルヘシト雖モ若シ競合ノ場合ニ於テハ之カ解決ハ總督ノ決裁ニ待タサルヘカラサルナリ警務部令ニ附スヘキ罰則ハ明治四十三年勅令第三七六號ニ依リ拘留科料ノミニ止マルモノトス

尙ホ大正四年勅令第三七號警察官署官制ノ一部改正ニ依リ警務部長カ警務部令ヲ發スルニハ先ツ道長官ノ承認ヲ受ケサルヘカラサルモノトス

第十一節　島令

島ハ大正四年勅令第一一一號朝鮮總督府地方官官制ノ一部改正ヲ以テ新ニ設置サレタルモノニシテ同官制第二十一條ノ三「島司ハ島內ノ行政事務ニ關シ法令ニ依リ又ハ道長官ヨリ委任セラレタル事件ニ付島令ヲ發スルコトヲ得」トアリ卽チ島令ハ助長行政事務ニ關シ特ニ法令又ハ道長官ヨリ委任アリタル事件ニ限リ島司ノ發スル命令ニシテ島司ノ職權上當然行爲トシテ發スルモノニアラサルナリ

第十二節　現存スル舊韓國ノ法令

領土ノ併合ハ國家統治權ノ全部ヲ擧ケテ一ノ主權者ニ移ルモノナルヲ以テ被併合國ノ法令ハ主權者ノ變更セラレタル關係上併合國ニ於テ特別ノ明示アラサル限リハ當然消滅ニ歸スヘキモノトス之カ爲メ韓國併合ニ當リ朝鮮總督ハ制令第一號ヲ以テ朝鮮總督府設置ノ際朝鮮ニ於テ效力ヲ失フヘキ帝國法令及韓國法令ハ當分ノ内朝鮮總督ノ發シタル命令トシテ其ノ效力ヲ有スヘキ旨ヲ公布シタリ從テ併合後ノ今日尚ホ改廢ヲ加ヘス總督ノ命令トシテ現存スル舊韓國ノ法規少ナカラス而シテ總督ノ命令ニハ制令及府令ノ二種アルヲ以テ是等存續法令中法律ヲ以テ規定スヘキ性質ノモノハ其ノ制定形式ノ如何ヲ問ハス制令ト見做シ府令タル性質ヲ有スルモノハ制定形式ノ如何ヲ問ハス朝鮮總督府令ヲ以テ定メタルモノト見做スヘキ旨明治四十三年制令第八號ヲ以テ公布セラレタリ元來舊韓國ハ專制君主國ニシテ憲法ナルモノナカリシカ故ニ法令中法律勅令等ノ名稱アリシト雖モ形式上ヨリ見ルトキハ等シク君主ノ命令ニシテ法律上ハ何等區別ス

ル價値アルモノニアラス又中央官廳トシテ內閣總理大臣ノ發シタル閣令各部大臣ノ命令タル部令、及地方官廳トシテ警視總監、漢城府尹、各道觀察使等ノ發シタル警視廳令（其ノ以前ハ警務廳ト云フ）漢城府令、觀察道令等ノ命令アリ其ノ內容ニ於テ立法事項ニ渉ルモノヲ訓令ノ形式ヲ以テセルモノモ少カラスシテ區々タルヲ免レス是等數種ノ命令ニ對シテモ亦存續ヲ認ムル爲メ制令第八號ハ制令第一號ノ規定ヲ超越シ制令府令以外更ニ警務總監部令ヲ以テ規定スヘキモノハ警務總監部令、道令ヲ以テ規定スヘキモノハ道令、警務部令ヲ以テ規定スヘキモノハ警務部令ト見做スヘキモノトセリ然リト雖トモ之レカ爲メ舊韓國ノ法令ハ制令、府令警務總監部令、道令、警務部令トナリタルニ非ス單ニ之ニ準スル效力ヲ認メラレタルニ過キス從テ明文ナキモ內地人及朝鮮人ニ共通的ニ效力ヲ及ホスモノニアラス從來ノアリシ其ノ儘ニテ朝鮮人ニノミ又ハ內外國人共通ニ適用セラルルヲ原則トス此ノ種法規ニテ現行生存スル主ナルモノ左ノ如シ但シ觀察道令及漢城府令等ノ如キ地方的命令タリシモノハ全ク之ヲ省ク

一、民籍法 〔隆熙三年法律第八號〕

一五、傳染病豫防規則 〔光武五年法律第二六號〕

二、保安法（光武十一年法律第二號）
三、出版法（隆熙三年法律第六號）
四、新聞紙法（光武十一年法律第一號）
五、屠獸規則（隆熙三年法律第二四號）
六、酒税法（隆熙三年法律第三號）
七、人參税法（隆熙二年法律第一五號）
八、鹽税規程（隆熙三年勅令第六九號）
九、地方費法（隆熙三年法律第一二號）
一〇、國有未墾地利用法（光武十一年法律第四號）
一一、鑛業法（光武十年法律第三號）
一二、砂鑛法（光武十年法律第四號）
一三、度量衡法（隆熙三年法律第二六號）
一四、移民保護法（光武十年法律第二號）

一六、貨幣條例（光武五年勅令第四號）
一七、國有土石採取規程（隆熙二年勅令第五八號）
一八、水利組合條例（光武十年度支部令三號）
一九、人參税法施行規則（隆熙三年度支部令一七〇）
二〇、酒税法施行規則（隆熙三年度支部令三號）
二一、社還條例（開國五百四年度支部令三號）
二二、鑛業法施行規則（光武十年農商工部令四三號）
二三、砂鑛採取法施行規則（光武十年農商工部令四號）
二四、度量衡法施行規則（隆熙三年農商工部令三號）
二五、移民保護法施行細則（光武十一年農商令第四四號）
二六、種痘規則（開國五百四年内部令第八號）
二七、家屋税法及同施行規則（隆熙三年法律二號）

右ノ内鑛業法、砂鑛法、國有未墾地利用法國有土石採取規程及其ノ各施行規則ハ朝鮮人ニ適用スヘキモノナリト雖モ從來鑛業及土地利用權ハ内外國人ニモ之ヲ許可シタルヲ以テ現今ニ於テモ等シク内地人及外國人ニ之カ適用アリ又屠獸規則酒税法ハ從來内地人モ之ニ準由スヘキ旨統監府令ヲ以テ示サレタルヲ以テ現今内地人ニ對シテモ有效ナリトス

第二ニ注意スヘキハ第四節外務省令ノ項ニ於テ本節ノ說明ニ讓リ置キタル前掲舊韓國ノ制定シタル移民保護法及同施行細則ニ付テナリ總督ハ外交ニ關シ權限ヲ有セサルモノトセハ該移民保護法等ハ事外國關係ニ係ルヲ以テ總督ノ命令トシテ規定スヘキモノニアラス從テ該法及施行細則ハ明治四十三年制令第一號及第八號ニ依リ區分スルモ之ニ該當スル命令ナキガ如シ何トナレハ總督ハ涉外事項ニ關シ特別ノ委任ナキ限リ制令又ハ府令ヲ發スルコトヲ得サルヲ以テ制令トシテ效力ヲ認ムヘキカ及府令トシテ效力ヲ認ムヘキカハ疑問ニ屬ス強テ之ヲ有效タラシムルニ於テハ制令及府令トシテ見做スヘキヨリ外ナカルヘク而シテ之カ執行ニ付テハ其ノ各個ノ事實ニ於テ外務大臣ノ承諾ヲ受クルヲ至當ト信ス

第十三節　併合ノ際失效スヘキ帝國法令

帝國ハ明治九年以來數次ニ亙リ朝鮮ノ開港場其ノ他樞要ノ地ニ領事館ヲ置キ在留帝國臣民保護取締ノ爲メ館令ヲ發シタリ又明治三十八年十一月締結セル日韓協約ニ基キ統監府及理事廳ヲ置キ領事館ヲ廢シ保護政治ノ實施ト併セテ領事ノ職權ヲ襲踏シテ益々擴張ノ主義ニ出テ統監ハ全朝鮮、理事官ハ其ノ管轄內ノ在留帝國臣民ニ對シ行政命令タル統監府令理事廳令ヲ發シ帝國臣民ハ司法權ノミナラス行政權ニ於テモ二三ノ事項ヲ除キテハ韓國ノ支配ヲ受ケサリシナリ然ルニ明治四十二年十一月ニ司法權、越エテ翌年六月ニハ警察權ヲ帝國政府ニ委任シタル結果司法及警察ニ關シテ發スル命令ハ各其ノ委任ノ時ヨリ在留帝國臣民及朝鮮人ニ共通ノモノトナリタリ而シテ警察權委任ノ當時ニ於テ韓國ノ法令ハ當分ノ內其ノ效力ヲ認メラルヘキ旨統監府令第三一號ヲ以テ公布セラレ更ニ同年八月併合條約ノ協定成リ制令第一號及第八號ヲ公布セラレタル結果朝鮮總督府設置ノ際朝鮮ニ於テ效力ヲ失フヘキ帝國法令ハ當分ノ內朝鮮總督及其ノ所屬官廳ノ發シタル命令トシテ效力ヲ認メラレタリ之ニ依リ當時ノ帝國法令ナルモノヲ探究スルニ領事館令及統監府令理事廳令ノ三種アリテ是等命令ノ或ルモノハ今尙ホ其ノ規定セラレタル實質ノ內容ニ依リ制令府令警務總監部令道令警務部令ト見做サルヘキ效力ヲ持續シツツアルナリ而シテ是等ノ法令ハ何レモ併合ノ際ニ於ケル屬人的法規ノ性質ヲ承繼シテ有效タルモノナレハ從來在留帝國臣民ニ適用セラレタル法規ハ在留內地人ニノミ又在留帝國臣民及朝鮮人ニ共通的ニ效力ヲ及ホシタル法規ハ共通的ニ適用セラルルモノニシテ頗ル複雜ヲ極メ容易ニ其ノ效力ヲ判定シ能ハサルモノアリ何レモ個々ノ法規ニ付キ審査決定セサルヘカラサルモノトス

此ノ種ノ現存法規中主テルモノ左ノ如シ 但シ理事廳令及領事館令等地方的命令ハ之ヲ省ク

○內地人及外國人ニノミ適用セラルルモノ

一、保安規則 三九統令一〇

一、出版規則 四三統令二〇

一、新聞紙規則 四一統令一二

一、韓國屠獸規則違反者ニ對

○內鮮外人共通適用セラルルモノ

一、外國旅券規別 四〇統令一六

一、水道上水保護規則 四三統令六一

一、屋外集會禁止ノ件 四三統令三

一、囚人及被告人押送規則 四一統令五一

一、警察署ヲ置カサル地ノ警

スル制裁　四二 統令二四

一、宗敎ノ宣布ニ關スル件　三九 統令四三

一、韓國度量衡法及同施行規則準據ノ件　四二 統令二三

一、居住ノ自由ヲ有セサル外國人ニ關スル件　四三 統令五三

察事務取扱ニ關スル件　四三 統令四一

一、制令公布式　〃三 統令五〇

一、郵便電信爲替貯金等ニ關スル諸法規

一、巡査巡査補服制　四三 統令四六

本節及前節ニ於ケル各種法令ノ效力ヲ持續セシムル爲メニ發シタル制令第一號（朝鮮總督府設置ノ際朝鮮ニ於テ其ノ效力ヲ失フヘキ帝國法令及韓國法令ハ當分ノ內朝鮮總督ノ發シタル命令トシテ尙ホ其ノ效力ヲ有ス）ニ付テ一言セン

ニ併合當時ニ總督府官制未タ發布ナク總督ノ職務ハ統監之ヲ行フモノナリシヲ以テ該制令第一號ニ所謂朝鮮總督ノ發シタル命令トハ制令及統監府令ノ二ニ限ラル丶ナリ而シテ朝鮮ニ於ケル一切ノ法規ヲ悉ク總督ノ命令タラシムルト云フハ頗ル杜撰ノ嫌ナキ能ハス何トナレハ當時韓國法令及帝國法令中ニハ大權事項ハ勿論總督ノ權限ニ屬セサル幾多ノ法令アリシノミナラス總督ノ下級官廳ノ命令トシテ規定スヘキモノ少ナカラス斯ル矛盾アリタルヲ以テ制令第八號ハ制令

第一號ノ明言ヲ襲用セス總督ノ命令以外更ニ警務總監部令道令警務部令等添加的區分ヲ爲シテ糊塗ヲ爲シタルカ如シ

第十四節　併合後始政紀念日ニ至ル間ノ法令

明治四十三年八月二十九日併合ノ日ヨリ總督府官制實施ノ日タル同十月一日マテノ間ニ發セラレタル命令ニ付テ一言セン元來併合ハ事倉卒ノ間ニ決行セラレ朝鮮總督府ハ設置セラレタルモ統治ニ關スル諸般ノ準備畫定セラレサリシヲ以テ勅令第三一九號ハ統監府及其ノ所屬官署ハ當分ノ內之レヲ存置シ朝鮮總督ノ職務ハ統監之ヲ行ヒ舊韓國官署モ內閣及表勳院其ノ他二三ヲ除キ他ハ暫ク總督府ノ所屬官署トシテ之ヲ存置セリ而シテ此ノ期間ニ於テ法規命令ヲ發シ得ル者ハ第一統監ニシテ統監ハ制令及統監府令ヲ發シ又舊韓國ノ各部ハ內閣ノ消滅ト共ニ其ノ發令者タル國務大臣ノ各部大臣モ消滅シタルヲ以テ命令ヲ發スルニ由ナク各道觀察使漢城府尹及各理事官ハ事實ニ於テ發令シタル形迹ナシ次ニ統監府警務總長ハ京城府ニノミ有效ナル警務總監部令ヲ發シ統監府警務部長ハ各其

ノ道內ニ限リ有效ナル警務部令ヲ發シタルナリ故ニ其ノ際發セラレタル命令ノ種類ハ制令、統監府令、統監府警務總監部令、統監府警務部令ノ四種ニ限ラレタルナリ而シテ此ノ四種ノ命令ハ併合後ニ制定セラレタル帝國法ナレハ特別ノ規定ナキ限リ朝鮮人ハ勿論在留內地人外國人ニ通シテ適用セラルルコト十月一日總督府官制發布卽チ始政紀念日以後ノ法令ト異ナルコトナシ

第十五節　慣習法

前數節ニ於テハ專ラ國家立法機關カ或ル形式ニ從ヒ文書ヲ以テ表示制定シタル成文的法規ニ付テノミ論セリ本節ニ於テハ國家カ認メテ以テ法規タルノ效力ヲ有スル不文書的ノモノ所謂慣習法ニ付述ヘントス

慣習カ不文ノママ法規タルノ力ヲ有スルニ至ルノ根據ハ專ラ事實上ノ慣習トシテ永ク行ハレタルコトニアリ此ノ點ニ於テ慣習法ハ民族的屬人法ナリト言ヒ得ヘシ慣習法カ何故ニ法規タルノ效力ヲ有スルヤハ學說ノ岐ルル所ニシテ之カ說明ノ詳細ハ一般法ノ講義ニ讓ルヲ可トス朝鮮ハ古來不文的法規ヲ以テ政治ノ基

礎ヲ爲シタル沿革アリ加フルニ明治四十五年三月勅令第二一號ヲ以テ法例ヲ施行セラレタル結果慣習法ハ法規ノ明文ナシト雖モ當然法トシテ效力ヲ有スルコトヲ認メラレタリ而シテ法例ニ依ルトキハ慣習カ法タルニハ三個ノ條件ヲ必要トスル外慣習法ノ本質ヨリスル要件一アリ

第一、慣習アルコト卽チ永年間同樣ニ反覆セラレタル行爲アルコト第二、慣習ノ內容ハ公ノ秩序又ハ善良ノ風俗ニ反セサルモノナルコト第三、法令ノ規定ニヨリ認メタルモノ及法令ニ規定ナキ事項ニ關スルモノナルコトヲ要スルノ外法的慣習タルコトヲ要ス此ハ法例ノ揭ケサル所ナリト雖モ慣習法本來ノ性質上必ス然ラサルヘカラサルモノトス法的慣習トハ人カ其ノ慣習ノ要素タル各行爲ヲナスニ當リ法令ニ遵フノ意思ヲ以テ其ノ行爲ヲ爲シタルコトヲ謂フ卽チ各人カ單ニ風俗上可良ナルコトナリトシテ之ヲ爲シタルノミナラス法令上爲スヘキコトト認メテ之ヲ爲シタルコトヲ要スルナリ從テ盆暮ニ贈答ヲ爲スカ如キハ慣習法トシテ效力ヲ有スルモノニアラス

次ニ慣習カ法トナルノ時期ニ付テハ或ル者ハ裁判所ニ於テ之ヲ適用シタル時ナ

リトスルモ此ハ誤リナルヘシ何トナレハ裁判所ハ立法行爲ヲ爲スヘキモノニアラス判例ノ如キハ單ニ法ノ解釋トシテ參考トナルニ過キサルモノナレハナリ左レハ慣習法タルニハ反覆ノ度數實行ノ期間一般人ノ法トシテ認メタル程度等ニ依リ各個ノ場合ニ於テ認定解決スヘキ問題ナリト云ハサルヘカラス更ニ慣習法ノ效力ニ付テ考察スルニ現行法上二アリ一ハ優先的效力ニシテ他ハ補充的效力ナリトス優先的效力トハ法規ト慣習ト異ナルトキハ其ノ慣習ニ依ルヘキ法令ノ明示アルトキニ限ルモノニシテ法令ノ規定カ唯慣習ナキ場合ニノミ其ノ效力ヲ有シ慣習アラハ其ノ慣習カ法令ニ優先シテ適用セラルヘキモノナリ補充的效力トハ法令ニ規定ナキ事項ニ關シテハ慣習ハ法令ノ補足的トシテ有效ナル場合ナリ而シテ現行法上慣習法ハ成文法ヲ改廢スルノ效力ヲ有セサルモ之ニ反シテ成文法ハ慣習法ヲ改廢スル效力ヲ有スルヲ原則トス即チ法律ハ勿論其ノ他ノ命令ヲ以テモ慣習法ヲ改廢スルコトヲ得ルナリ法例ニ法令ニ規定ナキ事項云々ト言ヘルヲ以テ見ルモ之ヲ知リ得ヘシ

法例以外ニ於テ慣習ニ關スル規定ノ明示ハ明治四十五年三月制令第七號朝鮮民

事令第十條ニ於テ「朝鮮人相互間ノ法律行爲ニ付テハ法令中公ノ秩序ニ關セサル規定ニ異ナリタル慣習アル場合ニ於テハ其ノ慣習ニ依ル」トアリ故ニ朝鮮人ト内地人又ハ外國人間ノ法律行爲ハ朝鮮人ノ慣習ヲ以テ律スルコトヲ得サルモ單ニ朝鮮人間ニ於テハ公ノ秩序ニ累ヲ及ホササル慣習ニ限リ其ノ慣習ハ法令ニ優先スル效力アルヲ認メラレ法例ト重複スルカ如キ感アリ又其ノ第十一條ニ於テ「能力、親族及相續ニ關スル規定ハ朝鮮人ニ之ヲ適用セスシテ慣習ニ依ル」トノ規定アリ從來朝鮮ニ於テ能力ニ關スル慣習アリヤ否ヤハ別問題トシテ慣習ヲ法トシテ認メタル一證左タルヲ得ヘシ

第十六節　公法人ノ條例又ハ規約

國家ノ制定シタル法規命令ノ外從タル法源トシテ公法人タル公共團體ノ制定セル法規アリ例ヘハ大正二年制令第七號府制及同第八號學校組合令ニ依リ府タル自治團體ハ府住民ノ權利義務又ハ府ノ事務ニ關シ府條例ヲ設クルコト及學校組合ハ規約ヲ作ルコトヲ得ルモノトセリ而シテ府條例及學校組合規約ナルモノハ

其ノ内容特ニ法令ニ依リ許サレタル事項ニ限ルモノナリ本項ニ付テハ後章公共團體ノ節ニ於テ更ニ述フル所アルヘシ

第十七節　法令ノ成立及瑕疵

法令カ法規トシテ有效ニ成立スルニハ形式上ノ要件及實質上ノ要件ノ二ヲ具備スルコトヲ要ス本節ニ於テハ主トシテ命令ニ付之カ概說ヲ試ミムトス蓋シ朝鮮ニ行ハルル法律ハ主トシテ内地機關ニ於テ制定スルヲ以テ之カ研究ハ一般行政法ニ依ルヲ便トスレハナリ

第一　形式上ノ要件

(イ)命令ノ決定　法律ハ政府又ハ議會ニ於テ立按シ更ニ議會ノ協贊ヲ經テ天皇之ヲ裁可シ大臣ノ副署ヲ以テ公布スルニ依リ成立スルモノナリ然ルニ命令カ法規トナリテ現ハルルニハ先ツ行政機關ノ内部ニ於テ立案審議ス即チ勅令ニ於テハ主務大臣又特ニ朝鮮ニノミ施行スルモノハ總督ニ於テモ立按シ制令ハ全ク朝鮮ノ立法機關之ヲ立按シ何レモ法制局ノ審査ヲ經タル後閣議ニ提出シテ其ノ決定

ヲ經テ內閣總理大臣ヨリ上奏裁可ヲ仰クヘキモノトス若シ罰則ヲ附シタル重要ナル勅令制令ナルニ於テハ閣議ヲ經ルノ外樞密院ニ諮詢セラルルコトアリ此手續中法律上ノ關係アルハ最後ノ裁可ニアリ其ノ以前ノ手續ハ行政機關內部ノ關係ニ止マルモノナリ而シテ裁可ハ一定ノ形式ヲ要ス卽チ勅令ノ正本ニ御親署アリタル後內大臣府ニ於テ御璽ヲ鈐シ內閣總理大臣年月日ヲ記入シ之ニ副署シ若ハ主務大臣又ハ國務大臣ノ全部カ共ニ副署スルコトアリ勅令ノ正本ハ其ノ勅令タルコトヲ明記スルコトヲ要ス勅令ノ一種タル軍令ハ法制局閣議樞密院ノ議ヲ經ルコトナク陸海軍大臣ヨリ直ニ上奏裁可ヲ仰キ副署モ主務大臣ノミニ止マル勅令制令以下ニアリテハ發令權ヲ有スル官廳ニ於テ立按決定スルモノトス

(ロ)命令ノ公布　命令ハ裁可セラレ又ハ決定スルモ之ヲ臣民ニ對シ表示スルニ非サレハ卽チ外部ニ公布スルニアラサレハ未タ成立ニ至ラサルモノトス命令ハ公布ノ形式ヲ經タルニ依リ假令一般ニ周知セラレサルモ之ヲ一般ニ告知セリト見做サルルナリ命令公布ノ形式ハ勅令、軍令、制令、閣令、省令、朝鮮總督府令、朝鮮總督府警務總監部令、朝鮮總督府(何)道令、朝鮮總督府(何)道警務部令(何)道(何)島令タルコトヲ明記シ之ニ公布ノ年月日ヲ記入シ勅令ニ在リテハ内閣總理大臣、主務大臣ト共ニ副署シ制令ハ勅裁ヲ經タル旨ヲ明記シ朝鮮總督之ニ署名ス其ノ他ノ命令ニ在リテハ内閣總理大臣、主務大臣、朝鮮總督、朝鮮總督府警務總長、同道長官、同警務部長、島司等ノ各官廳之ニ署名スルモノトス而シテ其ノ布告ハ勅令及閣令省令等ハ官報ニ制令朝鮮總督府令警務總監部令等ハ朝鮮總督府官報ニ道令及警務部令ハ各其ノ官廳ノ定ムル所ニ依リ朝鮮總督府官報又ハ道報其地方ノ新聞紙等ニ依ルモノトス

若シ此ノ公布ノ形式ニ欠缺アルトキハ之カ遵由ノ效力如何ト云フニ凡ソ國權ノ發動タル公布ハ假令其ノ形式ニ欠缺アルモ或程度迄有效ナルコトハ有權的ニ公定セラレタルモノニシテ人民及下級官廳ハ其ノ眞僞ヲ査定スルノ權限ナシ故ニ成立條件ノ或ルモノヲ缺クモ其ノ欠缺ハ公定力ニ依リテ完全ナル國家ノ行爲トシテ效力ヲ生スト雖モ其ノ欠缺ハ常ニ或ル程度ニ於テ成立條件ヲ妨クルモノアルコトニ注意ヲ要ス其ノ程度ノ如何ハ一ニ事實問題ニ屬ス

(ハ)法律命令ノ施行期日　朝鮮ニ施行スヘキ法律勅令閣令省令ニ付テハ特ニ施行

期日ヲ明示セサルトキハ各官廳ニ到達シタル翌日ヨリ起算シ七日ヲ經テ施行スヘキコト明治四十年勅令第一一號ノ規定スル所ナリ軍令ハ特別ノ規定ナキ限リ即日ヨリ施行セラレ又制令、朝鮮總督府令、警務總監部令、道令、警務部令等ハ特ニ施行期日ヲ揭クルモノヲ除クノ外其ノ各官廳ニ到達シタル翌日ヨリ起算シ滿七日ヲ以テ之ヲ施行セラルルモノナルコトハ各其ノ公布式例ノ明定スル所ナリ茲ニ所謂官廳トハ明瞭ヲ缺クト雖モ法律命令ノ種類ニ應シ朝鮮總督府及其ノ所屬官廳ノ全部ヲ指稱スルモノト解ス

第二　命令ノ實質的要件

命令ハ形式ニ於テ叙上ノ要件ヲ必要トスルノミナラス更ニ其ノ實質的要件トシテ其ノ發令官廳カ官制其ノ他ノ法令ニ於テ授權セラレタル權限ノ範圍ヲ超脫セサルコトヲ要ス即チ權限外ノ命令ヲ發シ又ハ上級官廳ノ命令ニ違反シ立法權ニ留保セラレタル事項ヲ規定セル場合ニ於テハ其ノ命令ハ完全ナル效力ヲ有セサルモノトス然リト雖モ前述ノ如ク人民及下級官廳カ上級官廳ノ命令ヲ查定スル權限ナキ以上ハ假令其ノ實質ニ於テ欠缺アルモ適法ノ形式ヲ以テ決定公布セラ

レタル命令ナルトキハ實質ニ於テモ適法ナルコトヲ推定セラルル力ヲ有ス而シテ人民ハ此ノ推定ニ對シテハ訴訟ニ依リ無效ノ主張ヲ為スコトヲ妨ケス

第二編　朝鮮ノ官治行政

第一章　朝鮮行政ノ概念

行政ハ統治權ノ作用ノ一ナリ凡ソ國家統治ノ作用ヲ區分シ立法、司法、行政ノ三種トスルハ近世國家ノ通義トス蓋シ立憲制度カ所謂三權分立論ニヨッテ廣ク傳ハレルハ明ナル事實ニシテ諸國ノ憲法カ皆統治作用ノ區分ヲ認メ立法、司法、行政ノ三權ヲシテ各特定ノ機關ニヨリ相獨立シテ行ハシムル所以ハ實ニ之カ爲メナリ統治作用ノ實質ニ付テ論スレハ行政ハ立法カ抽象的ニ法規ヲ制定スルト異リ具體的ニ特定ノ事件ヲ處理スルカ爲メニ存シ司法カ單ニ法規ヲ宣明スルト異リ更ニ公安ヲ保持シ公益ヲ增進シ以テ國家ノ目的ヲ達セントコトヲ計ルモノニシテ國家カ法規ヲ制定シ之ヲ宣明スルノ外ニ於テ爲ス所ノ一切ノ統治作用ヲ稱シテ悉ク行政ト謂ハサルヘカラス然レトモ政務ノ實際ニ付キ觀察スルトキハ行政權ノ作用ニシテ實質上立法又ハ司法ニ屬スルモノ少シトセス而カモ通常其ノ作用ヲ稱シテ行政ト云フハ實質上ノ見解ヲ去リ形式上ノ意義ヲ採レルニ外ナラサルナリ之ニ由リテ見ルトキハ行政ハ國家作用中立法及裁判ノ行爲ヲ除外シタル總テノ國家作用ヲ稱スルモノナリ特別統治主義ニ則リタル我朝鮮ニ於テ立法及司法裁判ニ關シテハ母國ト同一ニ觀念シ能ハサルモノ少ナカラスト雖モ行政作用ニ至リテハ大體ニ於テ其ノ觀念ヲ一ニスルナリ即チ朝鮮ニ於ケル行政トハ天皇カ帝國議會及司法裁判所ノ干與ヲ俟タス國務大臣ノ輔弼ニヨリ天皇ニ直隷シタル機關即チ朝鮮總督ヲシテ行ハシムル國家ノ統治作用ナリト謂フコトヲ得ヘシ之レ朝鮮行政ノ觀念ナリトス

次ニ行政法ナル觀念ニ付テハ未タ一定ノ學說アルヲ聞カスト雖モ余輩ノ信スル說ニ依レハ行政法トハ行政機關ノ組織職務及支配的行政作用ニ關スル法ナリト謂フヘシ即チ一面ニ於テ行政機關ニ關スル準則ヲ示シ一面ニ於テハ各人ノ公法上ノ權利義務ヲ明ニスルモノトス而シテ行政法ハ統治關係（命令關係又ハ支配關係トモ云フ）ヲ規定スル點ニ於テ公法トシテ非統治關係（平等關係）ニ立ツ私法ト區別スヘク又公法中司法法規タル刑法訴訟法ト相對シ憲法及行政法ハ之ヲ總稱シテ國法ト謂フ

凡ソ國家統治ノ作用ハ二ツノ形式ヲ以テ爲サルルモノニシテ一ハ國家カ直接ニ

國家ノ官廳ニ依リテ自ラ統治權ヲ行使シ他ハ國家カ其ノ隷屬スル團體卽チ公法人ニ或ル統治權ヲ附與シ之ヲシテ統治ノ作用ヲ行使セシムルモノニシテ前者ハ國家統治又ハ官治ト謂ヒ後者ハ團體統治又ハ自治ト稱ス官治及自治ノ統治形式ハ立法司法及行政ノ三者ニ通シテ之ヲ設クルコトヲ得ルモ現今ニ於ケル一般統治ノ作用ヲ瞥見スルニ司法ニ於テハ全ク官治ノミニテ自治ヲ認メス立法ニ於テハ稀ニ之ヲ認ムルモ而カモ自治行政ニ附屬スル場合ニ過キス故ニ現行制度ニ於テ官治及自治ノ作用ヲ併有スルハ單ニ行政ノミニ限ルモノトス之ヲ官治行政及自治行政ト稱ス

國家及政治團體ハ共ニ統治權ノ主體ニシテ國家ハ之ヲ固有シ他ハ國家ヨリ之ヲ附與セラレタルノ差アルモ兩者共ニ法律上ノ意思ヲ有スルコトニ於テハ同一ナリトス而シテ其ノ意思ハ事實上個人ニ依リテ供給セラルルモノニシテ個人カ國家若ハ政治團體ノ爲ニ其ノ意思ヲ供給スルトキハ其ノ地位ニ於テ之ヲ國家又ハ政治團體ノ機關ト謂フ國家機關ノ構成竝權限ヲ定ムルコト及政治團體機關ノ構成竝權限ヲ定ムルコトヲ總稱シテ統治組織ト謂ヒ統治組織中國家及政治團體ノ

行政ニ關スル機關ノ組織竝權限ヲ定ムルコトヲ特ニ行政組織ト稱スルナリ國家統治ノ組織ヲ定ムル主義ニ二アリ中央集權及地方分權是レナリ中央集權トハ國家統治ノ權限カ中央ニ集一シ地方ノ區域ニ依リテ限界ヲ附セス國家ノ全區域ニ至リテ普ク及フモノナリ地方分權トハ國權ノ行使カ中央ニ集積スルコトナク地方機關ニ分配セラルルモノニシテ統治ニ任スル機關ノ權限カ地方ノ區域ニ依リテ限界ヲ付セラルルモノヲ謂フ

方今朝鮮ノ行政ニ付テハ專ラ官治行政ノ方針ヲ採リ自治行政ノ觀念ニ至リテハ或ル二三ノ特別公共團體ニノミ之ヲ認ムルニ過キス而カモ本來ノ自治ノ觀念トハ其ノ趣ヲ異ニス然リト雖モ自治行政ハ國家文明ノ程度ニ伴フモノナレハ人文ノ發達ト共ニ益々此ノ制度ヲ採用セラルルニ至ルハ明白ナリトス又地方分權ノ程度ハ國情ノ如何ニ由リテ異ナルモノニシテ我朝鮮ニ於テハ比較的地方分權ノ範圍縮少セラレアルカ如シ

第二章　朝鮮ニ於ケル官治行政ノ組織

行政組織トハ國家ノ行政機關ノ構成及權限ヲ定ムルコトナリ行政機關ノ構成及機限ヲ定ムルニハ二個ノ順序アリ先ツ第一着ニ之カ制度卽チ官制ヲ定メ第二ニ其ノ定メタル官制ニ依リ具體的ニ特定ノ機關ヲ作成スル爲メ機關ニ任セラルル人ヲ指定ス而シテ官制ハ或ハ行政機關ノ構成ヲ定メ或ハ行政機關ノ權限ヲ定ムルモノニシテ單ニ行政機關ノ構成ヲ定ムルコトハ國家內部ノ作用ニシテ外部ニ效果ヲ及ササルモ行政機關ノ權限ヲ定ムルトキハ其ノ效果トシテ國家ト人民トノ關係ヲ規定スルモノナリ之ニ由リテ見ルトキハ官制ハ機關構成ノ點ニ於テハ法ニ非サルモ權限ヲ規定スル點ニ於テ法タル性質ヲ有スルモノナリ

我國法上行政機關ハ之ヲ行政官府(行政官署トモ稱ス)トシ其ノ機關體ヲ官吏トシ兩者ノ區別ハ特ニ之ヲ注意スルヲ要ス

行政官府トハ天皇ノ委任ニ依リ一定ノ範圍ニ於テ國家行政事務ヲ處理スル國家機關ナリ他ノ官府ト異ナルハ其ノ事務ノ行政事務ナルノ點ニアリ而シテ之カ構成ハ個人ヲ以テスルモノニシテ一人ヲ以テ構成スルトキハ獨裁制ノ官府ト謂ヒ數人ヲ以テ構成スルヲ合議制ノ官府ト云フ獨裁制ノ官府ニ在リテハ其ノ一人ノ

意思ハ直ニ國家ノ意思トシテ供給セラルモノニシテ合議制ノ官府ニ在リテハ多數決ニ依リ過半數以上ノ多數者カ合致シタル意思ヲ以テ國家ノ意思ヲ決定スルモノトス

行政官府ハ之ヲ行政官廳及補助行政機關ノ二ニ分ツ行政官廳トハ行政事務ニ關シ各個ノ場合ニ對シ國家ノ意思ノ何タルカヲ定メ拘束力ヲ付シ之ヲ以テ國家ノ意思ナリト決定宣言スルコトヲ得ル行政官府ナリ補助行政機關ハ官廳カ意思ヲ宣定スル準備ヲ爲シ又ハ宣定シタル意思ヲ現實ニ執行シ得ル行政官府ナリ官廳タルト補助機關タルトヲ問ハス之ヲ構成スル者ハ官吏ナリ故ニ行政官府ハ其ノ機關トシテ官吏タル官廳ト官吏タル補助機關ヲ以テ構成セラルルモノトス例ヘハ朝鮮總督府ナル官府ハ朝鮮總督ナル官廳ト政務總監以下ノ補助機關ヲ以テ構成スル如シ

行政官廳ニハ主權者ノ委任ニ依リ一定ノ範圍内ニ於ケル國家事務ヲ處理スルモノニシテ其國家意思ヲ決定シ得可キ事務ノ範圍ヲ稱シテ行政官廳ノ權限ト云フ故ニ權限トハ官廳カ一定ノ範圍ニ於テ國家事務ヲ處理シ得ルコトニシテ其ノ處

理ノ形式カ命令作用ナルコトアリ然ラサルコトアリ命令作用ナルトキハ之ヲ官廳ノ職權ト謂フ官廳ノ管轄、權限、職權ト謂フハ皆同一物ノ別名ニシテ之ヲ觀察シタル方面ヲ異ニスルノミ而シテ行政官廳ノ權限卽チ行政權ナルモノハ其ノ範圍無制限ニアラスシテ常ニ一定ノ限界ヲ有シ行政官廳ハ其ノ權限ノ範圍內ニ於テノミ國家ノ機關トシテ國家事務ヲ處理シ得可キモ權限外ノ處理ハ國家ノ行爲タル效力ヲ生スル能ハス之ニ由テ見ルトキハ權限ハ官廳獨立ノ範圍ヲ定ムルモノニシテ官廳相互間ノ行動ノ限界ヲ規律シ他ノ官廳ノ權限ヲ侵スコトヲ得サルモノトシテ定メタルモノナリ之レカ爲メ一官廳ノ權限ハ土地ノ管轄ト共ニ事務ノ管轄ヲ劃定シ之ニ依リテ其ノ範圍ヲ明瞭ナラシメアリ

第三章　朝鮮ノ中央官廳

第一節　中央及地方官廳ノ區別

官廳ニハ中央官廳及地方官廳ノ別アリ地方官廳ニハ更ニ普通地方官廳ト特定ノ權限ヲ有スルニ過キサル特別官廳アリ中央官廳ハ其ノ管轄事務ニ於テ限ラレ區

域ニ於テ限ラレス地方普通官廳ハ其ノ管轄土地ニ於テ限ラルルモ事務ニ於テ限ラレス地方特別官廳ハ其ノ管轄事務及土地ニ於テモ限ラレアルモノナリ我國現行制度ニ於テ内閣、内閣總理大臣、各省大臣、樞密院、會計檢査院等ノ中央官廳タルヘク普通地方官廳ハ其ノ管轄區域朝鮮總督府、臺灣總督府、北海道廳、樺太廳、府縣郡若ハ島廳及市町村面等ノ行政區劃ニ依リテ定マル（府縣郡市町村ハ之チ地方團體タル府縣郡市町村ト混同スヘカラス前者ノ觀念ニ於テ地方官廳ハ一方ノ地方ニ關スル官治行政機關ニシテ後者ハ自治行政機關ナリトス）又特別地方官廳ハ朝鮮ニ於テハ税關長及警察署長郵便局長ノ如キモノニシテ其ノ管轄區域ハ必シモ一定ノ標準ナキモノアリ

特別統治主義ニ則ル朝鮮ハ母國ノ中央官廳ニ對シ行政區劃上一ノ地方官廳ヲ設ケテ諸般ノ政務ヲ總轄セシメアリ從テ朝鮮ナル一行政區劃ヨリ見ルトキハ朝鮮總督ハ其ノ所屬官廳タル警務總長ト共ニ中央官廳タル性質ヲ有シ更ニ地方官廳ヲ區劃シ道長官郡守島司面長及道警務部長警察署長竝其ノ他ノ特別官廳ヲ置キ官治行政ノ區劃トナシアリト云フコトヲ得ヘシ

第二節　朝鮮總督

第一　朝鮮總督ノ地位

朝鮮ニ於ケル政治ノ中樞タルモノハ朝鮮總督ナリ朝鮮總督ハ實ニ朝鮮ニ於ケル最高行政官廳タルノミナラス實質上立法ヲ行ヒ又或ル程度マテハ軍隊ヲ指揮シ司法裁判所ヲ監督スル等其ノ權限頗ル廣汎ニシテ其ノ地位ハ稍々英國ノ王領殖民地大守ニ比較スルコトヲ得内地ニ於テ大權直接ノ行動トシテ行ハレ或ハ各省大臣ノ權限ニ留保セラレタル事項ト雖モ朝鮮ニ於テハ殆ント朝鮮總督ニ總括一任セラレ各省大臣ノ如ク特種ノ事務ヲ分擔スルコトナク一般地方官廳トシテハ勿論中央官廳トシテモ其ノ權限著シク擴大セラレアリト謂フヘシ卽チ官制上總督ハ陸海軍大將ヲ以テ之ニ任スルヲ要件トシ天皇ニ直隷シテ各省大臣ノ指揮監督ヲ受クルコトナク之ト對等ノ地位ニアリ又彼ノ臺灣總督カ内務大臣關東都督カ外務大臣ノ監督ヲ受クルニ比スレハ優秀ノ地位ニアリト謂フコトヲ得ヘク假令憲法上國務大臣ノ如ク輔弼ノ責ニ關スル明文ナシトスルモ天皇ニ對シ直接ノ

責任アルコトハ勿論ナリ又總督府官制上「內務大臣ニ由リ總理大臣ヲ經テ上奏裁可ヲ受ク」ヘキモノトセラレ內閣官制第三條ニ於テ「內閣總理大臣ハ須要ト認ムルトキニ行政各部ノ處分又ハ命令ヲ中止セシメ勅裁ヲ待ツコトヲ得」トアリ內務省官制第一條第二項ニ「內務大臣ハ朝鮮臺灣樺太ニ關スル事項ヲ統理ス」トアルモ嚴格ナル解釋ヲ以テスルトキハ之レカ爲メ內閣總理大臣及內務大臣ハ朝鮮總督ノ上級官廳トシテ監督權ヲ有スルモノト爲スヘカラス總督ヲシテ上奏裁可ヲ得ヘク經由セシムル所以ノモノハ單ニ行政各部ノ統一ヲ保持スル爲メ又ハ殖民地施政ノ統一上ノ必要ヨリ經由セシムルニ過キスシテ內閣總理大臣及內務大臣ハ總督ノ上奏ニ對シ意見ヲ附シテ言上スルハ格別直接ニ何等ノ取捨ヲ試ミルコトヲ得ルモノニアラス且ツ內閣總理大臣ハ總督ノ爲シタル命令處分ニシテ違法又ハ公益ヲ害スト認ムルモ直ニ之ヲ取消シ又ハ停止スル如キ監督權ヲ發動セシムル權限ナク一ニ御親裁ヲ待テ決セサルヘカラサルモノナレハナリ尙內閣官制ニ依リ內閣總理大臣ハ國務各大臣ノ首班タルノ故ヲ以テ各省大臣ノ上級官廳ナリト爲シ併セテ朝鮮總督ニ對シテモ上級官廳ナリト爲ス者アリト雖モ總理大臣ハ內

閣ナル合議組織ノ官廳ニ於テ國務大臣トシテ他ノ國務大臣ノ首班タルモ各省大臣ノ首班タル資格ニ付テハ憲法上ハ勿論官制其ノ他ノ法令ニ於テ明定シタルモノナシ從テ事實上ニ於テ上級者タルハ格別法律上ニ於テハ各省大臣及總督ノ上級官廳ナリト認ムヘキ論據ナシ要スルニ總督ト內閣總理大臣各省大臣トノ間ニハ官廳上下ノ關係アリト謂フヘカラス而シテ內閣官制第四條ニ依リ內閣總理大臣カ行政各部ノ統一ヲ保持スル職權上發スル命令及朝鮮ニ行ハルル法律勅令ノ委任ニ基キ發シタル閣令省令ニ對シテハ其ノ基礎タル法律勅令ニ違背スヘカラサル結果トシテ總督ハ之ニ牴觸スル命令ヲ發スヘカラサルコトニ付テハ前ニ閣令省令ノ節ニ於テ述ヘタル所ナリ

第二　朝鮮總督ノ構成

朝鮮總督ハ一人ヲ以テ構成ス卽チ獨裁制ノ官廳ニシテ陸海軍大將ヲ以テ之ニ充テ其ノ補助機關トシテ左ノ官吏ヲ置ク

一、政務總監

一、內務部長官（學務局長）

一、度支部長官

一、農商工部長官

一、司法部長官

一、總務局長

一、土木局長

一、參事官（三人ノ内一人ヲ勅任トナスコトヲ得）

一、秘書官　二人

一、事務官（三十六人ノ内海外事務ヲ掌ル事務官一人ヲ勅任ス爲スコトヲ得）

一、視學官　一人

一、編修官　一人

一、通譯官　四人

一、技師（二十七人ノ内二人ヲ勅任ト爲スコトヲ得）

政務總監ハ總督ヲ輔ケ諸般ノ府務ヲ統理シ各部局ノ事務ヲ監督ス各部長官ハ總督及政務總監ノ命ヲ承ケ部務ヲ掌理シ部下ノ官吏ヲ指揮監督ス局長ハ上官ノ命

ヲ承ケ其ノ主管事務ヲ掌理ス參事官ハ審議立案ヲ秘書官ハ機密事務ヲ掌リ事務官、視學官、編修官、技師、通譯官ハ各上官ノ命ヲ承ケ府務及技術通譯ヲ掌ル其ノ他判任タル屬、視學、編修書記、技手、通譯生等ヲ置キ外ニ總督附武官トシヲ陸海軍少將又ハ佐官各一人ヲ専屬副官トシテ陸軍佐尉官一人ヲ置ク別ニ總督ノ所屬官廳トシテ警務總長、遞信局長官、鐵道局長官、道長官其ノ他諸種ノ官廳アリト雖モ是等ニ付テハ更ニ説明ヲ爲スヘシ

第三　朝鮮總督ノ權限

(1)制令制定權　明治四十四年法律第三〇號ニ依リ勅裁ヲ經テ(臨時緊急ノ場合ニハ勅裁ヲ經ス)朝鮮ニ於ケル法律事項ヲ規定スルヲ得其ノ性質等ニ付テハ前ニ之ヲ述ヘタリ

(2)朝鮮總督府令ノ發令權　總督府官制第四條ニ依リ職權又ハ法律勅令閣令制令ノ委任ニ依リ又ハ其ノ執行ノ爲メ發スル命令ニシテ前ニ之ヲ述ヘタリ

(3)罰則ヲ附スル權　總督ノ發スル制令ハ法律事項ヲ規定スルモノナルヲ以テ之ニ罰則ヲ附スルニ制限アルコトナシ又府令ハ官制第四條ニ依リ之ニ一年以下

ノ懲役禁錮拘留二百圓以下ノ罰金科料ノ制裁ヲ附スルコトヲ得

(4) 監督權　總督ハ官制第五條ニ依リ所轄官廳ノ命令又ハ處分ニシテ制規ニ違ヒ公益ヲ害シ又ハ權限ヲ犯セルモノアリト認ムルトキハ其ノ命令又ハ處分ヲ取消シ又ハ停止スルコトヲ得ヘキ監督權ヲ有ス茲ニ制規ニ違ヒ公益ヲ害スト云フハ違法ニシテ且ツ公益ヲ害スル意味ニシテ假令違法ナル命令又ハ處分ナリト雖モ公益上ヨリ見テ損害ナシト認ムルトキハ之ヲ取消サヽルモ妨ケナシ故ニ違法ナル命令ナリト雖モ之ヲ取消スト否トハ一ニ總督ノ任意タルヘキモノトス又權限ヲ犯ストハ所屬官廳カ其ノ附與セラレタル職權ヲ超脫シタル國家行爲ヲ爲スコトニシテ例ヘハ府尹郡守島司カ警察命令ヲ發シ警察處分ヲ爲スカ如シ

(5) 所屬官吏ノ進退ヲ司ルコト　朝鮮總督ハ官制第六條ニ依リ所部ノ官吏ヲ統督シ奏任文官ノ進退ハ內務大臣ニ由リ內閣總理大臣ヲ經テ之ヲ上奏シ判任官以下ノ進退ハ之ヲ專行スル權限ヲ有ス

(6) 敍位敍勳ノ上奏　所部文官ノ敍位敍勳ヲ內務大臣ニ由リ內閣總理大臣ヲ經テ

上奏ス

(7)兵力ヲ使用スルコト　朝鮮總督ハ官制第三條ニ依リ天皇ヨリ委任セラレタル範圍ニ於テ陸海軍ヲ統率シ及朝鮮防備ノコトヲ司ル之レ一般行政官廳ト其ノ地位ヲ異ニスル最モ重要ナル點ナリ然リト雖モ現今ノ制度ニ於テ總督ノ有スル統率防備ノ權限ハ極テ狹隘ニシテ該條ハ殆ト空文ニ等シキ感ナキニアラス卽チ陸軍ニ於テ朝鮮駐剳軍司令官ハ總督ト同ク天皇ニ直隷シ軍事行政及朝鮮防備ノコトヲ掌リ在鮮ノ海軍ニ於テモ亦等シク總督ノ直接ナル指揮ヲ受クルモノニアラス總督ハ駐剳軍司令官及海軍當局ニ對シ安寧秩序ノ保持上必要ナルトキハ兵力ヲ要求スルコトヲ得ルニ止マリ駐剳陸軍鎭守海軍ノ軍政ニ付テハ陸海軍大臣軍事行動ニ付テハ參謀總長又ハ海軍軍令部長教育ニ付テハ教育總監又ハ海軍教育本部長ノ指揮區處ヲ受ク可キモノナルコトハ朝鮮駐剳軍司令部條例及鎭守府條例防備隊條例要港部條例ノ規定スル所ナリ左レハ總督ハ直接ニ兵力ノ使用權又ハ命令權ヲ有スルモノニアラスシテ僅カニ內部的治安ノ維持上必要ナルトキニ於テ兵力ヲ請求スルコトヲ得ルニ過キス唯駐剳憲兵

ハ朝鮮警察ノ主力トシテ普通警察ヲ掌ル關係上其ノ配置及事務ノ分配ハ總督ノ區處ヲ受クト雖モ人事及軍事警察ニ付テハ陸軍大臣ニ屬シ憲兵ノ根本的指揮ニ關シテハ何等ノ權限ヲ有セサルカ如シ

(8) 法務行政　朝鮮總督ノ掌ル行政上ノ事務ハ官制上何等ノ制限アルコトナク其ノ管轄内ニ於テハ各省大臣ノ掌ル事務ヲ合シテ悉ク之ヲ司掌スルモノニシテ法務行政ニ付テモ勿論權限ヲ有ス法務行政トハ司法ニ關スル行政ニシテ司法其ノモノニアラサルコトニ注意スルヲ要ス尙ホ此ノ項ニ於テ司法ニ付一言セン朝鮮ニ於テ司法權ヲ行フモノハ朝鮮總督府裁判所ニシテ明治四十三年制令第五號裁判所令ニ依レハ朝鮮ニハ高等法院、覆審法院、地方法院（同支廳ヲ含ム）ノ三級審ノ法院アリ民事及刑事ノ各裁判ヲ爲ス之カ構成員タル朝鮮總督府判事ハ裁判所構成法ニ依リ判事タル資格アル者ナルコトヲ要シ（朝鮮人タル構成員ハ舊韓國裁判所ニ判事タリシ内地人ハ特別ノ任用規定ニ依リ又ハ今尙ホ繼續任用サレアリ）刑法ノ宣告又ハ懲戒處分ニ依ルニアラサレハ免官轉官セラレサル身分上ノ保障ヲ有スト雖モ内地ノ判事トハ異ナリ總督ハ必要ニ依リ休職ヲ命スルコトヲ得又判事カ裁判ヲ爲スニ當リ總督ノ指揮監督ノ下ニ立ツヤ否ニ付テハ明文ナシト雖モ何人ノ指揮ヲモ受ケス獨立ノ權限ヲ有スルコトハ裁判ノ性質ヨリ生スル當然ノコトナリ且ツ其ノ裁判ノ判決タルヤ假令法律ニ依ラス制令タル朝鮮總督府裁判所令ニ基ク判決ナリト雖モ內地裁判所ノ判決ト同一ノ效力ヲ有スルモノトシテ取扱ハルヘキヲ至當ナリト信ス
裁判所令ニ依レハ朝鮮總督府裁判所ハ朝鮮總督ニ屬シ云々トアリ此ノ文字ヨリ見ルトキハ總督ハ法院ニ對シ司法行政ノミナラス裁判ニ付テモ監督權ヲ有シ法院判事ハ職務上獨立ヲ保障セラレス總督ノ命令アルトキハ之ニ服スル義務アリト解シ得サルニ非ルカ如シト雖モ裁判行爲ノ不羈獨立ニシテ專ラ法律ニ依遵シ行政權ノ外ニ立ツハ不易ノ大原則ナリ例ヘ朝鮮ハ特別統治ノ地方ニシテ憲法ノ施行區域外ナリトスルモ總督ノ職權カ裁判ノ宣告ヲ變更セシムルコトヲ得ルトスルハ朝鮮ヲ進歩セシムルノ理ニ於テ許容スヘカラサルコトナリ故ニ總督ハ裁判ノ實行ニ關シテ何等ノ干涉ヲ試ムルコト能ハス唯其ノ司法行政事務ニ付キ總督府內ニ司法部ヲ置キ總督ノ直屬ト爲シ之ヲ監督スルニ止マル尙ホ注意スヘキハ司法權ノ範圍ニ屬スト認メラルル事項ニシテ警察署長

又ハ其ノ事務ヲ取扱フ者ノ爲ス犯罪卽決及民事爭訟調停ニ付テナリ卽チ犯罪卽決及民事爭訟調停ハ性質上司法裁判ニ屬スヘキモノナリト雖モ朝鮮ニ於テハ民智ノ程度及裁判所ノ普及セサルコト其ノ他ノ理由ニ依リ之ヲ行政處分ノ形式ヲ以テ警察署長等ニ行ハシムルモノナルカ故ニ此ノ處分ニ對シテハ總督ノ監督權ヲ及ホシ卽決言渡及爭訟調停ノ效果ヲ左右スルコトヲ得ヘシト信ス

(8) 外交權　官制其ノ他ノ勅令ヲ瞥見スルニ條約ノ締結其ノ他涉外事項ニ關シテハ之ヲ朝鮮總督ニ委任シタル規定アルコトナキヲ以テ總督ハ朝鮮ニ於ケル涉外事項ニ付テハ外務大臣ノ承諾ナキ限リハ必ス外務大臣ヲ經由シテ交涉スヘキモノナルヘシ是レ對外國是ニ關シ帝國政府ノ方針二途ニ出ツルヲ避クル爲メ外務大臣ニ於テ統一シタルモノナルヘシ明治三十一年勅令第二五八號外務省官制ニ依レハ外務大臣ハ外國ニ關スル政務執行、外國ニ於ケル帝國商業ノ保護及外國在留帝國臣民ニ關スル事務ヲ管理シ外交官及領事官ヲ指揮監督ストアリ又宣戰講和及ヒ條約ノ締結ハ天皇ノ大權ニ屬シ外務大臣ハ獨リ其ノ補佐機關ナリ故ニ朝鮮總督府官制上涉外事務ヲ掌ル事務官ハ一人ヲ限リ勅任ト爲スコトヲ得トアリテ渉外事務ヲモ總督ノ管掌ニ置クト雖モ之レ總督カ諸般政務ヲ統轄スル結果既存ノ條約又ハ協定等ニ基キ其ノ實行ヲ掌ル爲メ設ケラレタルモノニシテ之カ爲メ朝鮮總督ハ外交事務ヲ任意ニ決スル權限アリト速斷スヘカラス總督府事務分掌規定ハ總務局ニ外事課ヲ設ケ外事課ニ於テハ(一)條約及協定ニ關スル事項(二)領事館及ヒ外國人ニ關スル事項(三)海外移民及在外朝鮮人ニ關スル事項(四)其ノ他ノ渉外事項ヲ分掌スルモノト規定セリト雖モ總督ハ勅命ナキ限リ單純ノ意思ニ因リ朝鮮ニ關スル條約ヲ締結シ又ハ協定ヲナスコト能ハス卽チ外事課ノ分掌中條約及協定ニ關スル事項トハ將來特別ノ委任アル場合ヲ豫想シタルモノナルカ又ハ現行既定ノ條約及協定ノ實行及朝鮮内ニアル外國領事官及外國人ニ關スル事項ヲ處理スルニ止マルモノト謂ハサルヘカラス故ニ總督ハ外交上外國政府又ハ官廳ト直接交渉ヲ爲スコトヲ得サルハ勿論在外帝國公使又ハ領事ヲ煩ハササルヘカラサル場合ハ豫メ外務大臣ノ承認ノ直接通信ヲ爲スコトヲ得ルモ其ノ以外ニ於テハ事ノ大小ヲ問ハス外務大臣ニ稟議又ハ照會セサルヘカラス

第三節　朝鮮總督府警務總長

第一　朝鮮總督府令務總長ノ地位

警務總長ハ明治四十三年勅令第三五八號警察官署官制ニ依リ朝鮮總督ノ命ヲ承ケ警務總監部ノ長トナリ朝鮮全道ノ警察及衛生ノ事務ヲ總理スル獨裁制ノ官廳ニシテ朝鮮全道ヲ管轄スル點ニ於テ中央官廳タル性質ヲ有スルモノト謂フヘシ朝鮮ニ於ケル現行ノ警察制度ハ明治四十三年六年舊韓國政府ヨリ警察事務ノ委託アリ且ツ當時併合ノ準備トシテ警備機關ヲ統一配置スル必要アリシ爲メ駐劄憲兵ヲ以テ主腦トシ之ニ在來ノ警察職員ヲ加ヘ或程度マテ文武官ノ混成ヲ以テ組織シタル制度ヲ襲踏セルモノナリ憲兵本位ノ警察制度竝地方長官ニ對シ獨立セル制度ハ果シテ朝鮮ノ現狀ニ適合セルヤ否ハ政策問題ニシテ本論ノ範圍外ナリ凡ソ國家文明ノ幼稚ナル時代ニ在テハ警察ハ國家行政ノ全部ヲ占メタルモノニシテ國家ハ其ノ存立上唯一ノ必要條件トシテ安寧保持危害防排ノミニ惟レ力メ他ノ行政ニ至テハ警察ノ從タルモノト爲シアリタルハ東西ヲ通シテ歷史ヲ同

フス然ルニ文化ノ進展ハ警察ノ事務ヲ漸次縮少セラルルノ傾向ヲ促シ遂ニハ警察ハ國利民福ヲ増進スル助長的行政ノ一ノ補助トシテ安寧秩序ヲ保持シ危害ヲ防止スル任ニ當ルモノトセラレ文明ノ勢力ハ主從顚倒ノ狀態ヲ生スルニ至レリ之ニ由テ見ルトキハ警察ナル觀念ニハ時代ニ伴フテ多少ノ差異アルモノニシテ殖民地殊ニ朝鮮現時ノ如ク文物ノ發達未タ必シモ充分ナラサル地方ニ於ケル警察ハ以テ安寧秩序ノ保持危害ノ防排ノミヲ目的トスルコト能ハス官制ニ依ル職務權限外ニ於テ從トシテ一般助長行政及司法裁判ノ補助ヲ爲シ或ハ道路改修工事督勵ノ如キ雨量觀測僻陬地ニ於ケル國語ノ普及ノ如キ或ハ執達吏事務民事爭訟調停犯罪卽決ノ如キ何レモ警察本然ノ事務以外ニ事實行爲トシテ便宜上執行シツツアル事務少ナカラス之ヲ指揮監督シテ總理ノ任ニ當ル警務總長ノ職權ハ亦頗ル廣汎ナルモノニシテ警察及衞生事務ニ付テハ内地ノ内務大臣ノ權限ヲ有スル如キモノナリ

第二　警務總長ノ構成

警務總長ハ朝鮮駐箚憲兵ノ長タル陸軍將官ヲ以テ之ニ充テ他ノ一般行政ト分離

獨立シテ警察權ヲ掌握シ極メテ類例稀ナル獨裁制ノ特別中央官廳ニシテ其ノ補助機關トシテ警務官、警視、技師、通譯官警部、屬、技手、通譯生等ヲ置キ又其ノ下級官廳トシテ警務部長、警察署長及警察署ノ事務ヲ取扱フ憲兵分隊長同分遣所長等ヲ有ス

第三　警務總長ノ權限

(1)警察及衛生ノ事務ヲ管掌ス茲ニ所謂警察事務トハ關稅鐵道遞信ニ關スル警察ヲ除外(特ニ取締ルヘキ必要ナル事實ヲ認メタルトキハ此ノ限ニアラス)シタル一般警察事務ヲ稱シ又衛生事務トハ總督府醫院及道慈惠醫院ニ關スル事項ヲ除外シタル一切ノ衛生事務ヲ包含シ普通ニ衛生警察ト稱スル事務ノミニ限ラサルナリ

(2)警務總監部ノ長トナリ朝鮮總督ノ命ヲ承ケ部務ヲ總理シ警察官署ノ職員ヲ指揮監督ス

(3)職權又ハ委任セラレタル範圍ニ於テ朝鮮全道又ハ一地方ニ限リ效力ヲ及ホス警務總監部令ヲ發スルコトヲ得

(4)其ノ發スル部令ニ明治四十三年勅令第三七六號ニ依リ三ケ月以下ノ懲役、禁

錮又ハ拘留及百圓以下ノ罰金又ハ科料ノ罰則ヲ附スルコトヲ得
(5)司法警察官トシテ地方法院檢事ト同一ノ職權ヲ有ス
(6)民事訴訟ニ付國ヲ代表ス
(7)巡査巡査補ノ任免懲罰ヲ爲スコトヲ得
(8)警察賞與施行ノ權アリ
(9)開港々則ノ施行ヲ監督ス

尙ホ警務總長ハ其ノ下級官廳タル警務部長又ハ警察署長警察署ノ事務ヲ取扱フ憲兵分隊分遣所ノ長等ノ命令又ハ處分ニシテ制規ニ違ヒ公益ヲ害シ又ハ權限ヲ犯スモノアリト認ムルトキハ之ヲ取消シ又ハ停止スルコトニ付テハ官制上明示スル所ナシト雖モ下級官廳ハ上級官廳ノ意思ニ牴觸スヘカラサルハ不易ノ原則ナルヲ以テ明文ナキノ故ヲ以テ此ノ職權ナシトスルヲ得ス監督權發動ノ當然ノ效果トシテ之ヲ取消シ又ハ停止スルニ妨ゲアルコトナカルヘシ

第四節　朝鮮總督ノ管理ニ屬スル行政官廳

總督ノ所屬官廳ニシテ總督ニ直屬スルモノト總督ノ管理ニ屬スル官廳ノ二種アリ現今ノ制度ニ於テ總督ニ直屬スル官廳ハ朝鮮總督府裁判所アルノミナリ總督ノ管理ニ屬スル官廳トハ總督ノ權限ニ屬スル政務中特種ノ事務ニ關シ之ヲ朝鮮總督府ナル本府ニ於テ取扱ハス又之ヲ地方官廳ニ委任セス別ニ特種ナル官制ノ下ニ或ル機關ヲ設ケ總督自ラ之ヲ管理スル官廳ニシテ其ノ特別地方官廳ニ對シ恰カモ一ノ中央官廳ノ如キ性質ヲ有スルモノナリ前節ニ述ヘタル警務總長ノ如キハ實ニ此ノ種ニ屬スルモノナリ而シテ警務總長ハ人民ニ對シ罰則ヲ附シタル法規命令ヲ發シ得ル中央官廳ナルヲ以テ特ニ一節ヲ設ケ說明シタリ本節ニ述フル官廳ハ斯ノ如キ權限ヲ有セサルノミナラス二三ノモノヲ除ケハ特別ノ規定ナキ限リ或種ノ處分權ヲモ有セス單ニ總督ノ命令ノ下ニ其ノ執行ニ任スルニ過キサル官廳ナリトス但シ是等ノ官廳ト雖モ其ノ部局內部ノ關係ニ於テ所屬職員ヲ指揮監督スル職權ノ發動トシテ訓令其ノ他ノ形式ヲ以テ非法規命令ヲ發シ得ルハ當然ノコトナリ唯外部ノ人民ニ對シテ其ノ名ニ於テ法規命令ヲ發シ決定ヲ與フル權限ヲ有セサルノミナリ左ニ此ノ種ノ官廳ヲ述フヘシ

第一　朝鮮總督府遞信局長官

明治四十五年勅令第三〇號ニ朝鮮總督府遞信官署官制ニ依レハ遞信官署トハ遞信局、郵便爲替貯金管理所、郵便局及郵便所ヲ云ヒ朝鮮總督ノ管理ニ屬スルモノニシテ遞信局長官ハ是等遞信官署ノ中央官廳トシテ朝鮮總督ノ監督ヲ受ケ部下ノ職員ヲ監督シ局務ヲ掌理スルモノトス所謂局務トハ郵便、郵便爲替、郵便貯金、電信電話、航路標識及發電水力ニ關スル事務並航路、船舶、海員及電氣事業ノ監督ニ關スル事務ヲ云フ而シテ遞信局長官ハ人民ニ對シ所轄事務ニ付法規命令ヲ發スル權限ナキモ或ル處分ヲ爲スコトヲ得ル官廳ナリ其ノ補助機關トシテ事務官、副事務官、事務官補、技師、書記、技手、書記補、航路標識看守等ノ官吏アリ尙ホ其ノ下級官廳タル郵便爲替貯金管理所長郵便局長郵便所長ニ付少シク述フヘシ

(一)郵便爲替貯金管理所長　管理所長ハ遞信事務官又ハ副事務官ヲ以テ之ニ充テ遞信局長官ノ命ヲ承ケ郵便爲替貯金ノ檢査計算ニ關スル事務ヲ掌ルモノニシテ其ノ事務ニ付テハ一種ノ中央官廳ナルカ如キ觀アリ補助機關トシテ事務官補書記以下アリ

(二)郵便局長　郵便局ハ朝鮮總督必要ノ地ニ置クモノニシテ局長ハ遞信副事務官遞信事務官補又ハ遞信書記ヲ以テ之ニ充ツルモノニシテ遞信局長官ノ命ヲ承ケ郵便、郵便爲替、貯金ノ事務竝ニ電信電話事務ヲ掌リ又朝鮮總督ノ指定アルトキハ朝鮮總督府及其ノ所屬官長ノ取扱フ歲入金歲出金及歲入歲出入現金ノ出納ニ關スル事務ヲ掌ルモノトス

又或ル特定ノ郵便局長ハ指示セラレタル區域內ニ於ケル遞信局ノ管轄事務卽チ監督事務其ノ他ヲ分掌スルモノアリ

郵便局長ハ其ノ事務ノ繁閑ニ依リ補助機關タル官吏ヲ有スルモノト有セサルモノトアリ

(三)郵便所長　郵便所長ハ其ノ任命ノ形式ニ於テ官吏ナルモ私ノ營業ヲ爲スコトヲ許サレタル特種官吏ニシテ內地ニ於ケル三等郵便局長ノ地位ニ比適スルモノナリ上官ノ命ヲ受ケ郵便、郵便爲替貯金、電信電話ノ事務ヲ掌ルコト郵便局長ニ同シ

(四)郵便取扱所及遞信局出張所　朝鮮總督ハ郵便、郵便爲替貯金、電信電話ノ取扱所

ヲ設ケ又航路標識其ノ他海事ニ關スル事務ヲ行フ爲メ必要ノ地ニ遞信局出張所ヲ置クコトヲ得

第二　朝鮮總督府税關長

税關ハ明治四十三年勅令第三六二號官制ニ依リ總督ノ管理ニ屬シ全朝鮮ニ四税關ヲ設ケ之ニ税關長ヲ置ク税關長ハ朝鮮總督ノ指揮監督ヲ受ケ關税噸税移出入税船税及税關諸收入ニ關スル事項保税倉庫其ノ他ノ倉庫ニ關スル事項船舶及貨物ノ取締ニ關スル事項關税噸税移出入税船税ニ關スル警察及犯則處分ニ關スル事項關税通路ノ取締ニ關スル事項ヲ掌リ其ノ補助機關トシテ事務官、監視官、鑑定官、書記監視、鑑定官補、技手、監吏等ヲ置キ、事務官ハ税關事務、監視官ハ警察及犯則處分ニ關スル事務、鑑定官ハ貨物ノ檢査鑑定ニ關スル事務ヲ掌ル而シテ税關長ハ官制上朝鮮總督ノ監督ノ下ニ在リテ關税、噸税、移出入税、船税ニ關スル法令ヲ適用シ其ノ指示スル所ニ違ヒ脱税ヲ圖ル者其ノ他ノ取締上犯則ニ對シ或ル處分權ヲ有ス即チ一種ノ司法及警察行爲ヲナスコトヲ得ルモノニシテ裁判所及警察官廳ヲ除ケハ他ニ斯ル權限アル官廳アルヲ見ス然リト雖モ警察官廳ノ如ク人民ニ效力

ヲ有スル命令ヲ發スルコトヲ得ス單ニ法規ノ適用及其ノ執行ニ關スル職權アルニ過キサルナリ

現時朝鮮ニ於テハ仁川、釜山、元山、鎭南浦ニ税關ヲ置キ其ノ他ノ開港場及必要ノ地ニハ税關支署、税關監視署、税關出張所等下級官廳ヲ置ク其ノ職掌左ノ如シ

(一)税關支署長ハ事務官又ハ書記ヲ以テ之ニ充テ税關ノ一般事務ヲ掌ルモノトス

(二)税關監視署長ハ監視又ハ監吏ヲ以テ之ニ充テ税關長又ハ支署長ノ指揮ヲ受ケ警察及犯則處分ニ關スル事務ヲ掌理ス課税ノ事務ヲ取扱ハス

(三)税關出張所長ハ分掌セシメラレタル關税事務ヲ取扱フモノトス

第三　朝鮮總督府鐵道局長官

鐵道局長官ハ明治四十三年勅令第三五九號官制ニ依ル官廳ニシテ其ノ局務ハ朝鮮總督ノ管理ニ屬シ朝鮮ニ於ケル鐵道ノ建設改良保存運輸及附帶ノ業務竝輕便鐵道及軌道ニ關スル事務ヲ掌ルモノニシテ技監ヲ以テ長官ニ充テ參事副參事參事補技師通譯官書記技手等ノ補助機關之ニ屬ス地方ニ出張所ヲ設ケテ事務ヲ分擔セシムルコトアリ

尚ホ鐵道線上樞要ノ停車場ニハ驛長アリテ副參事參事補又ハ書記ヲ以テ之レニ充テ運輸及附帶事務ニ屬スルコトヲ掌リアリト雖モ驛長ナル名稱ハ官制上規定シアラサルヲ以テ官廳ト看做スヘキニアラサルヘシ

第四　朝鮮總督府臨時土地調査局長

明治四十三年勅令第三六一號官制ニ依リ朝鮮總督ノ管理ニ屬シ朝鮮ニ於ケル土地ノ調査及ヒ測量ニ關スル事務ヲ掌ルモノニシテ將來或ル時期ニ於テ事業完成(明治四十三年ヨリ七年ニテ完成ノ豫定)ノ曉ニハ之ヲ廢止スヘキ性質ノモノナリ故ニ事業ノ繼續期間ヲ條件トシタル臨時的官廳ナリ局長ノ補助機關トシテハ事務官監査官技師書記技手書記補技手補等ヲ置ク而シテ事務官ハ局務ヲ監査官ハ實地事務ノ監査ヲ掌ルモノトス尚ホ其ノ地方ニハ支局又ハ出張所ヲ設ケテ事務ヲ分掌セシメ又必要ニ依リテハ事務員及技術員ノ養成所ヲ附設ス

第五　朝鮮總督府營林廠長

營林廠ハ明治四十三年勅令第三六七號官制ニ依リ朝鮮總督ノ管理ニ屬シ鴨綠江及豆滿江ニ於ケル森林經營ニ關スル事務ヲ掌ルモノニシテ廠長ノ補助機關トシ

テ事務官技師書記技手通譯生ヲ置キ必要ナル地ニハ營林支廠ヲ設クルコト得ルナリ

第六　朝鮮總督府醫院々長

醫院ハ明治四十三年勅令第三六八號官制ニ依リ總督ノ管理ニ屬シ疾病ノ診療ニ關スル事ヲ掌ル營造物ニシテ院長ハ總督ノ命ヲ承ケ醫務ヲ掌理シ所屬職員ヲ監督ス又醫學講習所ヲ附設シテ專ラ朝鮮人醫師ヲ養成シ醫官、藥劑官、醫員、敎官、事務官、書記、敎員、藥劑手、助手、通譯生ノ補助機關アリ

第七　朝鮮總督府典獄

監獄ハ明治四十三年勅令第二四三號官制ニ依リ朝鮮總督ノ管理ニ屬シ典獄ヲ長トシ之ニ看守長技手通譯生及監獄醫敎誨師敎師藥劑師看守女監取締ノ補助機關ヲ置ク典獄ハ總督ノ監督ヲ受クル外覆審法院檢事長ノ監督ヲ受ク之レ檢事ハ行政官トシテ刑ノ執行ヲ監督スルノ職權ヲ有シ監獄ハ刑ノ執行ヲ以テ本務ト爲ス所ナレハナリ

第八　朝鮮總督府勸業模範場長

勸業模範場ハ明治四十三年勅令第三七〇號官制ニ依リ朝鮮總督ノ管理ニ屬シ産業ノ發達改良ニ資スル調査及試驗物産ノ調査竝産業上必要ナル物件ノ分析及鑑定種子種禽種苗及種畜ノ配付原蠶種ノ製造及配付産業上ノ指導講習及通信等ノ事項ヲ掌ル而シテ場長ハ技師ヲ以テ之ニ任シ技師書記技手等ノ補助機關ヲ有シ又農林學校ヲ附置シ校長敎諭書記等ヲ置ク

第九　朝鮮總督府平壤鑛業所長

明治四十三年勅令第三六九號官制ニ依リ朝鮮總督ノ管理ニ屬シ石炭ノ採掘煉炭ノ製造及其ノ販賣ニ關スル事務ヲ掌リ其ノ補助機關トシテ事務官、技師、書記、技手等アリ

第一〇　朝鮮總督府中央試驗所長

明治四十五年勅令第三六號官制ニ依リ朝鮮總督ノ管理ニ屬シ工業ニ關スル試驗分析及鑑定ノ事務ヲ掌リ之ニ工業傳習所ヲ附置ス所長ノ補助機關トシテ技師書記技手等ヲ置ク

第一一　朝鮮總督府濟生院長

明治四十五年勅令第四三號官制ニ依リ朝鮮總督ノ管理ニ屬シ孤兒ノ養育盲啞者ノ敎育及精神病者ノ救療ニ關スル事務ヲ掌ル而シテ院長ハ朝鮮總督府高等官ヲ以テ之ニ充テ之ニ主事醫官書記訓導醫員調劑手等ノ補助機關ヲ附屬ス

第一二　朝鮮總督府官立諸學校長

京城及釜山中學校、京城專修學校、京城及平壤高等普通學校（農林學校工業傳習所醫學講習所土地調査局事務員及技術員養成所警官練習所遞信事務員技術員養成所等モ學校ト性質ヲ同クスルモノナルモ官制上或官廳ノ附屬トシテ官廳ノ管理ニ屬シ總督直接ノ管理ニ屬セス）京城及平壤女子高等普通學校、公立各高等女學校長各小學校長等ハ何レモ官制ニ基キ營造物ナル學校ヲ管理シ生徒ニ對シ必要ナル學術及實務ヲ敎授スル事務ヲ掌理スルモノニシテ校長ノ外ニ敎諭助敎諭舍監訓導副訓導書記等ヲ置ク而シテ校長ハ敎育行政事務ノ主管者ニシテ實地敎授ノ學術的事務ノミヲ掌ルモノニアラサルコトニ注意スヘシ

尙ホ茲ニ一言注意スルハ營造物ト官廳トノ關係ニ付テナリ卽チ以上列擧シタル郵便局、濟生院、官立諸學校ハ普通所謂營造物ナル法律語ニ屬シ之ヲ官署ナリトス

ルハ少シク法理ニ合セサルカ如シト雖モ局長院長等ハ總督ノ監督ヲ受ケテ郵便局醫院ナル營造物ヲ管理スル職務ヲ有スルモノニシテ其ノ行政ニ付決定權ヲ有スルカ故ニ之ヲ暫ク官廳ト稱セリ又勸業模範場長諸學校長等ハ法律上ノ決定權ヲ有スト云フ條件ヲ欠缺セルカ如シト雖モ其ノ長官ハ官制又ハ其ノ他ノ委任ニ依リ不完全ナカラ或ル決定權ヲ有シ法律上ノ效果ヲ生スルヲ見ル又平壤鑛業所其ノ他官營トシテ營業ヲ爲スカ如キハ統治權ニ關係ナク單ニ私法上ノ行爲ヲ爲スニ止マルト雖モ官廳ノ觀念ニハ敢テ統治權ヲ必要トスルモノニアラス要ハ國家事務ニ付キ法律上ノ或ル決定權ヲ有スルヤ否ヤニアリ故ニ余輩ハ之等諸官廳ヲ稱シテ朝鮮總督府ノ所屬官廳ト謂フモ敢テ失當ニアラサルヘシ

第一三　合議制官廳

朝鮮總督ノ行フ行政ヲシテ圓滿ニ且ツ人民ノ輿望ニ沿ハンコトヲ力ムル爲メ前各項ニ述ヘタル官廳ノ外ニ勅令ハ更ニ官制ヲ發布シテ總督ノ爲ニ諮問機關又ハ或ル種ノ訴願請願ヲ受理査定スル機關ヲ設ク卽チ總督ノ監督隷屬ノ下ニ合議制ノ官廳ヲ組織セリ以下此種ノ官廳ニ付述ヘントス

(1)中樞院　中樞院ハ明治四十三年勅令第三五五號ニ依リ朝鮮總督ノ諮問機關トシテ設ケラレタル合議制ノ官廳ナリ總督カ土人法ニ關スル議ニ獻替セシメ又ハ特ニ朝鮮ノ事情ヲ顧慮スヘキ案件ニ付院議ヲ以テ決定シタル意見ヲ以テ施政上ノ參考ニ供スル爲メノ顧問制度ナリ然レトモ總督ハ何等院議ニ拘束ヲ受クルモノニアラス取捨素ヨリ總督ノ任意ナリ從テ中樞院ノ院議並事務ハ直接人民ニ效力ヲ及ホスコトナシ其ノ他中樞院ハ朝鮮ノ習慣及制度ニ關スル事項ノ調査ヲ爲スモノトス

現今議長ハ政務總監ヲ以テ充ツル制度ニシテ其ノ下ニ副議長一名アリ又勅任待遇タル顧問十五名ヲ置キテ諮問事項ノ審決ヲ爲シ外ニ奏任官待遇ノ贊議及判任官待遇ノ副贊議合セテ五十五人アリテ院議ニ參與スルモ決定ニ加ハルコトヲ得ス別ニ事務掌理ノ爲メ書記官長、事務官、屬等ヲ置ク

(2)土木會議　明治四十三年勅令第三七五號ニ依リ會長ハ政務總監、委員ハ各部長官、警務總長、鐵道局長官、遞信局長官、駐箚軍參謀長其ノ他總督府高等官ヲ以テ組織シ總督ノ監督ニ屬シ河川、道路、港灣、航路標識、鐵道、輕便鐵道軌道、電氣事業及上

下水道ニ關スル制度計劃設備其ノ他土木ニ關スル重要ナル事項ヲ調査審議スル合議制ノ官廳ニシテ其ノ決定ハ直接人民ニ效力ヲ及スコトナク單ニ總督施政ノ資料タルニ止マル又事務處理ノ爲メ幹事二人書記若干ヲ置ク

(3) 高等土地調査委員會　大正元年勅令第三號ニ依リ臨時土地調査局長ノ爲シタル土地所有權ニ關スル査定ニ對スル不服ノ申立ヲ裁決シ竝査定及裁決ニ關スル再審ヲ爲ス所ニシテ委員長ハ政務總監委員ハ判事三人、總督府及土地調査局高等官中ヨリ六人ヲ選テ之ヲ組織スル合議制ノ官廳ニシテ其ノ合議決定スル案件ノ通知ハ直チニ不服申立人ニ對シ效力ヲ及スモノニシテ本委員會ハ人民ニ對シ或決定權ヲ有スルノ官廳ナリ而シテ其ノ事務ヲ處理スル爲メ幹事一人書記通譯生ヲ置クモノトス

(4) 地方土地調査委員會　大正元年勅令第四號ニ依リ各道ニ置カレタルモノニシテ道長官ヲ以テ委員長トシ道參與官及內務部長財務部長外名望アル者二名又ハ臨時委員トシテ郡守、府尹及府郡ノ名望家等ヲ以テ組織シ土地所有權ニ關スル査定ニ付土地調査局長ノ諮問ニ應スル機關ニシテ其ノ決定ハ直接人民ニ效

力ヲ及スモノニアラス單ニ土地調査局長ノ參考ニ資スルニ止マルモノナリ之ニ書記及通譯生ヲ附屬シテ事務ヲ掌ラシム

(5)關稅訴願審査委員會　明治四十五年勅令第八四號ニ依リ朝鮮總督ノ監督ニ屬シ朝鮮ニ於ケル關稅及移出入稅ニ關スル訴願ヲ審査ス會長ハ政務總監、委員ハ度支部、農商工部、司法部ノ各長官及勅任參事官ヲ以テ組織シ之ニ庶務ノ掌理トシテ幹事一人書記二人ヲ置ク合議制ノ官廳ニシテ會議ニ依ル決定事項ハ訴願人ニ對シ拘束力ヲ有スル有權的行爲ヲ爲スモノトス

第四章　朝鮮ノ地方官廳

第一節　朝鮮ニ於ケル地方官廳ノ概念

總督ハ朝鮮ニ於ケル中央官廳トシテ諸般ノ事務ヲ統轄スト雖モ全管轄内ノ行政ヲ處理スル爲メ絶對的中央集權主義ニ依リ總督直接ニ行政ノ任ニ當ルコト能ハサルハ勿論ナリ是ニ於テ地方分權主義ニ則ル地方官廳ノ存在ヲ必要トス所謂地方分權トハ一定ノ區劃セラレタル地域ニ於テ或程度ノ委任ノ範圍ニ於テ獨立ノ

權限ヲ付與シタル官廳ヲシテ行政權ヲ行使セシムル主義ナリ現今朝鮮ニ於ケル地方官廳ハ道長官、警務部長並府尹、郡守、島司、警察署長、警察署ノ事務ヲ取扱フ憲兵分隊長、同分遣所長等ナルコトハ前ニ述ヘタル所ナリ而シテ道長官及警務部長ハ單純ニ中央官廳タル總督又ハ警務總長ノ命令ヲ執行スル爲メノ機關ニアラスシテ或ル範圍ニ於テ官廳夫レ自身ノ獨立セル權限ヲ行使シ人民ニ對シ或ル決定權ヲ有スルモノナリ唯中央官廳ノ監督ノ下ニアルヲ以テ其ノ決定ニシテ違法又ハ不當ナル場合ニ於テ公益ニ害アリト認メラルルトキハ之カ取消又ハ變更ヲ命セラルルコトアルノミ朝鮮總督府地方官々制ニ依レハ朝鮮ヲ十三ニ分割シテ之ヲ道トシテ各道ニ道長官ヲ置キ別ニ又朝鮮總督府警察官署官制ニ於テ各道ニ警務部長ヲ置キ道長官ニ對シ獨立ノ地位ニ立チ警察及衞生ノ事務ヲ掌ルモノトセリ其ノ道名左ノ如シ

京畿道	忠淸北道	忠淸南道	全羅北道	全羅南道
慶尙北道	慶尙南道	黃海道	平安南道	平安北道
江原道	咸鏡南道	咸鏡北道		

更ニ之ヲ十二府二百二十郡二島ト爲シ府郡島ハ面ニ分割シテ各其ノ區劃內ニ於

ケル行政ヲ掌ル但シ警察署長憲兵分隊長分遣所長ノ管轄ハ必スシモ府郡面ノ區劃ト一致スルコトナシ

第二節　朝鮮總督府道長官

第一　朝鮮總督府道長官ノ地位

道長官ハ内地ニ於ケル府縣知事ニ比適スヘキモノニジテ獨裁制ノ官廳ナリ朝鮮ニ於ケル地方行政ハ内地ト同シク第一級官廳トシテ道長官アリ第二級トシテハ府尹郡守島司最後ニ第三級ニ準スヘキ面長アリ卽チ道長官ハ最上級ノ地方行政官廳トシテ朝鮮總督ニ隷シ二個ノ下級官廳ヲ有シ別ニ所屬ノ系統ヲ異ニシ其ノ下級官廳ニアラサル警務部長ニ對シ地方警察及衞生ノ事務ニ關シ指揮命令ヲ爲スコトヲ得ルモノナリ而シテ明治四十三年勅令第三五七號朝鮮總督府地方官官制ニ依レハ道長官ハ國家ノ意思トシテ人民ニ對シ決定宣言ヲ與フル法規命令發令ノ權限ヲ有シ單純ナル朝鮮總督ノ補助官府タルモノニアラサルナリ

第二　道長官ノ權限

(1) 行政權　道長官ハ地方官々制第五條第一項ニ依リ朝鮮總督ノ指揮監督ノ下ニ在リテ法令ヲ執行シ管內ノ行政事務ヲ管理ス茲ニ所謂行政事務ト稱スルハ明治四十三年朝鮮總督府道事務分掌規程ニ依リ明定セラレアリテ特別地方官廳タル警察官署其ノ他遞信鐵道關稅等ノ行政ヲ除外シタル一切ノモノヲ謂フ

(2) 道令發令權　官制第六條ニ依リ管內ノ行政事務ニ關シ職權又ハ委任ノ範圍內ニ於テ道令ヲ發スルコトヲ得

(3) 下級官廳ノ命令取消權　道長官ハ官制第七條ニ依リ府尹又ハ郡守島司ノ命令又ハ處分ニシテ制規ニ違ヒ公益ヲ害シ又ハ權限ヲ犯スモノアリト認ムルトキハ其ノ命令又ハ處分ヲ取消シ又ハ停止スルコトヲ得茲ニ注意スヘキハ府尹郡守島司ノ命令又ハ處分ニシテ制規ニ反スルモノト雖モ公益ニ何等ノ妨ケナキモノハ寧ロ之ヲ取消シ又ハ停止スルヲ要セサルコトアルヘシ而シテ府尹郡守ハ內地ノ郡長ノ如ク官制上命令ヲ發スルノ權限ヲ附與セラレサルヲ以テ道長官ノ取消シ又ハ停止シ得ヘキ府尹郡守ノ命令ト謂フハ道長官カ特ニ委任ヲ爲シタル非法規命令又ハ其ノ所屬官吏ニ對スル內部的命令ノ如キモノニシテ一

般的ニ人民ニ對シ效力ヲ及ホス命令ニアラサルヘシ只大正四年五月新設セラレタル濟州島及鬱陵島ノ二島司ハ官制上法令ニ依リ又ハ道長官ノ委任ニ依リ島內ノ行政事務ニ關シ島令ヲ發スルコトヲ得ル規定アルヲ以テ之レカ取消又ハ停止ノ權限アルハ勿論ナリ

(4) 出兵要求權　道長官ハ管內ノ安寧秩序ヲ保持スル爲メ兵力ヲ要スルトキハ官制第八條ニ依リ之ヲ朝鮮總督ニ具狀シ若シ非常急變ノ場合ニ際シテハ直ニ當該地方駐在軍隊ノ司令官ニ出兵ヲ要求スルコトヲ得茲ニ軍隊ノ司令官ト謂フハ少ナクトモ旅團長以上ニ相當スル職權アル司令官タルコトヲ要ス然ラサレハ單ニ駐劄隊長ト示スヘクシテ特ニ司令官ナル文字ヲ用ユルノ必要ナカルヘシ又非常急變ノ場合トハ普通警察ノ手段ヲ以テ安寧秩序ヲ維持シ能ハサル程度ニ急迫セル勢力ノ發生シタル場合ヲ謂フモノニシテ急變ナリヤ否ハ一ニ道長官ノ認定ニ依リテ決シ司令官ノ認定ヲ容レサルモノナルヘシ司令官ハ道長官ヨリ出兵ノ要求アルトキハ其ノ必要ノ有無ヲ顧慮スル權能ナク必ス出兵セサルヘカラス然ラサレハ勅令カ道長官ニ出兵要求權ヲ認容シタル趣旨ヲ沒却

シ何等ノ效力ヲ發生セシムルコト能ハサル恐アル場合アルヘシ以上ノ如ク道長官ハ管内ノ安寧秩序ノ保持上必要ナルトキハ出兵ノ要求ヲ爲ス責任アリト雖モ警察官ノ使用權ニ至リテハ頗ル薄弱ナリト謂ハサルヘカラス兵力要求ノ程度ニ至ラサル場合ニ於テハ勿論非常急變ノ場合ニ於テモ自ラ警察官ヲ指揮監督スル權能ナシ卽チ官制ニ於テ道長官ハ直接ニ警察官ヲ指揮シ得ル規定ナク道事務分掌規程ニ於テモ警察ニ關スル事項ノ規定ナシ此ノ點ニ於テ道長官ハ內地ニ於ケル府縣知事ヨリモ其ノ權限縮少セラレアルナリ

(5) 警察官ノ使用權

官制第五條第二項ニ道長官ハ道行政ノ執行ニ關シ管內ノ警察官ヲ使用スルコトヲ得トアリ所謂警察官トハ警察事務ヲ取扱フ憲兵ヲモ包含スルモノナルヘシ而シテ此ノ使用權タルヤ系統ヲ異ニシ全ク他ノ官廳ニ屬スル官吏ヲ使用スルモノナレハ頗ル變則ナル使用權ナリト謂ハサルヘカラス從テ警務總長又ハ警務部長カ其ノ職權ニ依リ部下タル警察官又ハ憲兵ヲ使用シアル場合ニ對抗スルコトヲ得ルヤ否ヤ理論上ハ格別事實問題トシテ完全ナル效力ヲ發生スルコト能ハサル場合ナキニアラス況ンヤ道行政ト警察行政ト

ニ要スル費用ハ算出ノ基礎タル豫算ノ項目ヲ異ニスルヲ以テ道長官カ警察官ヲ使用シタル費途ハ其ノ責任ニ於テ支出スヘキ限ニ在ラス左レハ到底自己ノ部下ヲ使用スル如ク一己ノ意思ヲ以テ爲シ能ハサルモノアリ尙ホ一ノ疑問タルハ警察官又ハ憲兵カ傍系ノ關係アル道長官ノ職權ニ基ク使用ノ命令ト直屬指揮監督者タル警務總長又ハ警察部長ノ命令ニ基ク使用ト競合スル場合ニ於テ何レノ命令ヲ遵守スヘキモノナリヤ勿論警察官トシテハ直接監督官ノ指揮命令ニ從フヲ以テ至當トスヘシ假令道長官ノ指揮命令アルモ道警務部長ノ命ナキ限リハ如何ナル場合ニ於テモ之ヲ拒絕シ得ヘキハ服務上當然ノコトナリ故ニ之カ撞着ヲ避クル爲メ警察官ノ使用ニハ道長官ハ豫メ警務總長又ハ警務部長ニ知照ノ必要アルヘシ

(6)警務部長ニ對スル下命權　官制第五條第三項ニ道長官ハ地方ノ警察及衛生事務ニ關シ道警務部長ヲシテ必要ナル命令ヲ發セシメ又ハ之ニ對シ必要ナル處分ヲ命スルコトヲ得トアリ茲ニ所謂「得」トハ命スルコトヲ得ヘク又ハ其ノ儘ニ放任スルコトヲ得ヘク道長官自ラハ之ヲ發シ又ハ處分シ能ハサルモノト解ス

ルヲ至當トス何トナレハ自ラモ發シ又ハ處分スルコトヲ得ルモノナリトスルニ於テハ斯ル冗長ノ法文ヲ設クル必要ナク警務部長ヲ煩スヨリハ自己ノ任意ニ行爲スルヲ以テ最上ノ方法ナリトスヘク官制カ特ニ之ヲ明掲シタル所以ノモノハ反面ニ於テ暗ニ道長官ノ自ラ警察命令ヲ發シ得サルヲ明言セルモノナリ又若シ發シ得ルト爲スニ於テハ警務總監部令及警務部令トノ牴觸ヲ初メヨリ豫期シタル官制ナリト謂ハサルヘカラス地方ノ警察及衛生トハ如何ナル事項ヲ稱スルヤニ付テハ曾テ道令ノ節ニ於テ述ヘタル如ク國家警察ト對照シ其ノ區別判然セス要スルニ各道ニ於テ地方的トシテ特種ノ事情ニ起因シ特種ノ取締ヲ要スル警察及衛生ノ事項ニシテ各個ノ場合ニ照シテ決スヘキモノナリ而シテ地方ノ警察及衛生事務ニ付テハ道長官ハ官制上其ノ名ニ於テ命令ヲ發スル權限ナク警務部長ノ名ヲ以テ爲サシメサルヘカラス故ニ若シ上下官廳ノ關係ニアラサル警務部長ニシテ相當ノ理由ノ下ニ道長官ノ命スル警察命令及衛生命令ヲ發スルコトヲ肯セサルトキハ如何ニ之ヲ解決スヘキヤハ一ニ總督ノ決定ヲ待タサルヘカラスシテ道長官ハ直ニ之ヲ決スルコト能ハス頗ル不充

分ナル下命權ナリト謂ハサルヘカラス大正四年勅令第五二號ヲ以テ警察官署官制ノ一部改正ヲ行ヒ警務部長ハ部令ヲ發セントスルトキハ道長官ノ承認ヲ受クヘシト爲シ道長官ノ權限ヲ擴張シ放肆的ナル警務部令ノ濫發ヲ防キ兼テ道令トノ衝突セサルコトヲ圖リタルハ時代ノ要求ニ應シタルモノナルヘシ

(7) 徵稅事務ノ所轄　內地ニ於テ國稅ノ徵收ハ稅務官署ナル特別官廳ヲ設ケアリト雖モ朝鮮ニ於テハ道長官所管ニシテ之レカ爲メ其ノ補助機關トシテ第二部長ヲ主任トシテ置カレアリ

(8) 所屬官吏ノ指揮監督權　官制第五條第一項後段ニ依リ所屬ノ官吏ヲ指揮監督シ判任官以上ノ進退身分ニ關シテハ總督ニ具狀スルモノトス

(9) 參事ノ任免權　官制第二三條第三項ニ依リ總督ノ認可ヲ受ケ道又ハ府郡ノ參事ヲ任免ス

(10) 面長ノ任免權　明治四十三年府令第八號面ニ關スル規程ニ依リ道長官ハ面長ノ任免ヲ專行スルコトヲ得

(11) 特別法ノ委任ニ依ル命令及處分權　土地收用令、森林令、漁業令、道路規則其ノ他

數種ノ法令ニ於テ或ル種ノ發令及處分權ヲ道長官ニ委任シアリ

(12) 府及學校組合吏員ノ任免權　府制及學校組合令ニ依リ道長官ニ此ノ權限ヲ附與セリ

(13) 罰則權　明治四十三年勅令第三六七號ニ依リ其ノ發スル道令ニ三ケ月以下ノ懲役、禁錮、拘留又ハ百圓以下ノ罰金又ハ科料ノ罰則ヲ附スルコトヲ得

第三　道長官ノ構成

道長官ハ獨裁制ノ最上級地方官廳ニシテ其ノ補助機關トシテ參與官、道事務官、通譯官、技師、書記、技手、通譯生ヲ附屬セラレ參與官ハ主トシテ道長官ノ諮問ニ應スル官吏ニシテ事務官ハ第一部長(內務)及第二部長(財務)ニ充テ又ハ上官ノ命ヲ承ケテ道務ヲ掌ルモノトス此ノ外道ニハ慈惠醫院ヲ附置シ疾病ノ診療ニ關スルコト並助產婦及看護婦ノ養成ニ關スルコトヲ掌リ院長及醫官、醫員、書記、調劑手、助手等ヲ置キ道長官ノ管理ニ屬セシム又名譽職ナル參事ヲ置ク參事ハ管內ニ居住シ學識名望アル者ヲ以テ任シ道長官ノ諮問ニ應スルコト參與官ニ同シ道參事ハ官吏ニアラス一種ノ吏員ト見做スヘキモノナランカ

第四　道事務ノ分掌

道ノ事務ハ之ヲ大別シテ官房事務及普通事務ノ二ト爲シ官房事務ハ道長官ノ直接ニ決定スル事務ニシテ官吏ノ進退身分等ニ關スルモノヲ主トシ普通事務ハ之ヲ第一部及第二部ニ分チ部長ヲ通シテ道長官之ヲ決定ス其ノ主要事務ハ地方經濟、府郡以下ノ行政、慈善救恤事業、地理地籍、土地家屋ノ證明、公共團體、公共組合、道路河川港灣防砂水利、土地收用、勸業、敎育學藝、宗敎、徵稅等ニ關スル事項トス

第五　道長官ノ代理

地方官々制第九條ニ道長官事故アルトキハ第一部長タル事務官其ノ職務ヲ代理ストアリ凡ソ官廳ノ代理トハ其ノ官廳ノ地位ニアラサル他ノ官吏カ其ノ官廳ノ名ニ於テ爲シタル行爲カ法律上其ノ官廳ノ行爲トシテ效力ヲ發生スル關係ヲ謂フ卽チ第一部長タル道事務官ハ道長官ノ名ヲ以テ道長官ノ權限ニ屬スル前述ノ各事項ヲ有效ニ實行スルコトヲ得ルモノナリ總督府官制ニ於テハ總督ヲ代理スル官吏ヲ規定シアラス故ニ政務總監ト雖モ總督ヲ代理スル權限ナク事實上總督ノ事故アルトキニ於テ政務總監カ諸般ノ政務ヲ代決スルモ法律上ノ責任ハ總督

ニ歸セサルヘカラス此ノ點ハ地方官々制ト他ノ官制ノ間ニ特ニ注意スヘキコトナリトス而シテ此ノ代理權ナルモノハ道長官カ如何ナル事故アル場合ニ發生スヘキモノナルヤハ事實問題ナリト雖モ代理官ノ處理スル事務ハ道長官ノ權限ニ屬シ重大ナルモノナレハ成ヘク之ヲ制限スルノ必要アルヘク從テ道長官カ臨時ノ病氣又ハ出張ノ如キモ一ノ事故タルヘシト雖モ是等普通ノ場合ハ茲ニ所謂事故ト稱スヘキニアラスシテ死亡轉免等ノ爲メ缺位ヲ生シタル場合又ハ道長官在職スルモ事實上多少永續的故障アリテ其ノ權限ヲ自ラ執行スルコト能ハサル場合ヲ稱スルモノナリ而シテ代理權ハ道長官ノ意思ニ基キテ發生スルモノニアラスシテ法律上當然ニ發生スルモノナリ

第六　道長官ノ事務ノ一部委任

官制第十條ニ道長官ハ其ノ職權ニ屬スル事務ノ一部ヲ府尹又ハ郡守ニ委任スルコトヲ得トアリ凡ソ官廳ノ權限ノ委任トハ一ノ官廳カ自己ノ意思ニ依リ其ノ權限ノ一部ヲ他ノ官廳ニ付與スルコトニシテ委任セル事項ニ對シテ道長官ハ少ナクトモ受命官廳ノ行爲ヲ監督スルノ責任アルモノト謂ハサルヘカラス而シテ委

任ニ依ル事項ニ關シテハ受命官廳ノ名ニ於テ爲シタルモノナルヲ以テ法律上受命官廳ノ行爲トシテ效力ヲ發生スヘキモノナリ
代理及委任ハ共ニ法令上ニ明示シタル根據アルコトヲ要スルモノニシテ若シ之レナキニ於テハ代理又ハ委任ノ效果發生セサルモノトス

第三節　警務部長

第一　警務部長ノ地位

警務部長ハ明治四十三年勅令第三五八號朝鮮總督府警察官署官制ニ依リ道長官ト同一ナル行政區劃ニ於テ警察及衛生ノ事務ヲ掌ル地方特別官廳ナリトス而シテ警務部長ハ其ノ上級官廳タル警務總長ノ指揮命令ヲ承クル外地方官々制第五條第三項及警察官署官制第八條第二項ニ基キ道長官ノ命ニ依リ道行政ノ執行ヲ助ケ又地方ノ警察及衛生事務ニ關シ道長官ノ命ヲ承ケ必要ナル命令ヲ發シ又ハ處分ヲ爲スヘキモノナリ然リト雖モ之レカ爲メ警務部長ト道長官トハ官廳上下ノ關係ニ在リト速斷セサルヲ要ス警務部長ハ恰カモ內地ニ於ケル知事ノ有スル

警察權ヲ分離管掌スルモノニシテ事務分擔上ヨリ見ルトキハ寧ロ對等ノ地位ニ在ルモノニシテ一ハ助長行政一ハ警察及衛生行政ノ主掌者トシテ互ニ獨立ノ機關ナリ左レハ官制上明示スル所ナシト雖モ道長官ノ指揮命令ニシテ警務部長ノ本然ノ職タル警察行政ノ處理上支障アルトキハ之ヲ拒絶スルニ妨ケナカルヘシ又警務部長ハ其ノ直近上級官廳タル警務總長ノ命令ト道長官ノ命令ト齟齬スルトキ何レヲ遵守スヘキヤハ曾テ述ヘタル如ク法規上之カ解決ノ規定ナキヲ以テ正當ト信スル一方ヲ取ルカ若ハ總督ノ監督權發動ヲ仰カサルヘカラス

第二　警務部長ノ權限

官制其ノ他ノ法令ノ規定ニ依ル警務部長ノ主ナル權限左ノ如シ

(1) 道內ノ警察及衛生ノ事務ヲ掌理ス

(2) 管內警察署ヲ監督ス

(3) 警務總長ノ命ヲ承ケ部務ヲ處理シ部下職員竝管內警察署職員ヲ指揮監督ス

(4) 道長官ノ命ヲ承ケ地方ノ警察衛生事務ニ付必要ナル命令ヲ發シ又ハ處分ヲ爲スコト

(5)道長官ノ命ヲ承ケ道行政ノ執行ヲ助クルコト

(6)部令發令權　職權又ハ委任ノ範圍內ニ於テ警務部令ヲ發スルコトヲ得而シテ此權限ハ大正四年勅令第五二號警察官署官制ノ一部改正ニ依リ大ニ制限ヲ加ヘラレタリ卽職權及委任ノ範圍ニ於テ警務部令ヲ發セントスルトキハ例外ナク豫メ必ス道長官ノ承認ヲ受ケサルヘカラスシテ發令權ハ事實上道長官ノ承認ニ因リ制限セラレタルモノナリ故ニ若シ警務部長ニシテ道長官ノ承認ヲ得サル爲メ發令シ能ハサル部令アリテ而カモ其ノ部令カ管轄地方ノ治安維持上又ハ衞生保持上必要ナリトスルニ於テハ其ノ直系上級官廳ナル警務務長ニ依テ救濟ヲ請求スルカ又ハ總督ノ決裁ニ待タサルヘカラス

(7)罰則制定權　明治四十三年勅令三七六號ニ依リ其ノ發スル部令ニ拘留科料ノ罰則ヲ附スルコト

(8)司法警察官ノ職務ヲ行フノ權　明治四十五年制令第一一號朝鮮刑事令ニ依リ司法警察官タルコト

(9)巡査補ノ進退ヲ行フノ權　明治四十五年內訓甲第三號ニ依リ部下巡査補ノ採

用免職ヲ專行ス

(10) 巡査懲戒權　管內ノ巡査ニ對シ免職ニ至ラサル懲戒ヲナスコト

第三　警務部長ノ構成

朝鮮ニ於ケル警務部長ハ獨裁制ノ地方官廳ナリ官制上朝鮮駐剳憲兵隊長タル憲兵佐官ヲ以テ之ニ任スル制度ニシテ總督及警務總長ト共ニ武官ニシテ文官ノ資格ヲ併有スル特種ノ官職ナリトス其ノ補助機關トシテ警視、警部、通譯生、技手、巡査、巡査補ヲ配置セラル

第四節　府尹郡守及島司

第一　府尹郡守島司ノ地位

府尹郡守及島司ハ道ヲ分割シタル府郡ナル行政區劃內ニ於ケル第二級ノ官治行政機關ナリ而シテ府ハ官治行政區劃ナルト同時ニ亦府制ノ定ムル所ニ依リ自治團體ノ行政區劃ヲ成シ府尹モ亦自治團體ノ機關タル地位ヲ併有スト雖モ朝鮮ニ於ケル郡及島ハ內地ノ如ク郡島制ノ施行ナク全ク官治行政ノ爲ニ設ケラレタル

モノナリ從テ郡守島司ハ自治團體ノ機關タルコトナシ是レ府尹ト郡守島司トノ異ナル唯一ノ點ナリトス

府尹郡守島司ハ國家意思ノ決定權ヲ有スル官廳ニシテ單純ニ道長官ノ補助官トシテ行動スルモノニアラス唯道長官ノ指揮監督ヲ受クル下級官廳トシテ法令ノ執行ニ當リ管内ノ行政事務ヲ掌理ス府尹郡守及島司ノ執行スル行政事務ノ範圍ハ道長官ト同シク一般ニ亙リ限定セラレタルコトナシ故ニ管轄内ニ於ケル行政事務ニシテ其ノ權限ニ屬セサル旨ヲ明示シタル事項又ハ法令ニ依リ他ノ特別官廳ノ權限ニ屬スル旨ヲ明示シタル事項以外ノ行政ハ凡テ之ヲ執行スヘキモノトス卽チ現今制度ニ於テハ警察關稅鐵道遞信其ノ他二三ヲ除ケハ一般ノ助長行政事務ハ廣ク積極的ノ推定ヲ受クルナリ而シテ府尹郡守ハ道長官ノ如ク法令上警察官ヲ使用シ得ヘキ權限ナク事實行爲トシテ其行政ノ執行ノ爲メ援助ヲ請求スルニ止マルモ島司ニ至リテハ官制上夫レ自身警視ヲ兼官シ其ノ地ノ警察署長ヲヌルヲ以テ警察官ヲ指揮命令スルニ支障ナカルヘシ

第二　府尹郡守島司ノ權限

官制又ハ特種法令ノ定ムル權限ノ大要左ノ如シ

(1)管內ノ行政事務ヲ掌理シ部下ノ官吏ヲ指揮監督ス

(2)面長ヲ監督ス

(3)印鑑證明　印鑑證明規則ニ依リ之カ證明事務ヲ執ル(府尹ニ限ル)

(4)競賣事務　朝鮮民事令ノ規定ニ依リ交通至難ノ地ニ在ル郡守島司ニ限リ不動産ノ强制競賣ニ關スル事項ヲ掌ル

(5)不動産證明　朝鮮不動産證明令ニ依リ證明官吏トナル(內地ニ於ケル不動産證明事務)

(6)委任事務ノ執行　道長官ノ特別ナル委任ニ依リ道長官ノ事務ニ屬スル一部ヲ執行スルコトアリ

(7)自治團體トシテノ機關　府尹ハ府制ニ依リ府ヲ統轄シ之ヲ代表ス

(8)地籍事務　臨時土地調査局長ヨリ移管スル土地臺帳及地籍圖ヲ備ヘ之カ事務ヲ掌ルコト

(9)國稅徵收　府尹郡守島司ハ國稅徵收ノ直接官吏ナリ

(10) 戸口事務　府尹ハ民籍及寄留事務ヲ取扱ヒ郡守島司ハ面長ノ爲ス戸口事務ノ監督ヲ爲スモノトス

(11) 島令發令權　島司ニ限リ法令ニ依リ又ハ道長官ヨリ委任セラレタル事件ニ限リ島令ヲ發スルコトヲ得而カモ其職權トシテ自己ノ任意ニ發令スル權限ナキコトニ注意スヘシ

第三　府尹郡守及島司ノ構成

府尹郡守及島司ハ地方官官制ニ依リ獨裁制ノ地方官廳ナリ其ノ補助機關トシテ府事務官府郡書記、島書記及通譯生ヲ置キ府尹郡守島司事故アルトキハ府事務官又ハ上席書記其ノ職務ヲ代理ス別ニ補助機關トシテ管内ニ居住シ學識名望アル者ニ付道長官カ總督ノ認可ヲ得テ命シタル名譽職ナル府郡島參事ヲ置キ府尹郡守ノ諮問ニ應ス府郡島參事モ官吏ニヨラサルハ道參事ニ同シ

第四　府郡及島ノ管掌事務

大正二年官通牒第六二號ニ府及郡ノ事務トシテ示シタル主ナルモノ左ノ如シ

府及郡ニハ庶務課及財務係ヲ置キ庶務係ニ於テハ人事、面及公共團體ノ行政監督

參事諮問會、救恤慈善、教育學藝、地方改良、社寺宗教享祀、道路、河川、港灣、堤防、水利、農商工業、森林、鑛業、地理、地籍等ニ關スル事務ヲ掌リ財務係ニ於テハ國稅地方費ノ賦課徵收、驛屯土ノ管轄、金融機關、地方經濟、不動產證明等ニ關スル事務ヲ掌理スルモノトセリ

尙ホ注意スヘキハ內地ニ於ケル郡長ハ一定ノ場合ニ郡令トシテ法規命令ヲ發スルコトヲ得ルモ朝鮮ニ於ケル府尹郡守ハ斯ル權限ヲ官制上認メラレアラス故ニ假令道長官ノ委任アルモ他ノ法令ニ於テ特別ナル規定ナキ限リハ郡令ナル名稱ヲ付シテ命令ヲ發スルコト能ハサルナリ地方官々制第七條ノ所謂道長官ノ取消又ハ停止ヲ受クルコトアルヘキ府尹郡守ノ命令トハ人民ニ對スル法規命令ヲ指スモノニアラサルヘシトハ前述セル所ナリ

第五節　警察署長

第一　警察署長ノ地位

警察署長ハ朝鮮總督府警察官署官制ニ依リ專ラ警察及衞生行政ノ執行ノ爲メニ

特定ノ行政區劃ヲ有スル特別地方官廳ナリ總督ハ朝鮮ニ於ル諸般ノ政務ヲ統轄スルヲ以テ警察行政ニ付テモ最上級官廳タルハ勿論ナリ之ニ亞クモノハ警務總長ニシテ其ノ下ニ警務部長アリ而シテ警察署長ハ警務部長ノ指揮監督ヲ承クル最下級ノ警察機關ナリ現行官制上警察署長ハ特別ノ規定ナキ限リ警務部長ノ如ク法規命令ヲ發スル權限ナク單ニ警察處分ヲ爲シ又ハ法令ヲ解釋適用シテ之カ執行ノ任ニ當ル執行機關ニシテ其ノ管掌スル事務ノ範圍ハ行政警察司法警察特種行政警察ノ三アリ行政警察及特種行政警察ニ付テハ警務部長ノ指揮監督ヲ受クルモ司法警察ニ至リテハ地方法院檢事ノ指揮ヲ受クルノミナラス司法警察官トシテ地方法院檢事ト同一ノ職權ヲ有スル警務總長ノ指揮監督モ受ケサルヘカラスト雖モ其ノ行政警察上ノ上級官廳ニシテ司法事務ニ關シテハ司法警察官トシテ對等ノ地位ニアル警務部長ニ至リテハ警察署長タル司法警察官ヲ指揮監督スル規定ナキカ如シ又特種行政警察中稅關鐵道遞信軍事警察等ノ執行ハ實際上已ムヲ得サル場合ノ外之ヲ主タル機關ニ讓ルヘキモノトス

第二　警察署長ノ權限

朝鮮ニ於ケル警察ノ觀念ニ付テハ曾テ述ヘタル如ク其ノ意義少シク廣汎ナルヲ以テ其ノ事務モ多種多樣ニシテ現行法規上警察署長ノ主ナル權限左ノ如シ

(1) 行政警察ニ關スル一般ノ事項
(2) 港務檢疫ニ關スル事項
(3) 朝鮮刑事令ニ依リ司法警察ニ關スル一般ノ事項
(4) 朝鮮民事令ニ依リ執達吏事務ヲ爲スコト
(5) 檢事ノ配置ナキ地方法院支廳所在地ニ在リテハ檢事ノ事務ヲ取扱フコト
(6) 特定ノ犯罪ニ對スル即決處分權
(7) 裁判所ノ設置ナキ地ニ在リテハ民事爭訟ノ調停權
(8) 一般助長行政ノ援助
(9) 署務ヲ掌理シ部下職員ノ指揮監督權
(10) 墓籍簿ノ整理

第三　警察署長ノ構成

警察署長ハ警視又ハ警部ヲ以テ充テラレタル獨裁制ノ地方特別官廳ニシテ其ノ

補助機關トシテ警部通譯生巡査巡查補警察醫ヲ配置ス又必要ナル地ノ警察署長ニハ港務官、港務醫官、獸醫官、港吏、港務醫官補、獸醫官補、技手、公醫等ノ補助機關ヲ置ク尚ホ警察署長ノ爲ス或事務ヲ補助セシムル爲メ必要ナル地ニ巡査駐在所ヲ設ク駐在所ハ法令上ニ於ケル官署ニアラス單ニ警察署長カ其ノ地ニ警察官吏ヲ駐在セシメテ其ノ地ノ治安ニ資シ便宜上警察事項ノ取次ヲ爲ス事務所ニ過キスト雖モ宿泊及埋火葬ノ認可ニ關スル事項ニ付テハ駐在巡査ハ法令上獨立シテ或決定權ヲ有スルヲ以テ駐在所ハ之ヲ一ノ公務所ト見做スヘキ旨大正二年政總務監ノ指令アリタリ然リト雖モ此ハ便宜上公務所ト見做スヘシトシタルニ過キスシテ一ノ官署ヲ設立シタルモノニアラサルハ勿論ナリ而シテ警察署長ノ補助機關タル警部、巡査、巡查補ハ獨立ノ權限ナク其ノ所屬署長ノ管轄內ニ於テ署長ノ權限トシテ其ノ職務ヲ行フモノニシテ署長ノ命ヲ承ケ警察事務ノ執行ヲ爲ス行爲ハ署長其ノモノノ行爲トシテ國家意思タルナリ此ノ理由ニ依リ補助機關タル警部巡査巡查補カ人民ニ對スル執行ノ强制力ハ有效ニ成立スルモノトス又明治四十五年制令第二六號ニ依リ司法警察事務竝令狀ノ執行其ノ他囚徒護送等特別ノ法令ニ基ク行爲ノ如キハ其ノ命ヲ受ケタル警部巡査巡査補ハ單獨ノ意思ニ於テ朝鮮總督ノ全管轄内ニ有效ニ活動スルコトヲ得ヘシ巡査巡査補カ職務ヲ執行スル一般ノ場合ニ於テハ警察署長ヨリ概括的ニ執行行爲ヲ命セラレアリトスルコトヲ得ルモ其ノ執行方法ニ付制限ヲ受クル最モ重要ナルハ銃器ノ使用及拔劍ニ關スル規定ナルヘシ卽チ明治四十四年警務總長訓令第一六號ニ依レハ拔劍及銃器ヲ使用シ得ヘキ場合左ノ如シ

一、兇器ヲ持シテ人ノ身體財產ニ對シ暴行ヲ爲ス者アリテ拔劍シ若ハ銃器ヲ使用スルニアラサレハ保護スルニ術ナキトキ

二、暴行人兇器ヲ持シテ抵抗シ拔劍若ハ銃器ヲ使用スルニアラサレハ術テキトキ

三、犯人逮捕ノトキ又ハ巡回追捕ニ際シ兇器ヲ持シテ抵抗シ拔劍若ハ銃器ヲ使用スルニアラサレハ防禦スルニ術ナキトキ

此ノ訓令タルヤ一ノ內部的訓令ニシテ一般人民ニ對シ效力ヲ有スルモノニアラサルモ其ノ職務ノ執行ヲ完全ニスル爲メ止ムヲ得サルコトナルヘシ然レトモ其ノ範圍ノ外更ニ刑法上ノ正當防衞ノ條件ヲ具備スルトキハ私人トシテ必要ナル

行爲ヲ爲スヲ妨ケサルハ勿論ナリ

第六節　憲兵分隊長及同分遣所長

現今朝鮮ニ於ケル警察ハ憲兵本位ノ制ヲ採リタル結果警察行政ニハ純然タル警察官ヲ以テ組織スル官廳以外ニ憲兵官署ニシテ普通警察ヲ主トル地過半ナリ元來憲兵ハ軍事警察事務ヲ掌リ兼テ行政警察及司法警察ノ補助機關トシテ身分上陸軍大臣ニ屬シ警察命令ヲ發スル權限ヲ有スルモノニアラス單ニ警察事務ノ執行ニ當ル機關ナリ茲ニ所謂軍事警察トハ陸海軍ノ軍事行政ヲ行フニ伴ヒ軍隊國防ニ關スル特種警察及軍人軍屬カ警察權ノ適用ヲ受クヘキ行爲ヲ爲シタル場合ニ於テ之ニ對シ行政警察及司法警察權ヲ行使スルコトニシテ實質上ニ於テハ行政警察若ハ司法警察ナリト雖モ同シク軍事警察ナリト謂ヒ得ヘシ然ルニ朝鮮駐劄ノ憲兵ハ明治四十三年勅令第三四三號朝鮮駐劄憲兵條例ニ依リ治安維持ニ關スル警察事務ヲ其ノ主要ナル職務トシテ軍事警察ハ寧ロ從タル關係ニアルモノノ如シ同條例ニ於テ朝鮮駐劄憲兵ハ陸軍大臣ノ管轄ニ屬シ其ノ職務ノ執行ニ付

テハ朝鮮總督ノ指揮監督ヲ承ケ軍事警察ニ付テハ陸軍大臣及海軍大臣ノ指揮ヲ承クト規定シ朝鮮總督ハ明治四十三年府令第四一號ヲ以テ警察署ヲ置カサル地ニ於ケル警察事務ハ憲兵分隊又ハ同分遣所ニ於テ之ヲ取扱フ旨ヲ公布シ警察署ノ設ケアル地ニ於テハ憲兵ハ普通警察權ニ干與スルコトヲ得ス專務警察官ニ之ヲ讓ラシム尙ホ同年勅令第四〇二號ヲ以テ憲兵將校ハ警視ニ准士官下士ハ警部ニ任セラルルモノトス憲兵分隊長及同分遣所長ハ獨裁制ノ官廳トシテ其ノ管轄內ノ普通警察ニ關シ決定權執行權ヲ有スルコト警察署長ト何等ノ差アルコトナク又補助機關トシテ准士官下士上等兵竝朝鮮人ニシテ軍屬タル憲兵補助員等アリ是等ノ職員ノ警察事務ニ付テノ職權ハ署僚タル警部巡査巡査補ト同シ又憲兵派遣所及出張所ト稱スルモノアリ是ハ巡查駐在所ト同一見解ヲ以テ論スヘキモノナリ

次ニ鴨綠豆滿兩江ノ國境ニ於ケル憲兵ハ對岸支那トノ輸出入ノ關係上准士官下士ハ稅關監視ニ上等兵ハ稅關監吏ニ特別任用シ以テ關稅ノ特種警察ヲ主ラシメアリ

尙ホ憲兵分隊長竝分遣所長ノ普通警察事務ヲ執行スルハ一ノ官廳ヲ創設シタルモノナレハ府令ヲ以テ之カ規定ヲ爲スヘキモノニアラス勅令事項トシテ制定セラルヘキモノナリト謂フ者アルモ理論上ハ格別事實有效ニ取扱ハレアルナリ

第七節　面長

第一　面長ノ地位

面長ハ内地ノ市町村長ニ準スヘキモノニシテ總督府地方官々制ニ依リ面ナル行政區劃ニ於ケル最下級ノ行政執行者ナリ而シテ面長ハ判任官ヲ以テ待遇セラレ府尹郡守又ハ島司ノ指揮監督ノ下ニ面内ノ行政事務ヲ補助執行スル官吏ニシテ法律上獨立ノ決定權ヲ有スル官廳ニアラス單ニ府尹郡守又ハ島司ノ補助機關ナリトス又面ハ現行制度ニ於テハ内地ノ市町村ノ如ク自治團體ノ組織トスヘキ程度ニ發達セス官治行政ノ最下級タル區劃トシテ取扱ハルルモノトス故ニ面長ノ取扱フ事務ハ府尹郡守又ハ島司ノ事務ニシテ其ノ面費ノ賦課徵收ノ如キ行爲ハ人民ニ對シ一ノ決定權ヲ有スルカ如キ觀アルモ面長ハ府尹郡守又ハ島司ノ下級

官廳ナリト論斷セサルヲ要ス卽チ面費ハ明治四十三年府令第八號ニ依リ府尹郡守又ハ島司ノ決定指示シタル稅率ヲ以テ人民ニ分賦シ單ニ之ヲ徵收スルニ止マリ賦課徵收ノ主體ハ全ク府尹郡守島司ニ在リ面長ヲシテ分賦額ヲ公示セシメタルニ過キサルナリ

第二　面長ノ構成

面長ノ任免ハ明治四十三年府令第八號面ニ關スル規定ニ依リ道長官ノ權限ニ屬シ其ノ手當並ニ事務費ハ面ノ負擔ヲ以テスヘキモノト規定セラレアリ此ノ點ニ於テ面ハ少シク自治ノ臭味ヲ有スト謂フコトヲ得ヘシ又大正二年政務總監官通牒第六〇號面處務規程準則ニ依レハ面長ノ補助トシテ面書記會計員等ノ吏員ヲ置キ面長ハ之ヲ指揮監督スルモノトシ面長事故アルトキハ上席面書記ニ於テ其ノ事務ヲ代理スルモノト爲シ且ツ同規程ニ依レハ面長ノ下ニ洞(里)長ト稱スル者アリテ面長ノ命ヲ承ケ法令ノ周知納入告知書ノ發送納稅ノ督促其ノ他洞(里)内ノ事務ヲ補助スヘキモノトセルモ洞(里)長ハ官制上認メラレタルモノニアラス單ニ朝鮮ノ舊慣ニ基キ便宜置カレタルモノヲ更ニ官通牒ヲ以テ面主人面下人ノ如キ

備人ト共ニ之ヲ認メラレタルモノナレハ法令上ノ機關ニアラサルハ勿論ナリ

第三　面長ノ職務

面處務規程準則其ノ他法令ノ示ス所ニ依レハ面長カ國ノ行政トシテ取扱フ事務ノ主ナルモノハ左ノ如シ

(1) 勸業ニ關スルコト
(2) 道路橋梁ノ修理
(3) 教育及衞生ニ關スルコト
(4) 國稅徵收及驛屯土收入地方費徵收ニ關スルコト
(5) 面費ノ賦課及其ノ徵收支出
(6) 民籍及居住ニ關スル事項
(7) 不動產證明ニ關スル補助
(8) 水難救護ノ補助
(9) 法令ノ周知ニ關スルコト
(10) 人民ヨリ行政官廳ニ提出スル願屆進達ノ經由但シ特別ノ規定アルモノヲ除ク

(11) 行政官廳ヨリ發スル命令ノ傳達但シ特別ノ規定アルモノヲ除ク
(12) 面吏員ノ指揮監督
(13) 朝鮮公證令ニ依ル事務
(14) 印鑑證明規則ニ依リ之ニ關スル事務

第八節　道長官及府尹郡守島司ノ管理スル機關

第一　道長官ノ管理スル學校

一、公立實業專修學校長　明治四十五年勅令第四一號官制ニ依リ在鮮內地人ノ子弟ヲ敎育スルモノニシテ校長ハ敎諭又ハ總督府所屬官府ノ官吏ヨリ朝鮮總督之ヲ命シ道長官ノ指揮ヲ承ケ校務ヲ掌理シ所屬職員ヲ監督シ敎諭ハ生徒ノ敎育ヲ掌ルモノトセラレアリ

二、公立實業學校長　公立實業學校ハ明治四十四年勅令第二五號官制ニ依リ農業學校商業學校及工業學校ニ區別セラレ校長ハ敎諭又ハ總督府所屬官府ノ官吏ヨリ朝鮮總督之ヲ命シ道長官ノ指揮ヲ承ケ校務ヲ掌理シ敎諭ハ生徒ノ敎育

ヲ掌ルモノトス本校ハ專ラ朝鮮人タル生徒ヲ敎育スル所ナリ

三、公立高等女學校長　明治四十五年勅令第四十五號官制ニ依リ學校長ハ道長官ノ指揮ヲ受ケ校務ヲ掌理シ所屬職員ヲ監督シ敎諭ハ生徒ノ敎育ヲ掌リ書記ハ庶務ニ從事スルモノトセラル本校ハ專ラ在鮮內地人ノ女子ノ高等普通敎育ヲ掌ル所ナリ

第二　府尹郡守島司ノ管理スル學校

一、公立簡易實業專修學校長　明治四十五年勅令第四一號官制ニ依リ在鮮內地人ノ子弟ヲ敎育スル所ニシテ校長ハ訓導ノ中ヨリ之ヲ命シ府尹郡守又ハ島司ノ指揮ヲ受ケ校務ヲ掌理シ訓導ハ生徒ノ敎育ニ從事スルモノトス

二、公立小學校長　明治四十五年勅令第三十九號官制ニ依リ學校長ハ訓導ノ內ヨリ之ヲ命シ府尹郡守又ハ島司ノ指揮ヲ受ケ校務ヲ掌理シ訓導ハ兒童ノ敎育ニ從事スルモノトセリ而シテ本校ハ專ラ在鮮內地人ノ敎育ノ爲メ學校組合ヲ設ケテ之カ管理ニ屬セシムルモノナリ

三、公立簡易實業學校長　明治四十四年勅令第二百五十五號官制ニ依リ朝鮮人

ノ子弟ヲ敎育ス校長ハ訓導ノ中ヨリ之ヲ命シ府尹又ハ郡守ノ指揮ヲ受ケ校務ヲ掌理シ訓導及副訓導ハ敎育ニ從事スルモノトセリ

四、公立普通學校長　明治四十四年勅令第二百五十六號官制ニ依リ朝鮮人ノ兒童ヲ敎育スル爲メ各地ニ設ケラルルモノニシテ尋常小學校ニ比スヘキモノトス學校長ハ訓導ノ中ヨリ之ヲ命シ府尹郡守ノ指揮ヲ受ケ校務ヲ處理シ訓導及副訓導ハ兒童ノ敎育ニ從事スルモノトセリ

以上ノ外道長官及府尹郡守カ營造物其ノ他團體ノ管理者タル場合アルヘシト雖モ之ヲ省ク

第五章　朝鮮ノ官吏

第一節　官吏ノ觀念

國法上官吏ニハ形式上ノモノト實質上ノモノトアリ形式上ノ官吏ハ國法カ官吏ナリト規定スル文官及武官宮內官トシ文官ハ更ニ司法官行政官顧問官外交官領事官敎官技術官等アリ武官ハ之ヲ陸軍武官海軍武官ニ區別ス宮內官ハ皇室諸事

ニ服シ文官タル性質ヲ有ス又文官ハ之ヲ高等官及判任官ノ二種ニ區別シ高等官ハ勅任官及奏任官ノ二トシ勅任官ヲ分テ親任官及普通勅任官（高等官一等及高等官二等）ト爲ス故ニ形式上ノ官吏ハ之ヲ親任官、普通勅任官、奏任官、判任官ノ何レカニ屬スルモノニシテ之ニ屬セサルモノハ其ノ性質ノ如何ヲ問ハス例ヘハ待遇官吏ナリト雖モ我國法上之ヲ官吏ナリト稱スルコトヲ得ス實質上ノ官吏トハ公法上ノ契約ニ基キ國家ノ事務ヲ行フヘキ服務義務ヲ有スルモノヲ謂フ卽チ形式上ノ官吏ハ同時ニ又實質上ノ官吏ナレトモ實質上ノ官吏ハ必シモ皆形式上ノ官吏ナリト云フコトヲ得サルナリ實質上ノ官吏觀念ニ付テハ論スヘキ所甚タ多シト雖モ詳細ハ普通行政法ノ著書ニ讓リ茲ニハ之カ概念ニ止メ主トシテ朝鮮ニ特有ナル事項ニ付テノミ述フヘシ

一、官吏ノ行フ事務ハ國家ノ事務ナリ　國家ニアラサル團體ノ吏員ノ如キモ國家事務ヲ行フモノアリト雖モ我國法上之ヲ公吏ト稱ス而シテ國家事務タル以上ハ必シモ命令權ノ行使タルコトヲ要セス單純ナル經濟上ノ行爲又ハ技能上ノ行爲ヲ爲スモ又ハ事務ノ智能的ナルト機械的ナルトヲ問ハサルナリ

二、官吏ハ國家事務ヲ行フヘキ義務アルヲ以テ足ル　卽チ現實ニ官職ヲ擔任スルコトヲ要セス唯何時ニテモ官職ヲ擔任シ得ヘキ任命行爲アレハ可ナリ例ヘハ官吏關係發生セルモ分擔職ノ定マラサル場合又ハ分擔職ハ變更スルモ官吏關係ニ變更ナキカ如シ

三、官吏ハ國家事務ヲ行フヘキ服務義務アルモノトヌ　此ハ忠勤ノ義務トモ云フヘキモノニシテ官吏ハ單ニ國家ニ對シ勞務ヲ提供スルノミヲ以テ足レリトセス尙ホ外ニ特別ノ忠實及從順ノ義務ヲ伴フモノニシテ身ヲ捧ケテ忠勤スヘキ倫理的ノ義務アルモノトス故ニ其ノ執ル所ノ事務ニ定量ナク一ニ國家ノ命スル所ニ依ルヘク且ツ國家ノ命スル如何ナル種類ノ事務ニモ服セサルヘカラスシテ其ノ義務トシテ行フヘキ事務ハ明カニ確定セラルルコトナキ場合アリ而シテ斯ル忠勤ノ義務ハ官吏關係ニ入リタルカ爲メニ生スル特別ナル義務ニシテ一般人カ國家ニ對シ盡ササルヘカラサルモノニアラス從テ官吏ハ此ノ特別義務ヲ有スル關係上一般人民ニ比シ特別ノ權利義務ヲ生スルモノナリ

四、官吏ハ公法上特別ノ行爲ニ基テ服務義務ヲ有ス　國民ハ當然官吏タル地位

ニ就クヘキモノニアラサルヲ以テ特別ナル契約ニ依リ其ノ地位ニ就クニアラスンハ之ニ伴フ服務義務ヲ發生セス故ニ官吏タルニハ必ス特別ナル行爲アルヲ要ス而シテ此ノ行爲ハ公法上ノモノナラサルヘカラス私法上ノ契約ヲ結ヒ其ノ結果トシテ國家ニ對シ勞働ノ義務ヲ負フカ如キ例ヘハ鐵道局ノ鐵道工夫遞信局ノ電信工夫其ノ他下級傭人ハ何レモ國家ノ職員トシテノ行爲ニアラスシテ私法上ノ契約義務ヲ盡スニ過キサレハ官吏ニアラサルナリ故ニ官吏タルト然ラサルノ區別ハ其ノ擔任スル事務ノ種類ニアラスシテ公法ニ基ク忠實義務ノ包含スルヤ否ヤノ點ニアリ之レカ爲メ帝國議會ノ議員ノ如キ國家事務ヲ擔任スル義務ヲ負フト雖モ單ニ國民トシテ有スル參政權ニ基キ國政ニ參與スルモノナレハ忠實義務ヲ負フコトニ因リタルモノニアラス參政權ヨリ生スル從タル結果ナリトス又公法上ノ忠實義務ヲ負擔スト雖モ兵役ノ義務ノ如ク一般國民ノ當然負フヘキ義務ニ基キ成立セルモノハ官吏ニアラス即チ兵卒ハ身命ヲ國家ニ捧ケテ忠實ニ帝國ノ勞務ニ服スヘキ義務アルモ此ハ一般臣民タルノ地位ヲ有スル以上ハ誰レ彼ノ區別ナク負擔セサルヘカラサルモノナルカ故

ニ官吏タル關係ニ立ツモノニアラス此ノ點ニ於テ朝鮮軍隊ニ屬スル朝鮮人兵卒ハ募兵ノ制ニ依リタルモノナレハ國民トシテノ義務ニ基クモノニアラス其ノ性質ニ於テ一ノ傭人タルモノト云フヘシ之ニ由リテ見ルトキハ官吏タルニハ必ス國家ノ特別選任ニ依リタルコトヲ要ス

五、官吏關係ノ成立　官吏關係ハ國家ノ任命行爲ニ依リテ成立ス任命ノ性質ニ付テハ學說多シト雖モ余輩ノ信スル所ニ依レハ國家ト受任者ト互ニ意思ノ合致アリタルニ基キ成立スル公法上ノ行爲ナリトスルヲ以テ正鵠ヲ得タルモノナリトス

六、補職　官吏關係ハ任命ニ依リテ成立スト雖モ職務ノ擔任ハ之ニ依リテ直ニ發生スルモノニアラス之カ爲メニハ更ニ特定ノ職務ヲ授クルノ行爲即チ補職ノ形式アルコトヲ要スル場合アリ補職ハ國家ノ一方的意思ニシテ之ヲ爲スカ爲メニ本人ノ承諾ヲ得ルヲ要セス而シテ補職ハ官吏ヲシテ國家事務ヲ行フノ義務ヲ負ハシムルト同時ニ又國家事務ヲ行フ權限ヲ附與スルノ行爲ナリトス官吏ハ其ノ官ニ任命スルニ依リ直ニ職名ヲ授ケタルモノト推定スヘキモノア

リ換言スレハ官ト職トハ任命行為ニ依リテ直ニ發生スルモノアリ例ヘハ各大臣、朝鮮總督、朝鮮總督府各部長官、警務總長、各局長道長官、警務部長稅關長等ノ如キモノハ其ノ官ニ任命セラルルト同時ニ官制上特ニ補職ノ形式ヲ用キス當然一定ノ補職アリタルモノトスヘシ之ニ反シ事務官技師其ノ他一般ノ奏任官判任官ノ如キハ官名ト職名トヲ異ニスルモノ多シ例ヘハ道事務官タル官ヲ有スル者ハ第一部長第二部長タル職ニ補セラレ警視警部タル官ヲ有スル者ハ警察署長ナル職ニ補セラルルカ如シ

七、官吏ノ責任　官吏ハ一般ノ規定ニ依リ刑事及民事上ノ責任ノ外ニ特ニ定メラレタル官吏法上ノ責任ヲ負フ官吏法上ノ責任ハ懲戒處分ナリ卽チ明治三十二年勅令第六二號文官分限令ハ同四十三年勅令第四〇三號ニ依リ朝鮮人タル官吏ヲ除キ又同三十二年勅令第六三號文官懲戒令同四十四年勅令第一七七號官吏待遇者ノ懲戒ニ關スル件ハ無條件ニテ日本臣民タル官吏ノ身分ニ追隨シテ當然朝鮮ニモ其ノ效力ヲ及スモノナルヲ以テ之ニ依ル責任ヲ負フヘキモノトス尙ホ朝鮮ニ於テ懲戒ニ付特別ノ規定アルモノハ左ノ如シ

(イ)朝鮮總督府判事懲戒令
(ロ)巡査懲罰令
(ハ)判任待遇總督府監獄職員ノ懲戒ニ關スル件
(ニ)面長懲戒規程
(ホ)警察船舶乘組員懲戒規程

其ノ他任命ノ形式身元保證金ノ納付服從ノ義務分限上ノ義務身分上ノ權利刑事法上ノ責任民事法上ノ責任等ニ付テハ論スヘキコト多シト雖モ一般行政法ノ著書ニ依リ之ヲ略ス

八、官吏關係ノ消滅　官吏關係ノ消滅ニ付テハ死亡、國籍ノ喪失、休職滿期、廢官、廢廳、一定ノ刑罰ニ處セラレタル場合、免官等ニ依リ消滅スルモ是等ハ、一般行政法學ノ論ニ讓ル

第二節　朝鮮ノ官吏任用

文官任用令ハ當然朝鮮ニモ適用セラルルヲ以テ一般官吏ハ同令ニ依ル資格ヲ有

スル者ヲ任用スト雖モ朝鮮人タル身分ヲ有スル者又ハ警察、遞信、鐵道、臨時土地調査局、稅關、監獄其ノ他特別ノ事務ニ服スル官吏ニ在テハ内地ト同シク各其ノ特別任用令ノ定ムル資格ヲ有スル者ヨリモ採用スルコトヲ得ルモノトス此外朝鮮駐剳ノ憲兵ハ明治四十三年勅令第四〇二號ニ依リ將校ハ朝鮮總督府警視ニ准士官下士ハ同警部ニ又大正二年勅令第一九號ニ依リ鴨綠豆滿兩江ノ國境ニ在ル憲兵准士官下士ハ朝鮮總督府稅關監視ニ憲兵上等兵ハ稅關監吏ニ特別ニ任官セシムル何レモ朝鮮ニ於ケル憲兵ノ勤務ナキニ至リタルトキハ當然其ノ官ヲ免セラレタルモノトセリ次ニ大正二年朝鮮總督府令第六四號朝鮮總督府文官採用規則ニ於テハ初メテ奏任文官ニ任用スルニハ一年以上試補、判任文官ニ任用スルニハ一年以上見習タルコトヲ要スルモノトス又見習タルニハ判任文官タル資格ヲ有スル者ト雖モ更ニ判任見習試驗ニ合格セル者ニアラサレハ採用スルコトヲ得サル規定アリ是レ共ニ朝鮮ニ於ケル特種ノ制度ナリト謂フヘシ

第三節　朝鮮官吏ノ特典

官吏ハ國家ニ對シ服務義務ヲ負擔スルカ爲メ多クノ場合ニ於テ國家ハ官吏ニ對シ其ノ地位ニ相當ス可キ生活費用ヲ滿タサシムル爲メニ金錢給付ノ義務アルモノナリ卽チ俸給其ノ他ノ給與ヲ認メラレタル官吏ハ國家ニ對シ其ノ請求權ヲ有スルモノト謂フコトヲ得ヘシ

第一　俸給

朝鮮ニ於ケル內地人官吏ハ明治四十三年勅令第一三四號同第一三五號及待遇官吏ニハ別ニ定ムル所ニ依リ內地官吏ト等シク俸給ヲ受クル權利ヲ有シ又朝鮮人タル文官ハ同年勅令第四〇三號ニ依リ別ニ俸給ノ制ヲ定メラレアリ

第二　加俸及宿舍料

朝鮮ハ殖民地トシテ內地ト事情ノ異ナルモノアルヲ以テ特ニ之ヲ優遇スル必要アルカ爲メ內地人タル在鮮ノ官吏ニハ特ニ加俸及宿舍料ヲ給ス加俸ハ明治四十三年勅令第一三七號ニ依リ本俸ノ外ニ總督ハ本俸ノ十分ノ五其他ノ高等官ハ十分ノ五以內判任官ハ十分ノ八以內ニ於テ總督ノ定ムル所ニ依リ給セラル（但シ試補及司法官試補六級俸以下ノ判任官並司見習ニハ四十圓迄ノ加俸ヲ給スルコトヲ得）ルモノトス總督ハ之ニ關シ府令ヲ以テ更ニ

細別ニ加俸額ノ定率ヲ示シ高等官ハ本俸ノ十分ノ四、判任官五級俸以上十分ノ六・〇、七級俸以上十分ノ六・五、九級俸以上十分ノ七、十一級俸以上十分ノ七・五、月俸十九圓以下本俸ノ十分ノ八、試補ニハ月額三十五圓、見習ニハ月額十二圓ヲ加給スルモノトセリ、且ツ臨時土地調査局、遞信官署ノ判任官、稅關監吏、學校職員ハ其ノ定率以內ニ於テ支給スルコトヲ得トセリ又待遇官吏タル巡査及看守ハ十四圓以下ノ本俸ヲ受クル者ハ十五圓ノ加俸十五圓以上ノ本俸ヲ受クルモノハ本俸ト同額加俸ヲ給スルモノトセリ尙ホ咸鏡南北兩道平安北道鬱陵島濟州島ニ在勤スル者ハ加俸ノ外百分ノ十以內ノ在勤俸ヲ給セラルルモノトス別ニ又特別ノ技能ヲ有スル官吏ニハ特ニ特別手當支給ノ制ヲ定メラレアリ

宿舍料ハ明治四十三年勅令第四九二號ニ依リ內地人官吏ニシテ官舍ニ居住セサルモノニ限リ身分及土地ノ狀況ニ應シ五十圓以內ニ於テ總督ノ定ムル額ヲ支給シ巡査及看守ハ十圓以內ノ額ニ於テ之ヲ給スルモノトセリ而シテ加俸及宿舍料ハ囑託員雇員及傭人ニハ之ヲ支給セサル制ナリ

第三　恩給、退隱料等ニ關シ加算ノ制

朝鮮ノ官吏ハ在職中公務ニ基因シ死傷シ又ハ十五年以上在職シタルトキハ法律ノ定ムル所ニ依リ判任官以上ハ恩給、巡査看守ハ退隱料竝ニ遺族扶助料ヲ支給セラルルハ內地ニ同シ而シテ內地人ニシテ朝鮮ニ在勤スル官吏ニハ更ニ此ノ制度ニ對シ在職年數ノ計算ニ付キ加算セラルル特典アリ卽チ判任官以上ノ者ニ在リテハ明治四十四年法律第六五號ニ依リ臺灣ト同シク三ケ年以上引續キ在勤シタル者ニハ官吏恩給法竝遺族扶助料法ノ在官年數計算ニ於テ在職一ケ月ニ對シ半個月ヲ加算ス巡査看守ニ在リテハ明治四十四年法律第六六號ニ依リ臺灣ト同シク二年以上引繼キ在職シタル者ニハ巡査看守退隱料竝遺族扶助法ノ勤務年數計算ニ於テ其ノ在職一ケ月ニ對シ半ケ月ヲ加算セラル而シテ判任官以上ニ付テハ退官賜金ニ加算（退官賜金制ハ勅令ヲ以テ認メラレタルモノニシテ加算制ハ法律ヲ適用セラレス）制ヲ認メラレサルモ巡査看守ニ在リテハ退隱料ヲ受クヘキ年限ニ達セス退職セルトキノ一時賜金ニ付テモ加算制ヲ準用セラルルモノトス

第四　實費辨償

以上ノ外朝鮮ノ官吏ニ對シテハ實費辨償ノ爲メ別ニ交際費、旅費、日當、宿泊料、賄料

等ヲ官職ノ階級ニ應シテ支給セラルル制モアリ内地ニ比シ一般ニ優過セラルルカ如シ

第五　服制

朝鮮ノ文官ハ殖民地官吏トシテ官紀ノ維持上其他ノ必要ヨリ明治四十四年勅令第一七六號朝鮮總督府及所屬官署職員服制ニ依リ一定ノ制服ヲ着用シ佩劍スルモノトス（略服ヲ用ウル場合ニ於テハ必要アルトキノ外劍及劍帶ヲ佩用セサルモ妨ケナシ）又警察官吏及監獄職員現業ニ從事スル鐵道局稅關職員ハ特別ノ服制ヲ定メラレアリ

以上ノ外朝鮮ニ於ケル官吏モ官吏トシテ一般ニ有スル權利ヲ享有シ其ノ保護ヲ受クルモノトス

第六章　營造物

公ノ營造物トハ國家其他ノ公共團體ノ經營ニ係リ公共ノ用ニ供セラルル人的及物的ノ設備ヲ謂フ或設備カ營造物ナルヤ否ヤハ朝鮮ノ如キ法制ノ完備セサル過度時代ニ於テハ實際ニ於テ極メテ判斷ニ苦ムコト多シ左ニ之ヲ分解セン

一、營造物ハ公共ノ用ニ供セラルルモノナリ　公共ノ用トハ或設備ヲ特定ナル多數人民カ直接ニ使用スルコトヲ得ヘキモノタルノ意ナリ例ヘハ道路橋梁ヲ設ケテ人民ノ通行ニ供シ學校ヲ設ケテ人民ヲ教育シ水道ヲ設ケテ人民ニ飲料水ヲ供スルカ如シ其ノ他郵便、電信、鐵道、電氣鐵道、公園等皆直接ニ公共ノ用ニ供スルモノナリ

二、營造物ハ人的及物的ノ設備ナリ　營造物ハ物ノミニ依リテ成立スルコトアリ又ハ物及人ヲ以テ成立スルコトアリ又ハ人ノミニテ成立スルコトアリ何レノ場合ニ於テモ其ノ目的カ公共ノ用ニ供セラルル點ニ於テハ同シ

(1)物的營造物　營造物カ單ニ物ノミニ依リテ成立シ人ヲ要セスシテ直ニ其ノ營造物タル目的ヲ達シ得ルモノニシテ此ノ種ノ營造物ヲ公有物ト稱ス例ヘハ道路橋梁公園河川等ノ如シ尙ホ公有物トハ物的設備自體ノ直接ニ公共ノ用ニ供スルモノナリ故ニ官衙ノ敷地、建物、軍艦要塞ノ如キ公共ノ使用ニ供セサルモノハ公有物ニアラス

(2)人的營造物　營造物カ人ノミニ依リテ成立シ人ヲ唯一ノ要素トスル場合ア

リ此ノ種ノ營造物ハ人ノ作爲カ公共ノ用ニ供セラルルモノニシテ例ヘハ公醫ノ如シ

(3)人及物ヨリ成立スル營造物　營造物カ物的要素ニ人ノ作爲ヲ加フルモノ卽チ人ト物ト相待テ初メテ營物タル目的ヲ達スヘキモノヲ謂フ此場合ノ物ハ實ニ營造物ノ骨子ニシテ人ハ唯其ノ物ヲ完カラシムル爲メ存スルニ過キス病院學校郵便電信電話鐵道等ノ設備ハ此ノ營造物ニ屬ス而シテ學校病院等ノ營造物ハ直接公共ノ用ニ供セラルルヲ必要トスルモノニシテ間接的ナルニ於テハ營造物ト云フヲ得ス

三、營造物ハ國家其ノ他ノ公共團體ノ設備タルヲ要ス　公共ノ用ニ供スル設備アリトスルモ國家其ノ他ノ公共團體ノナシタル設備ニアラサレハ營造物ニアラス故ニ朝鮮ニ於ケル營造物ノ主體ハ國家卽チ官廳及府、學校組合、水利組合ノ特別公共團體(公共組合)ノミナリ故ニ個人又ハ商業會社ノ設備ハ例ヘ公共ノ使用ニ供スルト雖モ營造物ト稱スルヲ得ス

四、營造物ノ種類　朝鮮ニ於ケル營造物ノ種類左ノ如シ

(1)物的營造物　航行シ得ヘキ河川國家又ハ公共團體ノ設ケタル道路、橋梁、溝渠公園等ナリ

(2)人的營造物　國家衛生行政ノ不備及僻陬ノ地ニハ進テ醫術ノ開業ヲナスモノナキ理由ニ依リ是等ノ地ノ人民ヲ保護救療スル爲メ人民ノ依頼ニ應シ診察治療ヲ爲ス公醫ヲ置ク公醫ハ官吏ニアラス又公吏ニモアラスシテ一ノ營造物ナリトスルヲ至當トス

(3)人及物ヨリ成立スル營造物　官公立各學校、官公設水道、郵便及電信電話、鐵道病院等ナリ

第三編　朝鮮ノ自治行政

第一章　自治ノ概念

第一節　自治ノ意義ト法人ノ觀念

第一　自治ノ意義

自治ノ性質ヲ明ニセント欲セハ須ク其ノ觀念中ニ二種ノ根柢相異ルモノアリテ相錯雜シ以テ現今ノ制度ニ馴致セルモノナルコトヲ知ラサルヘカラス二種ノ觀念トハ何ソ曰ク公民自治曰ク團體自治ノ觀念是レナリ前者ハ專ラ英國ノ制度ニ於テ發達シタルモノニシテ此意義ニ於ケル自治ノ要素ハ政府ノ官吏ニ非ルモノニシテ公務ニ參與セシムルニアリ蓋シ國家行政ニハ專任官吏以外ニ於テ本業ヲ有スル公民ヲシテ傍ラ行政ニ參與セシムルコトハ法理上不穩當ナラサルノミナラス公民ノ一般的思想ヲ國家行政ニ加味スル上ニ於テ政治上重要ナリ本業ノ傍ラ行政ニ參與スル公民ヲ稱シテ名譽職員ト謂フ名譽職員ヲシテ行政ニ參與セシムルハ其ノ國家自體ノ事務ナルト國家內ノ團體ノ事務ナルトヲ問ハサルナリ團

體自治ノ觀念ハ歐洲大陸ノ政治思想ヨリ發達セルモノニシテ地方團體ヲシテ國家ニ對シ其ノ事務ヲ經營セシムルヲ本旨トス國家ノ下ニアル團體ヲシテ行政ヲ行ハシムルコトハ國家ヲシテ圓滿ナル發達ヲ遂ケシメントスル企圖ニ出ツ以上ハ共ニ政治上ノ議論ヨリ胚胎シタルモノニシテ互ニ相牽連シテ歐洲諸國ノ自治制度ヲ發達セシメタリ然レトモ素ト是レ自治ノ政治上ノ目的タルニ過キス實際ノ制度ニ於テハ斯ノ如キ意義ニ於ケル自治カ決シテ完全ニ實行セラルルモノニ非ス然リ而シテ法律上ノ意義ニ於ケル自治トハ國家內ノ團體カ國家ノ監督ノ下ニ於テ自己ノ意思ヲ以テスル行政ヲ謂フ卽チ左ノ如シ

(1)自治ハ國家內ノ團體カ自己ノ意思ヲ以テスル行政ナリ

國家ハ其ノ內部ニ團體ノ存在ヲ認メ之ニ統治權ヲ付與ス付與セラレタル團體ハ其ノ權利ノ範圍內ニ於テ自ラ行政ヲ行フ此行政ハ團體自體ノ行政ニシテ國家ノ行政ニ非ス行政ノ主體ハ團體ニシテ自己ノ名ニ於テ行政ヲ行フ從テ團體ノ事務ニシテ國家ノ事務ニ非ス卽チ其ノ事務ヲ行フハ國家ノ機關トシテニハ非ス此種ノ團體ハ之ヲ自治團體又ハ公共團體ト云フ

(2) 自治ハ國家內ノ團體カ國家ノ監督ノ下ニ於テスル行政ナリ

自治ハ國家內ノ團體カ自己ノ意思ヲ以テスル行政ナリト雖モ其ノ範圍ハ或ハ法律或ハ命令ニ依リ確定セラルルト同時ニ常ニ國家ノ監督ノ下ニ於テ爲サレサル可カラス國家ヨリ行政セラルヘキ位置ニアル國家內ノ團體カ自ラ行政ヲ行フニ當テモ亦常ニ國家ノ監督ノ下ニ於テ爲ササルヘカラサルコト勿論ナリ

第二　法人ノ觀念

自治團體ハ國家ノ監督ノ下ニ自己ノ意思ヲ以テ公ノ行政ヲ行フヲ目的トスル團體ナリ此種ノ團體ハ國家ノ認ムル所ニ依リ初テ法律上ノ人格者即チ權利能力ノ主體タルコトハ毫モ自然人ト異ル所ナシ自然人ニ非スシテ權利ノ主體タルモノヲ法人ト云フ而シテ法人ノ本體ノ存在ヲ否認シ法律上ノ假定ナリトスルモノハ所謂法人擬制說ナリ擬制說ノ如ク權利主體タルカ爲メニハ意思アルコトヲ要シ然カモ意思作用ニ自然人以外ニ之ヲ有スルモノナシトセハ人類以外ノ者ハ何等ノ方法ヲ以テスルモ遂ニ權利ノ主體タル能ハサルニ歸着スヘシ此矛盾ヲ避クル爲メ或者ハ法人ノ存在ヲ全然否認シ法ニ於テ法人ヲ以テ權利主體ノ如ク看做サ

ルルハ實ハ法人ノ事務ヲ取扱フ者又ハ之ニ依リテ利益ヲ享受スル者ヲ以テ眞ノ權利主體トナスナリト爲ス者アリ法人否認說之ナリト雖モ此ノ如ク論スルトキハ現今文明諸國ニ於テ所謂法人カ人類ナル權利主體ヨリ離レテ別個ノ人格者トシテ權利ヲ行使シ義務ヲ負擔スルノ實際ヲ說明シ能ハサルヘシ法人ハ法ノ擬制ニ依ルニ非ス人類ト同シク意思能力ヲ有シ人類ト離レテ別箇ノ生存目的ヲ有スル團體ノ存在スル事實ヲ認メ法カ之ヲ權利ノ主體トナシタルモノ即チ法人ナリトスルノ思想ハ多クノ學者ノ贊同スル所ニシテ之ヲ法人實在說トス法人ハ法ニ依リテ創造セラレタルニ非ス法ハ只既存ノ團體ヲ承認シ其ノ意思能力ヲ以テ法律上ノ意思能力ト爲スノミ其ノ關係ハ法カ自然ノ人類カ意思ヲ有スルモ單一體ナルコトヲ承認シ之ヲ權利主體トスルト同シ然レトモ自然ノ人類以外ニ於テ自然ノ人類ノ集合ヨリ成ル統一的團體ノ實在スルコトハ吾人々類ノ直接ノ智識ニヨリテ說明スルコト難ク唯間接ニ其ノ活動等ニ依リテ之ヲ知覺シ得ルノミ蓋シ人類カ其ノ生存ノ目的ヲ達シ其ノ需要ヲ滿足セシメンニハ必スヤ其ノ必要ニ應シテ種々ノ共同的生活ヲ營マサルヘカラス此等ノ爲メノ團結ハ單純ナル自然人

ノ集合ニ非ス共同ノ目的ヲ遂行センカ為メニ人類ハ各自己ノ意思ヲ發表シ意見ヲ開陳シ共同目的ノ為メニ集合セル人類各個ノ意思以外ニ常ニ一個ノ意思ヲ生スル或ハ團結セル人類ノ意思ノ多數決ニヨルコトアルヘク全員一致ノ意思ニヨルコトアルヘシ其ノ何レノ場合タルヲ問ハス斯クシテ成立セル意思ハ團結セル各人類ノ意思ノ集合ニ非スシテ全然獨立ノ存在ヲ有ス斯ノ如ク意思カ何故ニ團體自體ノ意思ナルヤハ論理ノ決シ得可キ問題ニ非ス専ラ吾人ノ經驗ニ基クモノト云ハサルヘカラス

以上述ヘタル如ク吾人ノ經驗ニ依リ知覺スルコトヲ得可キ實存ノ團體ハ人類カ法ノ承認ニヨリ人格者タルト同シク又法ノ承認ニヨリ人格者ト為リ權利主體トナル然レトモ近時自然人ハ其ノ出生ト同時ニ必ス人格者トシテ承認セラルルニ反シ團體ニ關シテハ法ハ其ノ團體ノ團結力鞏固ニシテ之ヲ人格者トシテ承認スルコトカ直接間接ニ國家ノ利益ヲ增進ストス認ムル程度ニ於テノミ其ノ人格ヲ承認ス從テ自然人ニハ人格者タラサルモノ非サルモ團體ニハ人格者タルモノト然ラサルモノト存ス

團體ニシテ人格者タルモノ即チ法人ハ之ヲ公法人私法人ニ區別ス何ヲ以テ公法人トシ將又私法人トスルカハ法規ノ之ヲ決スルモノナリ多數ノ學者ハ專ラ其ノ目的ヲ以テ兩者ノ區別ノ標準ト爲サント欲シ公ノ事務ヲ目的トスルモノハ公法人ナリ私ノ事務ヲ目的トスルモノハ私法人タリト論スルモ何カ公ノ事務ナルカ何カ私ノ事務ナルカノ區別明確ナラスハ未タ完全ノ説明トスルニ足ラス是ヲ以テ或者ハ其ノ區別ヲ團體事務ノ處理ノ方法カ權力作用ニ依ルヤ否ニ求ムルモノアリト雖モ以テ其ノ區別ヲ明ニスルニ足ラス惟フニ兩者ノ區別ハ法人ノ享有スル權力ノ種類如何ニヨリ之ヲ決定スルヲ以テ最正當ノ見解ナリト信ス凡ソ人類カ一定ノ目的ヲ以テ團體ヲ組織スルトキハ其ノ公私強弱人格ノ有無ヲ問ハス必ス其ノ目的ヲ遂行スルニ必要ナル權力ナカルヘカラス之ヲ團體權ト云フ然レトモ斯ノ如キ團體權ハ絶對的ノモノニ非ス即チ命令スルコトヲ得レトモ自己固有ノ手段ヲ以テ其ノ服從ヲ強制スルコト能ハス服從スルト否トハ結局團體員ノ自由意思ニ存ス團體員ハ何時ニテモ團體ヨリ離脱シテ其ノ權力ノ支配ヲ免カルルコトヲ得可シ之レ團體ノ普通狀態ナリ然ルニ團體中或ル者ハ此團體權以外ニ更

ニ優越ナル權力ヲ有シ其ノ團體員ニ對シ絶對ニ命令シ自己固有ノ手段ヲ以テ其ノ服從ヲ强制シ自己ノ意思ニ依ルノ外團體員ノ自由意思ヲ以テ離脱セシムルコトナク無條件ニ其ノ意思ヲ遂行スルモノアリ斯ノ如キ權力ハ之ヲ團體權ト區別シテ統治權ト稱ス團體中統治權ヲ有スルモノト之ヲ有セサルモノトハ其ノ團體意思ヲ遂行スル手段方法ニ於テ差異アル可キハ當然ナリ從テ法人ノ種別自ラ生ス其ノ統治權ヲ有スルモノハ公法人タリ之ヲ有セサルモノハ私法人タルナリ

公法人ハ之ヲ國家及自治團體ニ區別ス其ノ標準如何ニ付テハ議論多キモ區別標準ヲ其有スル統治權カ原始的ナルヤ將又傳來的ナルヤノ點ニ求ムル外ナシ國家ハ原始的統治權ヲ有スルモ自治的團體ハ其ノ命令シ强制シ得ル力カ國家ヨリ附與セラレタルモノニシテ傳來的統治權ヲ有スルモノトス

第二節　公共團體

第一　公共團體ノ意義

前節説明シタルカ如ク自治ヲ以テ公共團體ノ行フ行政ト解スルトキハ自治團體

ノ主體ハ卽チ公共團體ナリ然ラハ公共團體トハ如何

(1)公共團體ハ一ノ法人ナリ　法人トハ自然人ニ非スシテ人格ヲ有スルモノニシテ人格トハ權利義務ヲ有シ得ル資格ヲ云フ固ヨリ自然人モ法ニ依ルニ非レハ人格ヲ有シ得ルモノニ非ルモ法律上法人ト稱スルハ自然人以外ノモノニシテ人格ヲ有スルモノヲ指スハ前ニ論セリ

(2)公共團體ハ公法人ノ一ナリ　法人ヲ大別シテ私法人ト公法人トニ分ツモノニシテ其ノ區別ノ標準ニ付テハ前ニ述ヘタリ

(3)公共團體ハ委任セラレタル國家事務ヲ處理スルコトヲ其ノ生存目的トスルモノナリ　國務ヲ囑任セラレテ行フモノ必スシモ公共團體ノミニアラス郵船會社、鐵道會社カ郵便物ノ運搬ヲナシ若クハ通行稅ヲ徵收スルモ之ハ營業上ノ收益ヲ其ノ生存目的トスルモノナルヲ以テ公共團體ニアラス

(4)公共團體ハ國家機關ノ一ナリ　公共團體ハ人格ヲ有スル國家機關ニシテ官廳ノ如ク人格ヲ有セサル國家機關ニ非ス

(5)公共團體ハ國家統治者ノ積極的監督ヲ受クルモノナリ　公共團體ノ事務ハ

國家ノ事務ナリ故ニ其ノ事務カ完全ニ行ハルルト否トニヨリ直接國家ニ及ホス影響大ナルニ依リ公共團體カ積極的ニ法令ニ違反シ公益ヲ害スルトキハ勿論尙ホ進ンテ公共團體カ怠リテ其ノ事務ヲ遂行セサルカ如キ場合モ國家統治者ハ直接間接ニ其ノ事務ヲ行ハシムル爲メ積極的ノ監督方法ヲ執ラサルヘカラサルナリ

第二　公共團體ノ種類

公共團體ハ其ノ構成要素上ノ區別トシテ之ヲ地方團體、公共組合ニ分ツコトヲ得

(1) 地方團體　地方團體ハ土地及人民ヲ其ノ構成要素ト爲スニ依リ卽チ領土團體ノ一種ナルコトニ於テ國家ト其ノ性質ヲ同フス單ニ一定ノ地域ヲ以テ其ノ構成ノ基礎トスルトキハ多クノ公共組合モ亦此意義ニ於テハ地方團體ナリト云フヲ得可キモ眞正ノ意義ニ於ケル領土團體ハ單ニ其ノ團體ノ構成カ一定ノ地域ヲ基礎トスルニ止マラス其ノ地域內ニ來ル凡テノ人民カ當然其ノ團體ノ一員トナリ團體ノ權力ニ服從スルコトヲ要スルヲ缺クヘカラサル觀念トス

(2) 公共組合　公共組合ハ地方團體ニ反シ單ニ人民ノミヲ以テ其ノ構成要素ト

爲スモノナリ公共組合ニ於テハ其ノ團體員ノ外其ノ支配ヲ受クルコトナシ公共組合ニシテ一定ノ地域ヲ以テ其ノ構成ノ要素ト爲ス某郡ノ水利組合某市ノ商業會議所ト云フカ如キモノアリト雖モ其ノ地域ハ單ニ組合ノ事業ノ範圍ヲ定メ及組合員タルヘキ者ノ資格ヲ定ムルノ標準タルニ止マリ地域内ニ居住滯在スルモ直ニ其ノ支配ヲ受クルモノニ非ス又其ノ團體員トナルヘキモノニハ非ルナリ

第三節　公吏

公吏トハ公法上ノ行爲ニ基キ自治體ノ事務ヲ行フヘキ勤務義務ヲ有スルモノヲ謂フ公吏ノ行フヘキ自治體ノ事務ヲ公職ト名ク自治體ノ機關ノ中公吏ト公吏ニアラサルモノノ區別ハ一ニ勤務義務ノ有無ニアリ勤務義務ノ性質ハ官吏ノ忠實服務義務ト同シ唯勤務要求者カ自治體タルノ差アルノミ故ニ公吏ノ地位ハ官吏ノ國家ニ於ケル地位ニ同シ

公吏ハ之ヲ專務職公吏及名譽職公吏ノ二種トス專務職公吏トハ公職ヲ行フコト

ヲ其ノ本務トスルモノニシテ名譽職公吏トハ別ニ本業ヲ有シ其ノ傍ラ公職ヲ行フモノナリ而シテ公吏關係ヲ發生セシムル公法上ノ特別行爲ハ自治體ヲ構成スル者ノ選擧又ハ監督官廳又ハ自治體ノ任命トス又專務公吏ハ多クノ場合ニ於テ有給タルヘク又無給タルモ公吏ノ資格ニ關スルコトナシ又名譽職公吏ハ多クノ場合ニ無給タルモ手當ヲ有スルコトナシトセス其ノ他公吏ニ關スル觀念ハ官吏ニ關スルモノト同シ唯々公吏關係ノ消滅ハ任期ノ滿了ニ因リテ發生スルコトアルハ注意スヘキコトナリ尚ホ朝鮮ニ於ケル公吏ノ服務義務等ニ付テハ大正三年一月府令第四號府吏員ノ賠償責任及身元保證金ニ關スル件及同府令第五號府吏員服務紀律ニ明定シアリ

第二章　朝鮮ニ於ケル自治行政ノ組織

第一節　府制

朝鮮ニ於テモ往時ヨリ自治ナル觀念ナキニアラス面洞里其ノ他ノ團體民カ往々共同ノ意思ヲ以テ財產ヲ有シ自己ノ事務ヲ處理シタルモノアリト雖モ素ヨリ法

令ノ規定ニ基キタル制度ニアラスシテ部民ノ任意ニ出テタルモノナレハ頗ル幼稚ナル狀態ナリシナリ從テ現今面ナル行政區劃ハ未タ自治制ヲ施行スルノ程度ニ發達セス官制上府郡島ノ事務ノ補助執行機關タラシムルニ過キス然ルニ從來內地人ノ多數集團セル都會ニ在リテハ或ル區域ヲ限リ法令ノ規定ニ依リ在留內地人ノミヲ以テ組織セル居留民團ナルモノアリテ地方團體ノ性質ヲ有シタリシカ大正三年四月一日ヨリ之ヲ廢シ新ニ實施セル府制（大正二年十一月制令第七號）ニ依リ府ノ區域ニ屬スル地方ハ內地人タルト朝鮮人タルトヲ問ハス地方自治ノ制ヲ施行セラルルコトトナレリ是レ實ニ朝鮮ニ於ケル自治行政ノ創始ナリト謂フヘシ府ハ單級制ノ地方團體ニシテ自己ノ上ニ上級團體ナルモノアルコトナク又自己ノ下ニ下級團體アルコトナシ而シテ府ハ地方團體タルノ性質上一定ノ領土及團民ヲ有ス其ノ領土ハ法令上之ヲ府ノ區域ト云ヒ其ノ團民ハ之ヲ府ノ住民ト稱シ此ノ二者ハ府ヲ構成スルノ要素ナリ以下府ニ關スル大體ノ觀念ヲ述フ

第一　府ノ區域

大正三年一月朝鮮總督府令第三號府制施行規則ニ於テ府ノ區域ハ行政區劃タル

府ノ區域ニ依ルト定メタリ故ニ府ナル自治行政ノ區域ハ官治行政區域ヲ襲用シ之レカ改廢變更ハ總テ行政區劃ノ改廢變更ニ伴フテ伸縮スヘキモノナリ

第二　府住民

府住民トハ其ノ府内ニ住所ヲ有スル一切ノ者ヲ謂ヒ而シテ住民タルニハ自然人ニ限ルト雖モ内地人タルト朝鮮人タルト將亦男子タルト女子タルトヲ問ハサルナリ府ノ住民籍取得ノ原因ハ唯府内ニ住所ヲ有スル一事アルヲ以テ足ル住所ノ意義及如何ニシテ住所ヲ有スルニ至ルカハ法律上之レヲ明定スルコトナシ從テ之レカ解釋ハ性質上普通ノ觀念ニ依テ求メサル可ラス左ニ少シク之レヲ述フヘシ

民法第二十一條ニ曰ク

各人ノ生活ノ本據ヲ以テ其ノ住所トス

又其ノ第二十二條ニ曰ク

住所ノ知レサル場合ニ於テハ居所ヲ以テ住所ト看做ス

又其ノ第二十三條ニ曰ク

日本ニ住所ヲ有セサル者ハ其ノ日本人タルト外國人タルトヲ問ハス日本ニ於ケル居所ヲ以テ其ノ住所ト看做ス(下略)

ト此三個ノ規定ヲ徐ロニ咀嚼スルトキハ住所ハ府住民トシテノ權利ヲ取得シ義務ヲ負擔スルニ付キ正ニ法律上至大ノ關係アルコトヲ知ル今先前掲第二十一條ノ規定ニ依テ住所ノ解釋ヲ試ミ更ニ居所トノ區別ヲ論セン

法律上如何ナル場所ヲ人ノ住所ト爲スカニ付テハ其ノ採ル所ノ法制主義三種ヲ存ス(一)住所ハ本籍ノ所在地ニアリトスル者卽チ本籍主義(二)住所ハ本籍ノ有無ニ拘ハラス多少ノ期間在留スル居所ニアリトスル者卽チ居所主義(三)住所ハ本籍ノ有無ニ拘ハラス生活ノ本據地ニアリトスル者卽チ本據主義是レナリ然ルニ本籍主義ニ依ルトキハ勿論人ノ所在ヲ變更スルハ常ニ本籍卽チ戸籍民籍ノ異動ト共ニセサル可カラストスレハ或ハ可ナラン然レトモ此ノ如キハ其ノ實際ニ於テ非常ノ煩雜ヲ來シ事實上到底行ヒ得ヘキモノニ非ス是ヲ以テ今日ノ制度ハ假令或目的ノ爲メ他ニ移轉スルモ單ニ寄留ナル簡易ノ方法ヲ以テシテ本籍ノ異動ハ絕テ必要ト爲ササルニ至レリ此ノ如キ場合ニ於テ尚ホ其ノ本籍地ヲ以テ住所ト爲

サンカ單ニ空籍ヲ見ルニ過キスシテ法律關係ニ於テ何等ノ用ヲ為ササルニ終ラン故ニ法律上本籍地ヲ以テ住所ト為スノ失當ナルハ此ニ辯ヲ俟タサルナリ又居所主義ニ依ルトキハ永久ノ目的ヲ以テ生活スル地ト一時所用ノ目的ヲ以テ生活スル地トノ混同ヲ來シ若シ一時ノ目的ニ出ツル滯在地ヲ以テ住所ト為サンカ其ノ所在ヲ轉スル毎ニ住所ニ變更ヲ生スルニ至ラン是レ豈ニ策ノ得タルモノナランヤ到底事實上ノ居所ト法律上ノ居所トノ區別ヲ知ラサル愚論ト言フノ譏ヲ免カルルヲ得ス是レ亦居所ヲ以テ住所ト為スニ足ラサルハ敢テ論ナシ

然リ而シテ第三ニ於ケル本據主義ハ最モ事理ニ適合シテ法律關係ノ上ニ於テモ毫モ累ヲ生スルコトナシ凡ソ各人カ社會ニ於ケル生活ノ狀態ヲ見ルニ必スヤ生活ノ中心タル本據地ヲ有スルモノナリ而シテ一度其ノ本據ヲ定ムルトキハ容易ニ之ヲ變更スルノ憂ナキハ事實ニ徵シテ明カナリ乃チ法律上住所ハ(第一)或一定ノ地ニ居所ヲ定ムルノ事實(第二)其ノ地ヲ以テ生活ノ本據ト為スノ意思ノ二要素ヲ具備セサル可カラストノ觀念ニ能ク適合スルモノト謂ハサルヲ得ス我民法ノ法制主義卽チ是レナリ

然リト雖モ全ク生活ノ中心ナク朝住暮遷常ニ轉々シテ其ノ何レカ本據地ナルカヲ知ル能ハサル場合又ハ全ク生活ノ本據地ヲ有セサル者ニ對シテハ法律ハ其ノ居所ヲ以テ住所ト看做スノ例外ヲ設ケサル可カラス是レ前ニ示シタル如ク民法第二十二條及第二十三條ノ規定アル所以ニシテ凡ソ日本ノ版圖內ニ在ル者ハ法律ノ關係上何人ト雖モ法律上ノ住所ヲ有セサルヘカラサルハ我民法ノ主義ナリ然ルニ居所ニ於テハ各人カ多少ノ期間繼續シテ在留スルノ意思ヲ有シ身體ヲ定着セシムル場所其ノモノヲ云フト雖モ而モ此地ヲ以テ生活ノ本據ト爲スノ意思ハ毫モ之ヲ存セサルナリ例ヘハ吾人カ東京ニ生活ノ本據ヲ置キ家族ヲ存シテ朝鮮ニ奉職シタリトセンカ其ノ奉職中ハ正シク朝鮮ニ生活セサル可カラサルモ生活ノ中心ハ尙ホ東京ニ在ルカ如シ又一ノ日本商人アリ日本ノ東京ニ業務ノ本店ヲ置キ米國或ハ英國ニ支店ヲ設ケ業務監督ノ爲メ時々支店ノ所在地ニ出張シ多少ノ期間在留スルモノトセンカ其ノ在留期間ハ無論支店ノ所在地ニ於テ生活スルモ是レ尙ホ東京ヲ以テ生活ノ中心ト爲スカ如シ乃チ前陳奉職ノ場所及ヒ支店所在地ハ何レモ生活ノ本據地ト爲スノ意思ナキニ依リ兩ナカラ之ヲ居所ト謂ハ

サルヘカラス又永續的意思ナクシテ或ル土地ニ住ムトキハ其ノ場所ハ住所ニアラス滯在地ナリトモ謂フ例ヘハ兵營ニアル兵卒病院ニ入院セル病人寄宿舍ニ入舍セル生徒ノ如キハ何レモ滯在スルモノニシテ住所ヲ有スト謂フコトヲ得ス

以上述ヘタル所ニ依リ住所ノ意義ヲ約言スレハ

(1)住所ハ一定ノ場所ニ居住スルノ事實及其ノ場所ヲ以テ生活ノ本據ト爲スノ意思ヲ要シ居住所謂滯在ノ如ク一時所用ノ爲メ假リニ本據地以外ニ其ノ居ヲ定ムルコトトハ異ナルナリ

(2)住所ハ一人一個ノ外ハ之ヲ有シ得スト雖モ居所ハ一人ニテ二個以上ヲ有スルコトヲ得

府制ハ府内ニ住所ヲ有スル者ハ其ノ府住民トスル旨ヲ明示シタリ

第三　府住民ノ權利

府ノ住民ハ大要左ノ權利ヲ有ス

(1)營造物使用ノ權　一般住民ハ府制ニ依リ府ノ營造物ヲ共用スル權利ヲ有ス共用トハ住民カ他ノ住民ト同樣ニ使用スルコトヲ謂フモノニシテ住民一個ニ

獨占使用スルコトニアラス故ニ府ハ其ノ使用ヲ禁止制限シ又ハ條件ヲ附スルヲ妨ケスト雖モ此ノ場合ニ於テハ一切ノ住民ニ對シテ禁止制限シ又ハ條件ヲ附スルコトヲ要ス其ノ方法ハ府制ニ規定アルモノハ之ニ依リ然ラサルモノハ府條例ニ依リテ定メラル

(2)協議會員トナルノ權　府住民中道長官ノ推擧ニ依リ朝鮮總督ノ認可ヲ得タルトキハ府ノ協議會員トナルコトヲ得ル資格ヲ認メラルルノ權利アリ此ノ權利ハ必ス協議會員ト爲ル權利ニアラスシテ住民ハ總テ之ヲ命セラルルノ權利ヲ保有スルニ過キス

(3)名譽職吏員トナルノ權　此權利モ資格權ニシテ府條例ノ定ムル所ニ依リ住民一般ニ之ヲ保有スルモノナリ

第四　府住民ノ義務

(1)負擔分任義務　府ノ住民ハ府制ニ依リ府ノ負擔ヲ分任スル義務ヲ負フ分任ノ義務トハ畢竟各住民カ他ノ住民ト共ニ分賦セラルル給附ヲ爲スノ義務ナリ又府制ハ特ニ三箇月以上府內ニ滯在スルモノハ其ノ滯在ノ初ニ溯リ府稅ヲ納

ムル義務ヲ負ハシメアリ

(2) 名譽職擔任　府條例ノ定ムル所ニ依リ名譽職ヲ擔任スル義務ヲ負フ

第五　府ノ事務

地方團體ノ事務ハ主トシテ内務及財務行政ノ兩種ニ限ラルルヲ例トシ軍事外交司法及内務ノ中警察行政ハ多クハ國ノ事務トセラル而シテ府ノ自治事務ハ其ノ固有事務ニ限ラレ委任事務ヲ含マス固有事務トハ公共事務ニシテ公共事務トハ府住民共同ノ利益ニ關スル事務ヲ自己ノモノトシテ行フコトナリ又府ノ委任事務トハ國(總督府)及道府郡ノ事務ヲ國法カ府ナル自治體ニ委任スルヲ規定スルニ依リ生スルモノナリ此ノ外府ニハ附隨事務トシテ立法事務ヲ有ス卽チ府制ノ規定ニ依リ自主ノ法ヲ制定スルコトヲ得其ノ法ハ之ヲ條例ト云フ條例トハ府制ニ特別ノ規定ナキ事項又ハ特例ヲ設クルコトヲ許セル事項ニ付キ府ノ事務竝住民ノ權利義務ヲ定ムル規定ヲ謂フ其内容ハ府住民ノ行爲又ハ不行爲ヲ要求スル府ノ命令ニシテ卽チ法タル性質ヲ有スルモノナリ此外法ノ性質ヲ有セサル規則ヲ制定スルコトヲ得規則トハ府ノ設置スル營造物等ノ管理規定ニシテ住民ノ行爲

不行爲ヲ要求スル命令ヲ内容トセス若シ營造物ニ關シ住民ノ行爲不行爲ヲ要求スルモノナルトキハ等シク府條例ヲ以テ規定スヘキヲ要ス府條例及規則ハ法律命令ニ牴觸スルコトヲ得サルハ勿論之ヲ制定シタルトキハ公告スルヲ要ス公告ハ其ノ執行力ヲ生スル唯一ノ要件ナリ公告ノ方法ハ規定ノ定ムル所ニ依ル
此ノ外府制附則ニ依リ從來居留民團ソ事務中敎育ニ關スルモノハ學校組合之ヲ承繼ストセルヲ以テ内地人ノ敎育ハ府ハ之ヲ管轄セサルモノナルヘシ

第六　府ノ行爲能力

府ハ公法人トシテ行爲能力ヲ有ス其ノ限度ハ特ニ之ヲ禁セサル範圍ニ於テハ公共事務ヲ遂クルノ程度ニ於テ一般ニ亙ルコトヲ得ルナリ

第七　府ノ機關

自治體ハ國家ト同シク機關ニ依リテ其ノ事務ヲ行フモノニシテ執行機關ト議決機關ノ二アリ卽チ自治體ニハ國家ノ官廳ト同シク自治體ノ意思ヲ決定宣言シ得ル者及其ノ補助機關トシテ自治體ノ意見ノ決定ヲ準備シ又ハ宣言ヲ現實ニ執行スル者ヲ要ス之レカ爲メ府ニハ獨裁制ノ機關タル府尹及其ノ補助機關トシテ府

尹ノ命シタル府ノ官吏又ハ吏員ヲ置キ外ニ府住民中ヨリ選任シタル協議會員ナル合議機關アリ之ニ依リテ見ルトキハ府尹及府尹ノ命シタル府ノ官吏ハ官廳行政ノ機關タルト同時ニ又自治行政ノ機關ヲ兼ヌルモノナリ

第八　府尹

官吏タル府尹ハ其ノ身分ヲ享有スル關係上府ナル自治行政ノ長トシテ府ヲ統轄代表ス此ノ點ニ於テ府制ハ未タ完全ナル自治ノ域ニ達セス多少官治ノ傾向ヲ帶フルモノナリト謂フヲ得ヘシ府尹ノ權限ノ主ナルモノ左ノ如シ

(1) 府ヲ統轄シ府ヲ代表ス

(2) 府吏員ヲ任免ス

(3) 府協議會ノ議長タルコト

(4) 府吏員ニ對シ懲戒ヲ行フコト　其ノ懲戒ハ譴責又ハ二十五圓以下ノ過怠金及解職ノ程度ニ限ラル

(5) 府稅使用料、手數料及營造物ノ使用方法ノ規定タル府條例ニ十圓以下ノ過料ヲ附スル規定ヲ設クルコト

(6)府ノ官吏ヲシテ府ノ行政ニ關スル事務ニ從事セシムルコト

(7)府税賦課ニ關シ必要ナルトキハ當該官吏又ハ吏員ヲシテ家宅若ハ營業所ノ臨檢又ハ帳簿物件ノ檢查ヲ爲サシムルコト

(8)協議會ニ諮問シ總督ノ認可ヲ得テ府條例ノ制定改廢ヲナスコト

(9)前號ノ手續ヲ經テ府債ヲ起シ又ハ府ノ財產ヲ處分スルコト

第九 府ノ協議會

協議會員ハ府ノ住民中ヨリ總督ノ認可ヲ受ケ道長官之ヲ任免スルモノニシテ其ノ任期ハ二年トシ名譽職タルモノトス而シテ協議會員ハ內地ニ於ケル各種議員ノ如ク住民ノ互選ニ依リタルモノニアラス一ニ地方長官ノ推擧ニ由リタルモノニシテ各府ニ於ケル定員ハ府令ヲ以テ之ヲ定メアリ協議會ナルモノモ亦內地ノ府縣郡市町村會ノ如キ決定權ヲ有セス其ノ議事ハ單ニ府尹ノ諮問ニ答フルモノニシテ之カ決議ノ採否ハ一ニ府ノ代表者兼議長タル府尹ノ方寸ニアリテ外部ニ對シ有效ナル議決ヲ爲スコトヲ得ス此ノ點ニ於テモ朝鮮ノ府制ハ未タ完全ナル自治ト云フヲ得サルナリ而シテ協議會ニ諮問スヘキ事案左ノ如シ

(1)府條例ヲ設ケ又ハ改廢スルコト
(2)歲入出豫算ヲ定ムルコト
(3)府債ニ關スルコト
(4)歲入出豫算ヲ以テ定ムルモノノ外新ニ義務ノ負擔ヲ爲シ又ハ權利ノ拋棄ヲ爲スコト
(5)基本財產特別基本財產及積立金額等ノ設置又ハ處分ニ關スル事
(6)府ノ廢置又ハ境界變更ノ場合ニ於テ財產處分ニ關スル事
(7)其ノ他府尹ニ於テ必要ト認ムル事
而シテ府ノ協議會員ハ職務ノ爲メ要シタル費用ノ辨償ヲ受クル權利アリ

第一〇　府制實施地

府制ハ大正三年府令第三號ニ依リ左ノ十二個所ニ之ヲ實施セラル
京城、仁川、群山、木津・大邱、釜山、平壤、鎭南浦、新義州、元山、淸津
又大正三年府令第二號府制ノ施行ニ關スル件ニ依レハ從前ノ居留民團規則中府ニ屬スル財產ノ管理方法營造物ノ管理使用方法使用料消防汚物掃除救助施療及

督促手數料以外ノ手數料ニ關スル規定ハ府制ニ依リ發スル命令ニ牴觸セサル限リ當分ノ內府條例トシテ其ノ效力ヲ留保セラルルモノトス

第二　府ノ監督

府ハ官ノ監督ヲ受クル法人ニシテ第一次ニ道長官第二次ニ朝鮮總督ノ監督ヲ受ク其ノ監督權ノ作用ハ官廳ニ對スル監督ト同一理論ヲ以テ律スヘキモノトス

第二節　學校組合

學校組合トハ小學校ノ設立及維持ニ關スル事務ヲ其ノ共同目的トスルモノニシテ母國人カ生活上諸種ノ目的ノ爲メ家庭ヲ擲テ鄉關ヲ離レ懸軍萬里朝鮮ニ渡來シ而カモ府制施行地ノ如ク集團密ナラサル地ニ點點ノ住所ヲ占メ各其ノ職業ニ從事スルモ國民敎育ハ一日モ之ヲ忽ニスヘカラサルモノナルヲ以テ統監府ハ早ク已ニ是等內地人ノ子弟ヲ敎育スル爲ニ學校組合ノ制ヲ設ケテ實施シアリシカ大正二年制令第八號ハ更ニ革新セル學校組合令ヲ發シ之ヲ大正三年四月一日ヨリ施行シ在住內地人ノ集團少ナクシテ資力足ラス又ハ兒童數一小學校ヲ構成ス

ルニ足ラサルトキニ於テ一定ノ區域ニ住スル内地人ハ共同協議シテ學校組合ノ設立ヲ企テ其ノ發起人ハ願書ニ一定ノ事項ヲ記載シ且ツ同意者ノ署名捺印シタル組合規約並ニ所定ノ書類ヲ添ヘ總督ノ許可ヲ受クヘキモノトセリ然ルトキハ該學校組合ハ公法人トシテ權利義務ノ能力ヲ有シ官ノ監督ヲ受ケ法令ノ範圍内ニ於テ内地人ノ敎育ニ關スル事務ノミヲ處理スルコトヲ得ルモノトセリ而シテ組合規約ニハ其ノ組合區域内ニ住所ヲ有シ獨立ノ生計ヲ營ム内地人三分ノ二以上ノ同意ヲ得タルモノナルコトヲ要スルモノトセリ總督ノ許可ヲ得ルトキハ學校組合區域内ニ住所ヲ有スル内地人ハ組合規約ニ同意セルト否トヲ問ハス當然組合員タル義務アルモ之カ設立ニ關シテハ任意的ナルヲ原則トスルモ例外トシテ府ニ對シテハ學校組合令附則ハ淸津府以外ノ府ニ在リテハ其ノ設置ニ關シテ强制的命令ヲ爲シアルヲ見ル學校組合ハ府ノ如ク地方自治團體タル性質ヲ有シ府ハ廣ク一般公共事務ヲ處理スルモ此ハ特定ノ事務ノミヲ處理スルノ點ニ於テ異ナル略言スレハ府ハ普通地方團體ニシテ學校組合ハ特別地方團體ナリト云フヘキカ以下學校組合ニ關スル大體ノ觀念ヲ述フ

第一　學校組合ノ區域

區域ハ發起人ニ於テ之ヲ定メ總督ノ許可ヲ得ルモノニシテ將來組合ノ分合廢止又ハ區域ノ變更ヲ爲サントスルトキハ關係組合ハ組合會ノ決議ヲ經テ更ニ許可ヲ得ヘク又何レノ學校組合ノ區域ニモ屬セサル區域ヲ組合ノ區域ニ編入セントスルトキハ新ニ組合員タルヘキ者ノ三分ノ二以上ノ同意ヲ得ルコトヲ要ス

第二　組合員ノ權利

學校組合員ハ左ノ權利ヲ有ス

(1) 營造物ヲ共用スルコト
(2) 組合會議員ニ選擧セラルルコト
(3) 組合會議員ヲ選擧スルコト
(4) 選擧人名簿ニ對シ異議ノ申立ヲ爲スコト
(5) 組合管理者ニ命セラルルノ權　此ノ權利ハ道長官ノ認定ニ委スルモノニシテ組合員ノ一般ニ有スル資格權ナリトス
(6) 組合ノ吏員トナルル權　此ノ權利ハ絕對ノモノニアラス一ニ管理者ノ任免ニ

依ルモノニシテ管理者カ組合員以外ノ適任者ヨリ之ヲ命スルモ妨ケナシ

(7)異議ノ申立　組合費其ノ他營造物使用料ノ賦課徴收及財産營造物ノ使用ニ關スル權利ニ關シ異議ノ申立ヲ爲スコト

第三　組合員ノ義務

組合員ノ負フヘキ義務左ノ如シ

(1)負擔分任義務　學校組合區域内ニ住所ヲ有スル内地人ハ獨立ノ生計ヲ營ムト否トヲ問ハス當然其ノ組合員トナリテ組合ノ負擔ヲ分任スル義務アルモノトス

(2)名譽職トナル義務　組合員ハ名譽職タル組合會議員及吏員タル義務ヲ有ス

第四　組合會議員

組合會議員ハ組合員ノ互選ニ依ルモノニシテ名譽職トシ其ノ任期ヲ三年トス之カ選擧人被選擧人ノ資格ハ組合規約ノ定ムル所ニ依リ其ノ定數ハ組合員ノ多寡ニ應シ六人乃至十八人トセラレ選擧ノ方法ハ大正三年府令第六號ヲ以テ詳細ニ規定シ内地ニ於ケル市町村會議員ノ選擧ト大差ナシ之ニ由リテ見ルトキハ本制

度ハ全ク自治ノ精神ニ接近シタルモノナリト謂フヘシ

第五　組合ノ行爲能力

學校組合ハ公法人トシテ行爲能力ヲ有ス其ノ限度ハ法令ニ禁止ナキ限リ組合ノ目的ニ反セサル程度ニ於テ一般ニ渉ルコトヲ得ルモノナリ尙ホ組合ノ目的以外ニ府令第六號附則ハ學校組合令施行ノ際既ニ水道屠獸場共同墓地又ハ火葬場ノ經營ヲ爲ス從來ノ學校組合ハ當分ノ內其ノ經營ヲ繼續スルコトヲ得トシテ組合ノ事業トシテ營利的行爲ヲ爲スコトヲ留保セラレタリ

第六　組合會

學校組合會ハ組合管理者ト共ニ組合ノ意思ヲ決定スル合議制ノ機關ナリトス而シテ其ノ議決ハ組合ノ意思トシテ外部ニ對シ有效ナルモノニシテ府ニ於ケル協議會ノ議決ノ如ク單ニ府尹ノ決定ニ資スルモノトハ全ク其ノ趣ヲ異ニス而シテ管理者ハ當然議長トナリ管理者故障アルトキハ年長議員議長ノ職務ヲ代理シ又年齡同シキトキハ抽籤ヲ以テ定ムルモノトセリ又管理者ハ議決ニ加ハルコトヲ得ス且ツ議員定數ノ半數以上出席スルニアラサレハ會議ヲ開クコトヲ得ス議事ニ關

シ可否同數ナルトキハ議長ノ決スル所ニ依ルモノトシ若シ組合ノ分合廢止區域ノ變更規約ノ變更ニ關スル議決ナルトキハ議員三分ノ二以上ノ同意ヲ得ヘキモノトセリ而シテ其ノ議決事項及權限トシテ規定セラレタル概目左ノ如シ

(1) 議決ヲ經ヘキ事件

一、組合規約ヲ變更スルコト
二、歲入出豫算ヲ定ムルコト
三、決算報告ヲ認定スルコト
四、基本財產ノ特別財產金穀積立金穀等ノ設置監理及處分ニ關スル件
五、不動產ノ監理及處分ニ關スルコト
六、財產及營造物ノ監理方法ヲ定ムルコト但シ法令ニ規定アルモノハ此ノ限リニアラス
七、法令ニ定ムルモノヲ除クノ外使用料組合費及夫役現品竝其ノ他賦課徵收ニ關スル事
八、組合債ニ關スル事
九、歲入出豫算ヲ以テ定ムルモノヲ除クノ外新ニ義務ノ負擔ヲ爲シ又ハ權利ノ拋棄ヲ爲ス事
十、監理者又ハ吏員ノ給料額費用辨償額報償額旅費額及其ノ支給方法ニ關スル事
十一、組合ニ係ル訴訟及和解ニ關スル事

(2) 權限

一、組合ノ事務ニ關スル書類ヲ檢閲シ事務ノ管理、議決ノ執行及出納ヲ檢査スル事
二、議員中ヨリ委員ヲ選擧シ前項ノ權限ヲ行ハシムル事
三、組合費及使用料ノ賦課徴收ニ關シ組合規約中ニ五圓以下ノ過料ヲ科スル規定ヲ設クル事

第七　組合管理者

學校組合ニ管理者ヲ置ク管理者ハ名譽職ナルヲ原則トシ又有給ナルコトモアリ組合員中ヨリ道長官之ヲ命ス其ノ任期ヲ三年トセラル若シ府ノ區域ヲ包含スル學校組合ニ在リテハ府尹管理者ノ職務ヲ行ヒ此ノ場合ニ於テ府尹ハ府ノ官吏ヲシテ學校組合ノ行政ニ關スル事務ニ從事セシムルコトヲ得ルモノトセリ而シテ管理者ハ學校組合ニ於テ組合會ナル合議機關ニ對シ獨裁制ノ執行機關タル公吏ナリトス卽チ町村ニ於ケル町村長、公共組合ニ於ケル理事ノ如キ性質ヲ有スルモノナリ其ノ補助機關トシテ書記及出納役等ノ吏員ヲ置キ管理者故障アルトキハ出納役之ヲ代理シ管理者出納役共ニ故障アルトキハ上席書記之ヲ代理スルモノトセラル管理者ノ權限及職務ノ範圍大要左ノ如シ

(1)組合ヲ代表シ組合一切ノ事務ヲ擔任ス

(2)組合會ノ議決其ノ權限ヲ越エ法令若ハ規約ニ違反シ又ハ公益ヲ害スト認ムルトキハ管理者ハ道長官ノ指揮ヲ請ヒ其ノ議決ヲ取消シ其ノ事件ヲ處理スルコトヲ得

(3)組合會成立セサルトキ會議ヲ開クコト能ハサルトキ又ハ議決スヘキ事件ヲ議決セサルトキハ管理者ハ道長官ノ指揮ヲ請ヒ其ノ議決スヘキ事件ヲ處理スルコト

(4)吏員ノ任免及指揮監督

(5)吏員ニ對シ譴責又ハ二十五圓以下ノ過怠金及解職ノ懲戒處分權

(6)名譽職タル管理者ハ職務ノ爲ニ要セル費用ノ辨償及勤務ニ相當スル報酬ヲ受グルコト(府及學校組合吏員モ同シ)

(7)有給ノ管理者ハ組合規約ノ定ムルニ依リ退隱料退職給與金死亡給與金又ハ遺族扶助料ヲ給セラルルコト(府及學校組合吏員モ同シ)

(8)組合費ノ賦課ニ關シ吏員ヲシテ組合員ノ家宅若ハ營業所ニ臨檢シ又ハ帳簿物件ノ檢査ヲ爲サムシルコト

(9)組合規約ノ告示
(10)組合成立シタルトキハ遲滯ナク組合會議員ノ選擧ヲ行フコト
(11)組合議員ノ補缺選擧ヲ行フコト
(12)選擧期日五十日前ニ選擧人名簿ヲ調製シ及其ノ修正ニ關スルコト
(13)選擧人名簿ヲ閲覽ニ供スルコト
(14)選擧會ノ開閉其ノ取締及其ノ立會人ノ選任
(15)投票用紙ノ式ヲ定ムルコト及選擧錄ヲ調製スルコト
(16)組合會ノ議長トナルコト
(17)組合會ノ招集及會議錄ノ調製
(18)議長トシテ組合會議ヲ總理シ及其ノ順序ヲ定メ又ハ之ヲ開閉シ且ツ議場ノ秩序ヲ保持シ必要アリト認ムルトキハ議員ノ發言ヲ禁止シ之ヲ取消サシメ又ハ議場外ニ退場ヲ命スルコト
(19)組合會ノ委任ニ依リ組合會ノ權限ニ屬スル事件ヲ專決處分スルコト

第八　管理者及吏員ノ服務

管理者及吏員ノ服務紀律賠償責任及身元保證金ニ關シテハ大正三年一月府令第四號及第五號ヲ以テ府吏員ニ關スル規定ニ依ルヘキモノトセラレタリ

第九 監督

學校組合ハ法人トシテ官ノ監督ヲ受クヘク其ノ第一次ニ於テ郡司又ハ島司第二次ニ道長官第三次ニ朝鮮總督ノ監督ヲ受クヘキモノナリ又府尹カ組合管理者ノ事務ヲ行フ場合ニ在リテハ第一次ニ道長官第二次ニ朝鮮總督ノ監督ヲ受クヘキモノトセラレ組合ノ區域數郡ニ渉ルトキハ其ノ監督官廳ハ朝鮮總督ヨリ指定セラルヘキモノナリ監督官廳ハ監督權ノ作用トシテ組合ノ監督上必要ナル命令ヲ發シ又ハ處分ヲ爲スコトヲ得ヘク又制令ハ道長官ヲシテ組合管理者ニ對シ譴責又ハ二十五圓以下ノ過怠金及解職ノ懲戒處分ヲ行フコトヲ得ル權限ヲ付與シタリ而シテ監督ハ組合ノ目的ヲ誤ラス完全ニ其ノ發達ヲ遂ケシムルカ爲ニ發動スルモノニシテ監督權ノ内容ノ主ナルモノ左ノ如シ

(1) 組合事務ノ實況視察及報告ヲ徵スルコト

(2) 組合カ法令又ハ規約ニ違反セサルヤ否ヤ及其ノ違反ノ結果ヲ防止スルコト

(3)組合カ公益ヲ害スルヲ防止スルコト
(4)組合事務ノ擧ラサル場合ニ之ヲ强制スルコト
(5)組合ノ規約其ノ他ニ認可ヲ與フルコト

第三節　朝鮮ノ公共組合

公共組合ノ觀念ニ付テハ既ニ述ヘタリ公共組合ハ組合ノ目的ヲ以テ其ノ名稱トスルモノニシテ組合機關トシテ多クノ場合ニ於テ組合員ノ總集合ヨリ成ル總會組合員ノ選擧シタル特定ノ組合員ヨリ成ル代議會(又ハ評議會)及組合員又ハ組合員ニアラサル一人又ハ數人ヲ以テ組成シタル理事ト稱スルモノアリ理事ハ組合ノ事務ヲ掌リ組合ヲ代表シテ其ノ意思ヲ執行スル獨裁制又ハ合議制ノ執行機關タルモノナリ現行朝鮮ニ於テ認メラレタル公共組合ハ其ノ種類極メテ少ナク何レモ共同ノ經濟上ノ目的ヲ達スル爲メ法令ノ規定ニ基キ設置シタルモノナリ而シテ公共組合ヲ設置スルニハ定款(規約)ヲ作リ朝鮮總督ノ認可ヲ受ケサルヘカラス組合ノ種類概目左ノ如シ

第一　水利組合

水利組合ハ一定ノ地域内ニ於ケル水利土工ニ關スル事業ヲ目的トスル組合團體ニシテ普通水利組合及水害豫防組合ノ二種アリ前者ハ土地灌漑疏鑿ト開拓保護ニ關スル事業後者ハ水害豫防ニ關スル事業ヲ以テ目的トス朝鮮ニ於テ現今有效タルヘキ光武十年度支部令第三號水利組合條例ハ專ラ普通水利組合ニ關スルモノニシテ其ノ地域内ニ於ケル土地ノ所有者等ヲ以テ組合員ト爲スモノナリ

第二　職業的組合

國有地小作人組合及煙草耕作組合ノ外同一職業ニ從事スル同業者ハ職業上共同利益ヲ增進シ弊害ヲ除去スル爲ニ自由意思ニ依リ又ハ法令上ノ義務ニ基キ共同シテ組合ヲ設クルコトアルヘシト雖モ是等ハ單ニ私法人タルカ又ハ全ク法人格ヲ有セサルモノニシテ本書ノ目的タル公法人タル性質ヲ缺クモノアリ職業的組合カ公法人タルニハ法令ニ依リ認メラレタルノミナラス或ル特種ノ權能ヲ有スルモノナラサルヘカラス現行朝鮮ニ於テ此ノ種ノ公共組合ハ未タ設立セラレサルカ如シ左ニ參考ノ爲メ私法人タル職業組合ノ種類ヲ掲ク

(1) 水產組合及漁業組合　明治四十四年制令第六號漁業令第十六條乃至第十八條ニ基ク水產組合(明治四十四年府令第一號水產組合規則)漁業組合(同年府令第四一號漁業組合規則)ハ法人タルコト明瞭ナリト雖モ恐クハ私法人タルヘシ唯水產組合ハ營利事業ヲ爲スコトヲ得サル規定アルヨリ見レハ公法人ナルニアラサルヤノ疑アリ

(2) 辯護士會　辯護士會モ同業組合ノ一種ナレトモ法人格ヲ認メラレタルモノニアラス

(3) 國有地小作人組合　國有地小作人ヲシテ農事ノ改良ヲ企圖シ勤儉貯蓄ノ美風ヲ養成セシメ以テ其ノ利益ヲ增進セントスル目的ヲ以テ隆熙三年度支部訓令第一〇五號ヲ以テ國有地小作人組合定款ヲ規定セラレ之レカ設立ニハ總督ノ承認ヲ受クヘク又組合資金トシテ補助金ヲ下附スルヲ得ル規定アリ而カモ法人トスヘキ明示ナシト雖モ私法人タル性質ヲ有スルモノニシテ同業組合ノ一種ナリ

(4) 煙草耕作組合　大正二年官通牒第五〇號ニ依リ朝鮮總督ノ特ニ指定シタル地ニ住スル該業者ノ結合ヨリ組織スルモノニシテ總督ノ承認ヲ經テ設立シ官ノ

監督ヲ受クルモノニシテ私法人タル性質ヲ有シ同業組合ノ一種ナリトス

第三　地方金融組合

地方金融組合ハ農民ノ金融ヲ緩和シ其ノ經濟ノ發達ヲ企圖スル爲メ大正三年制令第二二號ニ依リ設立シタル社團法人ナリ而シテ其ノ目的ヲ達スル爲ニ組合員ノ爲ニ農事上必要ナル資金又ハ材料ヲ貸附シ預リ金ヲ爲シ組合員共同ノ利益ノ爲ニ農業上ノ施設ヲ爲シ生産物ノ保管又ハ販賣ノ委託ヲ受ケ其ノ他總督ノ認可ヲ受ケ農工銀行ノ業務ヲ代理シ其業務ノ媒介ヲ爲ス又組合員以外ノ者ノ預金ヲ爲スモノナリ

組合員タルニハ出資一口(金額十圓)以上ヲ有スルモノナルコトヲ要ス定款ノ定ムル所ニ依リ加入ト同時ニ第一回ノ拂込ヲ爲ス義務アリ又脱退セントスルトキハ事業年度ノ終リ三箇月前ニ豫告ヲ爲スヘキモノトセリ組合ノ管理者トシテ組合長理事監事評議員等アリ理事ノ外ハ何レモ組合員中ヨリ總會ニ於テ選任シタルモノニシテ理事ハ總督ノ任命ニ依リ組合ヲ代表シ組合ノ業務ヲ執行スルモノナリ又組合長ハ理事ト共同シテ組合ヲ代表シ理事ニ對シテ爲シタル意思表示ハ組

合ニ對シテ其ノ效力ヲ有スルモノトセラレ總會及評議員ヲ招集シ之カ議長ト爲ルモノトス監事ハ組合ノ財產及業務執行ノ狀況ヲ監査スル機關ナリ
地方金融組合ノ監督トシテ朝鮮總督及地方長官ハ其ノ業務及財產ノ報告ヲ徵シ檢査ヲ爲シ又總督ハ組合ノ解散ヲ命スルコトヲ得ルモノトセリ

第四編　行政作用

行政作用トハ行政ノ活動スル形式ヲ謂フモノニシテ之カ詳論ニ付テハ一般行政ノ著書ニ讓リ茲ニハ朝鮮特種ノ行政法ヲ論スル點ニ於テ其ノ行政カ如何ニ活動スルカヲ知ルノ程度ニ於テ(一)命令(二)行政處分(三)行政ノ執行ニ付キ説明ヲ試ムルニ止メントス

第一章　命令

命令ニハ法規ヲ定ムルモノト然ラサルモノトアリ卽チ法規命令及非法規命令是レナリ第一編朝鮮行政法ノ淵源ニ於テ評論シタルモノハ皆法規命令ナリ本章ハ單ニ官廳內部ニ對シテノミ效力ヲ有シ外部人民ニ對シテ權利義務ニ直接ノ關係ナキ非法規命令ニ付テ之ヲ述フヘシ而シテ此ノ種ノ命令ニハ官制及訓令營造物規則ノ三種アリ

第一　官制

官制ハ憲法上所謂官制大權ニ基テ發セラルル勅令ニシテ行政官廳ノ組織及權限卽チ職務ノ分配ヲ定ムル所ノ規定ナリ官廳カ命令權ヲ行使スルハ多クノ場合官制ニ依ラスシテ既定ノ法令ニ依ルヲ以テ此點ニ於テハ官制ハ法規命令ニアラスト謂フコトヲ得ヘシ然リト雖モ朝鮮總督府官制第四條ノ如ク新ニ國家ノ命令權ヲ創設スルノ規定ヲ設クルコトアリ此ノ場合ニ於テハ官制ハ國民ニ對シ法律關係ヲ生スルカ故ニ官制ハ或ハ法規命令タル性質ヲ有スルコトアリ又ハ非法規命令タルコトアリト謂フヲ得ヘシ

第二　訓示命令及服務命令

(1) 訓令　訓令トハ訓示命令ノ略稱ナリ上級官廳カ下級官廳ニ對シ法令ノ解釋ヲ示シ又ハ其ノ事務ヲ處理スヘキ方針ヲ指示スル命令ニシテ行政內部ノ關係ニ於テ執務ノ準則トシテ下級官廳ハ之ニ拘束セラル然レトモ訓令ハ外部人民ニ對シテ法律關係ヲ生スルモノニアラス卽チ人民ニ對シテ效力ヲ認メラルルモノニアラス而シテ訓令ハ概括的ノ命令ナルコトアリ個々ノ事件ニ關スル命令ナルコトアリ若シ個々ノ事件ニ關スル命令カ下級官廳ノ申請ニ基キテ發スル

トキハ之ヲ指令ト謂フ

(2) 服務命令　服務命令トハ上級ノ官吏カ其ノ有スル監督權ニ基キ所屬ノ官吏ニ對シテ發スル所ノ命令ニシテ行政內部ノ關係ノミニ止マリ外部人民ト何等ノ法律的關係ヲ發生セサルコト訓令ト同シキモ訓令ト混同スヘカラス訓令ハ官職其ノモノニ關スル命令ナリ服務命令ハ官職其ノモノニ關スルニアラス之ヲ行フ場合ニ於テ執ルヘキ行動ニ關スル命令ナリ故ニ訓令ハ監督ノ形式ニシテ服務命令ハ指揮ノ形式ナリ凡ソ監督トハ監督セラルル行爲ハ被監督者獨立シテ之ヲ爲ス唯其ノ行爲ノ目的ヲ達スルニ必要ナル關與ヲ受クルモノナルモ指揮トハ或者カ他ノ者ヲシテ自己ノ意思ノ儘ニ一定ノ行爲ヲ爲サシムルコトヲ謂フ其ノ行爲ニ付テハ被指揮者ハ全ク獨立ヲ有セス指揮者ノ意思ノ儘ニ行フヘキモノニシテ服務命令ハ此ノ指揮タル性質ヲ有スルモノナリ

第三　營造物規則

營造物ノ使用ニ關スル法規ヲ營造物規則ト謂フ營造物ヲ使用セムトスルモノハ其規則ニ準據セサルヘカラサルモ之ヲ使用セサルモノハ何等ノ拘束ヲ受ケサル

コト恰モ官吏ノ服務義務カ一般國民ノ負擔スヘキモノニアラスシテ官吏ニ任セラレタルカ爲メ特ニ此ノ義務ヲ負フカ如シ故ニ營造物規則ハ非法規命令ナリ元來營造物自身トシテハ外部ニ對スル行爲ノ決定權ヲ有セス從テ又命令ヲ發シ得ヘキ根據ヲ缺クモノト云ハサルヘカラス營造物規則ハ郵便電信電話ノ使用ノ如ク公法上ノ關係ナルコトアリ又私法上ノモノアリ此ヿハ其ノ規則ノ內容若ハ使用ノ性質ニヨリ區別スルヲ要ス

第二章　行政處分

行政處分トハ實在ノ法律關係ヲ決定拘束スル國家ノ權力的意思表示ニシテ其ノ效力ヲ生スヘキ成立要素トシテ相手方ノ同意ヲ要スルコトナシ其ノ權利ヲ與ヘ義務ヲ課スルハ常ニ國權ノ一方的意思表示ヲ以テ足ル其ノ法規ト異ナル點ハ法規ハ一般抽象的ノ法律關係ヲ規律スルヲ目的トシ其ノ定ムル所ノ標準ニ合スヘキ事項ニ對シテハ總テ之ヲ適用スヘキモノナルニ反シ行政處分ハ特定實在ノ法律關係ノミヲ決定羈束スルヲ目的トスルニ在リ而シテ行政處分ハ法規ノ如ク必

スシモ一定ノ方式ニ依リ之ヲ公布スルコトヲ要スルモノニアラス特別ノ規定ナキ限リ只處分ヲ受クルモノニ對シ便宜ノ方法ヲ採テ告知スルヲ以テ足ルモノトス告知ハ口頭ヲ以テスルコトアルヘク文書ヲ以テスルコトアルヘシ但シ納稅告知ノ如キ特ニ文書ヲ以テスヘキモノハ其ノ方式ニ依ラサルヘカラス

行政處分ハ之ヲ發スル行政機關ノ權限內ノ事項ニ關スルモノナルコトヲ要シ尙ホ處分ノ內容カ法規ニ牴觸セサルコトヲ要ス行政處分ハ最モ多クノ場合ニ於テ國家ノ一方的意思ニヨリ國民ノ自由ヲ拘束スルモノナルヲ以テ之ヲ爲スニハ凡テ法ノ根據アルヲ要スルモノト云ヒ得ヘシ而シテ行政處分ハ行政官廳ニ全ク自由裁量ノ餘地ヲ與ヘス單ニ實在ノ場合ニ法規ヲ適用スルニ過キサルモノアリ之ヲ準法處分又ハ裁定處分ト云フ之ニ反シ法規ハ廣汎ナル規定ヲ爲シ其ノ範圍內ニ於テ行政官廳ニ自由裁量ノ餘地ヲ與フルモノアリ此ノ場合ニ於テ官廳ハ其ノ利害ヲ判斷シ自由ノ處分ヲ爲スコトヲ得之ヲ裁量處分又ハ便宜處分ト云フ

行政處分ハ其ノ內容ノ如何ニ依リ種々ニ之ヲ區分スルヲ得其ノ分類ハ一般ニ承認セラレタル定說アルヲ見ス

一、作爲又ハ不作爲ヲ命令スルノ處分　是レ行政處分中尤モ普通ナルモノニシテ作爲命令不作爲命令トモ云フ故ニ之ヲ下命ト稱スルコトヲ得臣民ノ自由ト密接ノ關係アルヲ以テ行政官廳當然ノ權限ニ屬セス常ニ法規ノ根據アルコトヲ要スルモノトス例ヘハ租稅納附ノ義務ヲ命シ淸潔法ノ施行ヲ命シ兒童ノ就學ヲ命シ建築物ノ取拂ヲ命スルカ如キハ作爲命令ニシテ又家屋ノ交通ヲ遮斷シ道路ノ通行ヲ禁止シ出版物ノ發賣頒布ヲ禁止スルカ如キハ不作爲命令ナリ

二、許可(免許)及免除　許可トハ法令ニ依リ一般ニ禁止セラレタル行爲ヲ或ル特定ノ場合ニ於テ其ノ禁止ヲ解除シ適法ナル行爲トナスノ行政處分ヲ謂フ例ヘハ新聞紙ノ發行鑛石ノ採掘ハ法令ニ依リ一般朝鮮總督ノ許可ヲ得ルニアラサレハ禁止セラレアルモ特定ノ場合ニ當リ總督之ヲ許可スルカ如シ次ニ許可カ禁止ヲ解除スルモノナルニ對シテ免除ト云フ語アリ免除ハ一般ニ命セラレタル義務ヲ實在ノ場合ニ免除スルモノナリ例ヘハ荒蕪地ノ租稅ヲ免除シ不具者ニ兵役ノ義務ヲ免除スルカ如ク許可ト免除トハ用語上ノミナラス實質ニ於テモ異ナル所アリ茲ニ注意スヘキハ我國法上許可ニ相當スヘキ場合ニ或ハ免許

認可又ハ聞屆、特許等ノ文字ヲ使用セルコトアリ文字ニ由リテ其ノ實質ヲ誤ラサルヲ要ス又許可ハ一般ノ不作爲命令ニ對スル例外ヲ認ムルモノニシテ免除ハ一般ノ作爲命令ニ對スル例外ヲ認メタルモノト云フコトヲ得ヘシ

三、認可　認可トハ法律上或ル行爲ヲ禁止セラレタルモノニアラス隨テ認可ヲ必要トスル行爲ノ認可ヲ受ケスシテ之ヲ爲スモ禁止ヲ犯スモノニアラス單ニ法律上ノ效力ヲ發生セサルニ過キサルノミ故ニ認可ハ或行爲カ法律上ノ效力ヲ發生スル要件タル行政處分ナリ

四、公證及裁決　既存ノ法律事實及法律關係ノ眞正ヲ證明シ公定力ヲ與フル爲メノ行政處分ナリ例ヘハ戸籍ノ證明ニ依リ身分ヲ表ハシ土地ノ證明又ハ登記ニ依リ土地ノ所有權ノ存在ヲ證明シ度量衡ノ檢定ニ依リ其ノ法定ノ條件ニ適合スルコトヲ證明シ民事爭訟調停調書ヲ作成シテ調停ノ成立ヲ證明スルカ如シ次ニ裁決トハ特定ノ法律事實又ハ法律關係ノ存在ヲ確認決定スル處分ニシテ其ノ多クハ他ノ行政處分ト合體シテ行ハル例ヘハ租税ノ賦課ハ租税ノ納附ヲ命スル行爲タルト同時ニ納税義務ヲ決定スル行爲ナルカ如シ

五、權利ノ附與及剝奪　行政處分ハ時ニ個人又ハ團體ノ爲ニ公法上ノ特權ヲ附與シ特別ノ身分又ハ特別ノ權力關係ヲ設定シ私法上ノ權利ヲ附與スルコトアリテ之ヲ設權行爲トモ稱ス例ヘハ官吏タル資格ノ附與勳章ヲ授ケ學位ヲ與ヘ歸化申請者ニ國籍ヲ與フルハ公法上ノ附與ニシテ私法上ノ附與トシテハ鑛業權ノ特許、發明權、意匠權及特許權ノ附與ノ如シ附與カ許可又ハ免除ト異ナルハ許可又ハ免除ノ效力ハ唯個人ノ自然ニ有スル自由ヲ回復スルニ止マリ新ニ何物ヲ附與セラルルニアラス附與又ハ設權行爲ハ之ニ反シテ自然ニ有セサル新ナル權能又ハ身分ヲ設定スルモノナルニアリ又附與シタル權利又ハ能力ヲ變更シ又ハ剝奪スルコトアリ例ヘハ公民權ノ停止、特許權ノ取消又ハ公用徵收ノ如キ是レナリ

公用徵收トハ公共ノ利益ノ爲メ個人ノ財產權ヲ徵收シテ之ヲ國家自身又ハ第三者ノ爲メニ移轉スル權力行爲ナリ卽チ明治四十五年制令第三號土地收用令及光武十年度支部令第三號(現今制令トシテ其ノ效力ヲ持續ス)水利組合條例ニ依リ公共ノ利益トナルヘキ事業ニ供スル爲メ人民ノ土地ヲ收用又ハ使用スル

場合ナリ

六、處罰　處罰ハ原則トシテ司法權ノ權限ニ屬スレトモ或特定ノ處罰ハ行政官廳ノ處分ヲ以テ之ヲ科スルコトアリ朝鮮ノ現行法ニ於テハ明治四十五年制令第一〇號犯罪卽決處分（三ケ月以下ノ懲役禁錮拘留又ハ百圓以下ノ罰金科料ニ處スヘキ賭博罪行政法規違反ノ罪、傷害ニ至ラザル毆打創傷罪等ヲ處罰ス）ノ如キ是レニシテ其ノ實質ヨリスレハ確カニ司法行爲ナリト雖モ形式ヨリ言ヘハ行政處分ナリ而シテ此ノ處分ニ不服ナル者ハ一定ノ期間內ニ裁判所ニ正式裁判ヲ請求スルコトヲ得正式裁判ヲ請求シタルトキハ前ノ行政處分ハ消滅シ處分ヲ受ケサルト同一ニ歸スヘク而カモ此ノ卽決處分ヲ以テ第一審ニ對スル控訴審ノ性質ヲ有スルモノトセルニアラスシテ新ニ第一審トシテ審斷セラルルモノトス詳細ハ各論ニ至リテ述フル所アルヘシ

第三章　行政ノ執行

凡ソ國家ノ意思ハ法律ニセヨ命令ニセヨ又ハ處分ニセヨ若クハ契約ニセヨ必ラス執行セラルルコトヲ要ス執行トハ國家ノ意思ノ內容ニ隨テ其ノ定メタル特定

ノ法律狀態ヲ實現スルノ手段ナリ人民ヲシテ國家ノ意思タル命令ヲ遵奉セシムル爲ニ用ヒラルル手段ノ第一ハ刑罰ニシテ第二ハ强制執行ナリ刑罰ハ司法上ノ手段ニシテ其ノ目的ハ法規ヲ維持スルニアリ强制執行ハ行政上ノ强制手段ナリ之ヲ統治者ヨリ見ルトキハ法規ヲ强制スルノ保障ヲ爲スモノニシテ其ノ目的ハ處分ヲ命シタル特定ノ義務其ノモノヲ强行セントスルニアリテ刑罰ト强制手段トハ其ノ目的ヲ異ニス凡ソ私人カ私人ニ對シ或ル義務ノ履行ヲ要求セントスルニハ必ラス國家權力ノ發動ニ依ルノ外途ナシト雖モ國家カ人民ニ對シ或ル義務ヲ履行セシムルニハ其ノ力ニ依テ自ラ之ヲ强制スルコトヲ得行政處分ニ依リ生シタル義務ヲ履行セシムル場合ニ於テモ亦强制方法ヲ用ユルコトヲ得而シテ行政ノ執行ハ被處分者ノ義務ノ内容ニ依リ其ノ形式ヲ異ニスルモノニシテ法令ハ之レカ强制ノ手段ヲ分チテ二トナス一ハ人的ノ作爲不作爲ノ義務ニ對スルモノニシテ他ハ財産上ノ給付義務ニ對スルモノナリ

第一　行政上ノ强制執行（人爲的作爲不作爲ノ義務ニ對スル强制手段）

臣民ノ自由ヲ制限シ之ヲ强制スルニハ必ス法規ノ根據ヲ要スルハ法治國ノ原則

ナリ行政處分モ亦然リ行政上ノ强制執行トハ行政法令又ハ行政處分ニ依リ作爲不作爲ヲ命シタル場合ニ被命者カ其ノ義務ヲ履行セサルトキニ於テ其ノ命シタル狀態ヲ發生セシメ又ハ强力ヲ以テ之ヲ履行セシムル手段ヲ謂フ總テ國權ノ命令ハ夫レ自身强制力ヲ包容スルモノニシテ苟モ其ノ命令カ適法ニ成立セルモノナルニ於テハ特別ノ法規ノ根據ヲ要セス當該官廳ハ當然之ヲ强制スルノ權ヲ有スルモノナリ然ラサレハ國權ノ命令ハ常ニ其ノ實行ヲ不能ニシ實行ヲ困難ナラシムルニ至リ秩序ノ紊亂安寧ノ維持ヲ保スル能ハサルナリ然リト雖モ法規ノ根據ナクシテ强制力ヲ加フルハ既ニ發シタル下命ニ包含スル義務其ノモノヲ實行セシムル場合ニ限ルモノニシテ新ナル負擔ヲ命スル場合ニ於テハ必ス法規ノ根據アルヲ要スルモノナリ而シテ强制執行ノ手段トシテ實效アラシムルカ爲ニハ多クノ場合ニ於テ既存ノ義務ト異ナリタル新ナル負擔ヲ科スルコトヲ必要トスルカ故ニ法律ハ特ニ之カ强制執行ノ手段ヲ定メサルヘカラス即チ大正三年制令第二三號行政執行令ハ實ニ其ノ必要ヲ充タス爲メニ發セラレタルモノニシテ我朝鮮ニハ其ノ他ニ於テ概括的ニ規定シタル法規ナキヲ以テ同令以外ハ個々ノ法

規ニ其ノ根據ヲ求メサルヘカラス行政執行令ニ依レハ左ノ三種ノ執行方法アリ今少シク之ヲ說明スヘシ

(1)代執行　義務者カ處分命令ノ命スル所ノ行爲ヲ爲サヽル場合ニ官廳自ラ義務者ノ爲スヘキ作爲ヲ爲シ又ハ第三者ヲシテ之ヲ爲サシメ其ノ費用ヲ義務者ヨリ徵收スルヲ謂フ故ニ代執行ハ他人ノ代リテ之ヲ爲シ得ヘキ作爲義務タル性質ノモノナラサルヘカラス例ヘハ害蟲驅除規則ニ依ル驅除行爲又ハ道路ノ妨害トナルヘキ物ヲ取除カシムルカ如シ

代執行ハ之ヲ行フニハ急迫ノ事情アル場合ノ外ハ豫メ戒告スルヲ要ス其ノ戒告ハ履行期間ヲ定メ且ツ書面ヲ以テスルヲ要ス

代執行ノ費用ハ義務者ノ負擔スヘキモノニシテ若シ之ヲ納メサルトキハ國稅徵收令ノ强制手段ニ依テ徵收ス

(2)執行罰(强制罰)　行政處分ヲ遵守セサルトキ一定ノ罰ヲ課スヘキコトヲ豫告スルニ依リ生スルモノナリ執行罰ハ不法行爲ニ對シ國權ノ課スル所ノ苦痛ナル點ニ於テハ等シク刑罰ノ一種ナリト雖モ刑罰ハ公ノ秩序ヲ維持スル爲メニ

惡報トシテ科スルモノニシテ義務ノ履行ヲ强制スル目的ヲ有セス卽チ執行罰ハ不法行爲カ將來ニ繼續スルコトヲ防クカ爲ニ課スルモノニシテ必ス戒告ノ前提アルコトヲ要シ其ノ罰ハ刑罰ノ如ク法規ニ依リテ一定セラルルニアラス又刑罰ノ如ク不法行爲ニ對シテハ必ス之ヲ科セサルヘカラサルモノニアラス各個ノ場合ニ行政處分ヲ以テ之ヲ戒告スルコトヲ處罰ノ條件トス而シテ執行罰ハ刑罰ノ如ク一事不再理ノ原則ナク義務違反ノ行爲カ繼續スル間ハ何回ニテモ之ヲ戒告シ其ノ戒告ニ服セサルトキハ何回ニテモ之ヲ科スルヲ妨ケサルモノトス執行罰ハ他人代テ爲シ得サル義務ナルカ又ハ不作爲ノ義務ナルコトヲ要ス他人ノ代テ爲シ得ヘキ義務ナルニ於テハ必ス代執行ヲ爲スヘキモノトス又其ノ義務違反カ法規ニ依リテ刑罰ヲ定メラレタル所爲ナラサルコトヲ通則トス乃チ法規カ已ニ一定ノ所爲ニ對シテ一定ノ刑罰ヲ定メタル以上ハ此ノ特定所爲ニ對シテ科スヘキ苦痛ハ已ニ之ヲ限定セルモノニシテ若シ之ニ對シ更ニ執行罰ヲ科スルヲ得ヘシトセハ同一ノ義務違反ニ對シテ國權カ二重ノ罰ヲ科スル結果トナルヘシ固ヨリ兩者各其ノ性質ヲ異ニスト雖モ其ノ不法行爲

ニ對シテ國權ノ科スル苦痛ナルコトハ二者異ルコトナケレハナリ
强制罰ハ過料ト稱スル名稱ノ下ニ科金ヲ徵收スルモノニシテ行政執行令ハ二十五圓以下ノ範圍ニ於テスヘシトシ大正二年總督府令第一三〇號同令施行規則ハ官廳ノ區別ニ從ヒ其ノ額ヲ異ニシ朝鮮總督ニ在リテハ二十五圓以內警務總長鐵道局遞信局ノ各長官、土地調查局長、道長官、警務部長ハ十圓以內其ノ他ノ行政官廳ハ五圓以內トセラレタリ其他ノ行政官廳トハ處分權ヲ有スル官廳例ヘハ警察署長、稅關長、郡守島司ノ如キ者ヲ云フ
過料ノ徵收方法ハ代執行ノ費用ト同シ
(3) 實力ニ依ル强制(直接强制)　義務者ノ身體又ハ財產ニ實力ヲ加ヘ直接ニ其ノ命シタル狀態ヲ實施セシムルコトナリ而シテ實力ノ强制ハ代執行、執行罰ニ於テ義務ヲ强制スル能ハサル場合ニ又ハ急迫ノ事情アル場合ノミニ限ルモノニシテ卽チ實力ニ依リ人ノ身體ヲ檢束シ自由ヲ制限スル强制方法ヲ謂フ實力强制ハ一ノ豫告タル作爲令ヲ發スルモ之ヲ實行セサルトキ加フル所ノモノナリ例ヘハ工場ヲ閉鎖シ會合ヲ解散セシムルカ如シ

第二　行政上ノ强制徵收(財産上ノ給附義務ニ對スル强制手段)

私人ニ對シ公法上ノ財産給附ヲ要求スルモ之ニ應セサルトキ民事訴訟ノ手續ヲ要セス其ノ徵收權ヲ有スル官廳ハ當然之ヲ施行スル權限ヲ有ス例ヘハ國稅徵收令、府條例、學校組合規約ニ於テ其ノ費用ノ徵收其他地方費稅徵收等ニ於テ給付令ノ强制執行ヲ規定シアルカ如シ其ノ强制手段ハ卽チ滯納處分ト稱スルモノニシテ滯納處分トハ滯納者ニ督促スルモ尙ホ納入セサルトキハ其ノ財産ヲ差押ヘ尙ホ納メサルトキハ之ヲ公賣シ以テ納入義務額ヲ徵收スル手段ニシテ國稅徵收令ノ强制手段ハ國稅以外ノ租稅其ノ他公法上ノ收入ニ關シテ概ネ準用セラルト雖モ一般法ニアラサルヲ以テ總テノ公法上ノ收入ニ付當然適用セラルヘキモノニアラスシテ特別ノ强制方法ヲ定ムルモノアリ例ヘハ關稅令ノ如キ之レナリ又時トシテ公法上ノ收入ニモ私法上ノ收入ト同シク民事訴訟ニ依ルヘシト定メラレタルモノナキニアラス而シテ明治四四年制令第一四號國稅徵收令ハ明治三十年法律第二一號國稅徵收法ニ依ルヘキモノト規定セラレタリ

第五編　不法行政ニ對スル救濟

行政作用ハ行政法規ノ範圍ニ於テ活動セサルヘカラサルモノニシテ行政ハ常ニ法規ニ準據シテ最モ能ク公益ニ適合スル措置ニ出ツルコトヲ要ス然リト雖モ行政ハ固ト之レ自然人ヲ以テ組織セラレタル機關ニ依リテ運用セラルルモノナレハ時ニ或ハ法規ニ背反スルコトナキヲ保セス假令法規ニ背反セストスルモ著シク公益ニ適合セサルコトナシトセス法規ニ背反スル行政ヲ違法ノ行政ト謂ヒ公益ニ適合セサル行政ヲ不當ノ行政ト謂フ不法行政トハ此ノ二者ヲ包含スルモノナリトス行政作用ヲ監督スル爲ニ存スル諸種ノ機關ハ何レモ此ノ目的ヲ達スル爲ニ設ケタルモノニシテ卽チ上級官廳カ下級官廳ノ職務ヲ監督シ其ノ權限ノ行使ニ關シ指揮命令ヲ爲シ不法ノ行政ヲ實現シタルトキハ之ヲ取消シ又ハ變更スルノ權限ハ多クノ官制上嚴トシテ存スル所ナリトス又帝國議會ハ立法其ノ他豫算ノ成立ニ干與シテ行政ノ監督ヲ爲シ以テ不法ノ行政ヲ抑制是正スルノ途ヲ開キアリ然リト雖モ不法行政カ個人ノ權利又ハ利益ヲ害シタル場合ニ於テ上級官

廳又ハ議會ノ監督作用ヲ以テハ之ヲ保護スルニ充分ナラサル場合アリ故ニ權利又ハ利益ヲ毀損セラレタリト爲ス者ヲシテ自ラ之カ救濟ノ手段ヲ有セシムルハ法治國ノ普通トスル所ナリ卽チ行政行爲ノ取消又ハ變更ノ請求ト損害賠償ノ請求ハ其ノ救濟ノ手段ナリトス損害賠償ノ問題ハ民事裁判所ノ管轄ニ屬スルヲ以テ本書ノ範圍ニアラス又行政行爲ノ取消又ハ變更ハ之ヲ訴願ト行政訴訟ニ分ツコトヲ得而シテ行政訴訟ハ違法ノ行政處分ニ對シ個人ノ權利ヲ救濟シ若ハ法規ヲ維持スル爲メ其ノ處分ノ取消又ハ變更ノ裁判ヲ行政裁判所ニ求ムル訴訟ナリ然ルニ現今朝鮮ニ於テ行政訴訟ノ制度ハ巡査及看守退隱料遺族扶助料ノ請求ニ關シテ之ヲ認メラレアルノミナルモ行政裁判所法ノ施行ナシ從テ本事項ハ勿論他ノ事項ニ關シテ行政訴訟ニ依リ救濟ヲ求ムル機關ナシト云フコトヲ得故ニ朝鮮ニ於テ行政上ノ救濟ハ訴願ノ一方法アルノミ

訴願トハ違法又ハ不當ニ行使セラレタル行政處分ヲ取消又ハ廢止變更シ以テ損害ヲ除カレンコトヲ又或ル行ハルヘキ行政處分ヲ行ハサルニ因リ其ノ救濟ヲ求ムル爲メ其ノ處分ヲ爲シタル又ハ爲サントスル官廳又ハ上級官廳ニ對シテ出願

スルコトニシテ其ノ出願ハ常ニ過去ニ於ケル行政上ノ加害原因アリタル場合ニ之カ救濟ヲ求ムルノ手續ニシテ單ニ將來ノ希望ヲ陳述スル所謂請願トハ異ナルモノナリ而シテ訴願ハ其ノ官廳ヲシテ訴願事項ノ再審査ヲ爲シ之ニ對スル裁決ヲ爲サシムル效力ヲ生スルモノナリ請願ハ斯ノ如キ法律上ノ效力ヲ生セシムルモノニアラス單純ニ官廳ノ注意ヲ促スニ過キスシテ請願ヲ受理シ又ハ審査スル等ハ一ニ官廳ノ任意ニアルモノトス然リト雖モ明治二十三年法律第四五號訴願法ハ未タ朝鮮ニ之ヲ施行セラレス且ツ訴願事項ニ付概括的ノ規定アルニアラス左レハ法令ニ於テ訴願ヲナシ得ルコトヲ認メサル限リ一私人ニ訴願權ナキモノトス現行行政法上訴願權ヲ認メタルモノ左ノ如シ

一　關稅　朝鮮關稅ノ賦課ニ關シ稅關長ノ不當處分ヲ受ケ之カ爲メ權利ヲ害セラレタリト爲スモノハ關稅訴願調査委員會ノ裁決ヲ受クル爲メ朝鮮總督ニ訴願ヲ爲スコトヲ得

二　朝鮮在留禁止處分　警務部長ハ明治二十九年法律第八〇號朝鮮及支那在留帝國臣民取締法ニ依リ朝鮮ノ安寧ヲ妨害シ風俗ヲ壞亂セントスル内地人アル

トキハ一年乃至三年間朝鮮ニ在留スルコトヲ禁止シ之ニ退去ヲ命スルコトヲ得此場合ニ於テ被命令者ハ朝鮮總督ニ對シ不服ノ申立ヲ為スコトヲ得

三　土地收用　土地收用ニ付起業者又ハ關係人ハ地方長官ノ裁決又ハ決定ニ對シ不服アルトキハ裁決書決定書ノ交付ヲ受ケタル日ヨリ三十日以内ニ朝鮮總督ノ裁定ヲ求ムルコトヲ得ルハ土地收用令第十二條ノ規定スル所ナリ

四　土地所有權　臨時土地調査局ハ全道ニ渉リテ土地ノ調査測量ヲ為シ土地所有權及疆界ノ査定ヲ為ス其ノ査定ニ對シ異議アル者ハ高等土地調査委員會ニ再審且ツ終審ノ裁決ヲ求ムルコトヲ得

五　地方費及府費學校組合費　地方費及府税、府ノ營造物ノ使用料、手數料、過料ノ徵收、夫役現品ノ賦課又ハ營造物ヲ使用スル權利ニ異議アルモノハ之ヲ府尹ニ申立ツルコトヲ得府尹ノ為シタル決定ニ不服アル者ハ其ノ決定ノ日ヨリ三十日以内ニ更ニ道長官ニ申立ツルコトヲ得(府制施行規則第一三條)又學校組合費ノ賦課、學校組合ノ營造物ヲ使用スル權利、使用料ノ徵收、過料、夫役現品ノ賦課ニ對シ不服ナル者ハ其ノ管理者ニ異議ノ申立ヲ為シ組合會ノ決定ヲ求ムルコトヲ得此ノ決定ニ對シ不服ナル者ハ三日內ニ更ニ第一次監督官廳ニ申立ツルコトヲ得(學校組合令施行規則第四九條)トアリテ內地ニ於ケル國稅及地方費ノ賦課ニ關シ不服アルトキハ訴願ヲ認ムル制度ト同一精神ナルモ形式上訴願トハ異ナルナリ

以上ノ外人民カ單ニ意見又ハ希望トシテ陳述スルニ過キサル事項ハ隨事隨所ニ之ヲ爲スコトヲ妨ケストモ之ヲ受ケタル官廳ハ之ニ何等決裁ヲ與ヘサルモ妨ケサル所ナリ

附錄　併合前ニ於ケル朝鮮ノ統治概要

第一章　舊制梗要

舊記ヲ按スルニ朝鮮カ統一的統治ノ實現アリタルハ今ヨリ五百餘年前李成桂ナル者高麗朝ニ代テ專制君主政體ヲ組織シタルニ創マリ其ノ間幾多ノ趣味アル變遷アリシト雖モ本書ハ斯ル歴史的沿革ヲ討究スル目的ニ非ラサルヲ以テ單ニ併合數年前ニ於ケル治政ノ梗概ヲ述ヘ以テ今日ノ如キ法治ノ機運ニ到達シタル經過ヲ叙シ僅カニ温故知新ノ情緒ヲ添ヘ古語ニ所謂歴史ハ繰リ返スモノナリトノ諺ヲシテ無意義ナラシメンコトヲ期待スルモノナリ

日清戰爭ノ結果タル馬關條約ハ朝鮮ヲシテ支那ノ宗屬的關係ヲ斷絶セシメ其ノ獨立ヲ認メラレタルモノニシテ明治二十八年一月朝鮮國王ハ王世子ト共ニ大廟ニ詣テ施政ノ一新ヲ奉告シ爾來南面シテ朕ト稱セリ是レ偏ニ我帝國カ幾千ノ生靈ト幾千萬ノ巨費ヲ投シタル戰勝ノ餘澤保護ニ倚ルモノニシテ明治三十年十月國號ヲ大韓ト改メ皇帝卽位式ヲ擧ケタリ爾來朝鮮國王ハ一躍シテ大韓國皇帝ト

ナリ韓國ナル名稱皇帝ナル尊稱ハ實ニ此ノ時ニ於テ帝國ノ恩顧ノ下ニ創唱スルコトヲ得タリシナリ

開國以來七朝ニ渉リ事大主義ヲ以テ立國經世ノ根本政策ト爲シ曾テハ支那ニ倚リ露ニ黨シ日ニ親ミ翻飜トシテ國是ノ歸一スル所ナク完全ナル獨立國ノ體面ヲ得スシテ常ニ東洋禍亂ノ淵源ヲ潛メタル半島ノ殖民的事業ハ悠遠ナル過去ニ於テ吾人ノ祖先カ幾度カ其手ヲ下シテ而カモ成ラサリシ所ナリキ然ルニ日露戰勝ノ偉業ハ半島ニ對シ優越ナル帝國ノ地位ヲ列强ニ承認セシメ遂ニ併合ノ機運ヲ促進シタルモノナリ

明治二十八年日本ノ制度ニ模倣シテ中央及地方官々制ヲ定メタル以來時時ノ小改正ハ枚擧ニ遑アラスト雖モ大體ニ於テハ則チ更ラス明治三十七年二月ニ至リ日韓議定書及協約ニ基キ舊韓國政府ヲシテ施政ノ改善ニ着手セシメ翌三十八年二月内閣中樞院、内部、度支部、農商工部、學部、外部、軍部以下各部局ニ亙リテ改正ヲ加ヘタリト雖モ要スルニ冗員冗局ヲ廢シタルノミニテ政治ノ大綱ニ至テハ依然舊制ヲ踏襲セリ明治三十九年十一月統監府設置當時ニ於ケル官制ハ右ノ改訂ニ係ル遺物ニシテ體樣ト內實ト伴ハサル制度ナリシト雖モ暫ク舊ニ從ヒ徐々ニ實效ヲ期スルノ方針ヲ採レリ當時韓國政府ノ官制外ニ協約ニ據リ若ハ我勸告ニ基キ日本人タル顧問參與官ヲ傭聘シ專ラ內實ノ改善ニ努力シツツアリテ表面的タル官制ハ急劇ニ之ヲ改ムル時期ニ至ラサリシナリ

然ルニ帝國政府ハ明治三十八年十一月勅令第二四〇號ヲ以テ統監府及理事廳ヲ設置スル件ヲ發布シ從來ノ帝國公使館及領事館ヲ廢シテ同年十二月該官制ヲ發布シ公爵伊藤博文ヲ以テ統監ニ親任セラレ韓國ヲ以テ完全ニ帝國ノ保護國トスルノ基礎ヲ確立セリ

而シテ明治四十年七月第三次日韓協約ハ統監ノ權限ヲ擴大シテ統監ハ韓國施政改善ニ關シ指導スルコト、法令制定及重要ナル行政處分ハ豫メ統監ノ承諾ヲ受クルコト、高等官ノ任免ハ統監ノ同意ヲ以テ行フコト、統監ノ推薦スル日本人ヲ韓國官吏ニ任命スルコト、統監ノ承諾ナクシテ外國人ヲ傭聘セサルコトヲ約シ以テ益益保護ノ權利ヲ鞏固ナラシメタリ茲ニ至リ初メテ各部官制ノ改正ヲ行ヒ從來ノ監督的顧問制度ニ一歩ヲ進メテ日本人ヲ韓國官吏ニ任用シ直接責任ノ地位ニ就カシムルコトトセリ其ノ内容ニ至リテハ協辨ヲ次官トシ專ラ日本人ヲ以テ之ニ充テ大臣ハ殆ント空位ヲ擁スルモノノ如ク所謂次官政治ノ主義ヲ採レリ又參書官ヲ書記官、書記郎ヲ主事ト改稱シ更ニ同年十二月新タニ秘書官及事務官飜譯官等ノ諸官ヲ設ケ日本人及韓國人ヲ混合シテ之ニ任シ事務ノ系統ヲ按配シテ各部ニ設移セリ

今之ヨリ進ンテ併合前ニ於ケル各部ノ分掌ニ付キ項ヲ分テ其梗概ヲ述フル所アルヘシ

第二章　財務

舊韓國ノ財政ハ從來官府ノ混同、稅制ノ不備、歲出ノ濫發並幣政ノ紊亂等ニ基因シ久シク紛糾ヲ極メ加フルニ中央及地方ノ官吏ハ誅求收歛ヲ擅ニシ私腹ヲ肥スコトノミヲ專ラトシ上下ニ通シテ國家財政ノ調理ニ意ヲ注クモノナク國庫ノ空乏ヲ告クルノミナラス延テ產業ノ頽廢民力ノ萎靡ヲ招キ積弊牢固トシテ拔クヘカラサル勢ヲ致シ財政ノ前途頗ル危機ニ切迫セルヲ以テ明治三十七年八月日韓協

約成立ノ結果日本政府ハ大藏省主税局長目賀田種太郎氏ヲ韓國財政顧問ニ推薦シ米國人ニシテ財務顧問タル「バコタ」氏ニ代ラシメ一切ノ財務ニ參與シテ整理改善ヲ加ヘシメタリ當時財務機關トシテ我カ大藏省ニ當ルヘキ度支部ナルモノアルモ有名無實ニシテ徵税制度ノ不備ハ地方官ノ缺逋額一千萬圓ノ巨額ニ上リアルヲ以テ財務顧問ハ先ツ地方官ニ委任セシ徵收權ヲ本部ニ收メ地方ニ財務顧問支部又ハ分廳ヲ設置シ又管税官官制ヲ制定シテ度支部大臣直轄ノ下ニ各道ニ税務監(觀察使兼務)ヲ置キ顧問員ト相俟テ不正ノ徵收不當ノ支出ヲ禁遏シ一方ニ顧問部ニ於テハ豫算編成ノ實行ヲ嚴ニシ豫算外支出ヲ緊縮シタリ當時關税機關トシテ政府以外ニ獨立シ特別會計ヲ布キアリタル總税司廳ナルモノアリテ英人「ブラオン」之カ總税務司トシ地方ニ海關ヲ配置シ主トシテ英米人ヲ採用シテ事務ヲ擔任シアリシカ明治三十九年之ヲ罷メ目賀田財務顧問ヲシテ總税務司ヲ兼ネ新ニ税關及仝支署ヲ置キタリ關税收入ハ明治四十年度ニ於テ三百五萬圓ヲ算スルニ至リ同時ニ都鄙ニ於ケル金融機關整理ノ爲メ明治三十八年京城ニ漢城共同倉庫會社漢城手形組合ヲ創設シ既設銀行ノ整理救濟新設銀行ニ資金ノ供與ヲ爲シ

三十九年三月ニ至リ新ニ農工銀行條例ヲ發布シテ政府自ラ株式ヲ引受ケ各道觀察府所在地ニ之ヲ設置シ四十年五月ニハ金融組合規則ヲ制定シ各組合ニ基金一萬圓ヲ無利息ニ貸與シテ金融ノ調節ヲ圖リ一方紊亂ノ極點ニ達シタル幣制ノ改革ニ着手シ財務顧問ハ第一銀行ヨリ貨幣調理資金三百萬圓ヲ借入レ日本貨幣ヲ舊韓國內ニテ公私共無碍通用ヲ公認シ濫造私鑄僞造ノ惡貨タル舊白銅貨及葉錢ノ還收ヲ圖リ其ノ交換方ヲ第一銀行ニ委託執行セシメ且ツ第一銀行ノ發行スル銀行劵ヲ公認シ公私ノ取引ニ無制限ニ通用セシムルコトトセリ後年財政整理ノ順況ヲ呈セシハ目賀田顧問カ四圍ノ非難ヲ排斥シテ白銅貨還收ノ英斷ニ俟ツ所尠ナカラサルモノアリタルナリ明治四十年財務顧問ノ制ヲ廢シ各地方ニ稅務署及稅務監督局ヲ設ケテ度支部ノ管轄ニ屬シタリシカ併合ニ至リ更ニ之ヲ廢シテ徵稅事務ハ道及郡ニ分掌セシメタリ

第三章　司法

第一　裁判

建國以來曾テ行政司法ノ區別ヲ立テス裁判ハ總テ行政官ノ手中ニ兼掌シ之ヲ混同シ徒ラニ其ノ暴戾ヲ助長スルノ具トナリ偏ニ賄賂ノ多寡權勢ノ有無ニ依リテ獄ヲ斷シ甚シキニ至リテハ無辜ノ人民ヲ捉ヘテ財產ヲ搾取シ有罪ノ囚ヲ放テ金員ヲ强要スルカ如キハ事事然ラサルハナク加フルニ官吏ハ事件ノ調査ニ要スル費用ヲ倍課シテ人民ニ强要スル等腐敗紊亂名狀スヘカラサルモノアリタリ
明治二十八年初メテ裁判所構成法ヲ制定シ左ノ種類ニ區別セリ

(一)特別法院(皇族ノ犯罪ヲ裁判ス)
(二)平理院(終審)
(三)巡廻裁判所
(四)漢城府及各開港市場裁判所(初審)
(五)地方裁判所(初審)
(六)同支廳(初審ニ對シ之ヲ置クコトヲ得)

然レトモ特別法院ハ臨時之ヲ設クルモノニシテ巡廻裁判所及地方裁判所支廳ハ未タ之ヲ實行スルニ至ラス而シテ初審裁判所タル十四地方裁判所(各道及濟州島)

漢城府及十一開港市場裁判所ハ一人又ハ二人以上ノ判檢事及主事廷吏ヲ置キ單獨又ハ合議裁判ヲ爲ス規定ナルモ漢城裁判所ヲ除ク外未タ別ニ裁判所ヲ設ケスシテ假リニ觀察道牧使廳及監理署ニ合設シ觀察使牧使及監理ニ判事ヲ兼任セシメ濟州裁判所ニ專任ノ檢事補一人ヲ置ク外一人ノ吏員ヲモ設クルコトナク唯タ觀察使牧使及監理等カ裁判所判事ノ名ニ於テ判決シ郡守亦舊慣ニ依リテ或ル範圍ノ裁判ヲ爲シ毫モ舊態ヲ改ムル所ナカリキ

上述ノ如ク裁判所トシテ獨立存在セルハ初審裁判所トシテ唯タ僅カニ一ノ漢城裁判所及終審裁判所タル平理院ノミニシテ漢城裁判所ハ首班判事以下判事四人檢事二人及主事八人ノ職員アリ平理院ニハ裁判長(院長ニシテ勅任)ノ外首班判事(勅任)以下判事四人首班檢事勅任以下檢事三人主事十人ノ職員アリテ之ヲ構成シ其ノ組織稍備ハルモノノ如シ

平理院及漢城裁判所ノ判檢事ハ大概權勢ニ因緣シテ任官シタル者ニシテ法律上ノ素養ニ乏シク殆ント韓國唯一ノ成法タル刑法ノ如キスラ十分之ヲ理解スルコト能ハス常ニ法部ニ請訓シテ其ノ指令ヲ受ケ幾多ノ弊害此ノ間ニ釀生シ人民ハ

徒ラニ寃枉ニ屈服スル有樣ナレハ地方各道ノ裁判ノ狀態ハ推知スルニ難カラサリシナリ

今裁判制度ノ不完全ナル諸點ヲ擧クレハ

(一)行政司法ノ區別立タサルノミナラス凡テノ官廳ニ於テ裁判ヲ行ヒタリ

(二)專任ノ裁判官少ナク專任者モ法律上ノ智識ニ乏シキヲ以テ判決其ノ當ヲ得サルコト

(三)多年ノ宿弊ニ由リ賄賂及權勢ノ如何ニ依リテ正邪曲直ヲ決スルコト

(四)無辜ノ人民若ハ輕微ノ犯人ヲ捉ヘ又ハ囚徒ノ刑ヲ減免シテ本人及其ノ親族ノ財產ヲ搾取スルコト

(五)訴訟費用ニ關スル規定ナク民事訴訟ノ如キハ勝訴者ハ其ノ全額ノ過半ヲ奪ハルル有樣ナリ

(六)死體檢視ニ甲郡守ニ次クニ乙郡守ヲ以テシ其ノ費用ヲ其ノ村落全體ニ負擔セシム故ニ一村ニ死人アルトキハ全村遂ニ疲弊ノ極ニ陷ルト云フ

(七)一事不再理ノ主義行ハレスシテ甲郡守ニ敗レタル者ハ又乙郡守ニ訴ヘ甲裁

判所ニ於テ罪ト爲ラサル者ハ之ヲ乙裁判所ニ起訴スル等濫訟ノ弊アリ
(八)民事訴訟ニ對スル判決アルモ之ヲ執行スル方法備ハラス金力權勢ナキ者ハ勝訴スルモ何等效力ナキナリ
(九)郡守カ裁判權ヲ有シ殆ント法律ヲ無視スル裁判ヲ爲スコト
其他種々ノ弊害アリテ枚擧ニ遑アラスト雖モ其ノ基ツク所ハ主トシテ裁判官タル人ノ上ニ存シ法令及訴訟手續ノ不備ノ如キハ寧ロ末ニ屬スルナリ
叙上ノ如ク裁判權ヲ以テ人民ニ臨ム者ハ右二箇ノ獨立裁判所又ハ裁判官ノ名義ヲ有スル觀察使、牧使、府尹及監理ハ勿論地方郡守モ舊慣ニ依リテ或範圍ノ裁判ヲ爲シタルニ止マラス警務廳ノ如キ亦往々事件ヲ裁判所ニ送致セスシテ自カラ裁判ニ等シキ決定ヲ與ヘ甚シキハ地方在營ノ軍隊ニシテ人民ヲ逮捕監禁シ裁判類似ノ事ヲ爲シ宮內府ノ如キモ亦然リ其ノ他如何ナル官廳モ皆人民ニ對シテ裁判權ヲ敢行シ人民ヲ强要スルノ手段トシテ恣ニ法權ヲ濫用スルヲ其ノ常套ト爲セリ

明治四十年一月日本人タル法務補佐官及同補佐官補ヲ各裁判所ニ配置シ同時ニ

民刑訴訟手續其ノ他ニ關シ法令ヲ制定スルノ必要ヲ認ムト雖モ其ノ完キハ之ヲ他日ニ期シ刻下急施ヲ要スルモノニ就テ法律勅令又ハ部令ヲ以テ數件ヲ發布ス民事刑事ノ訴訟ニ關スル件ハ明治四十年七月法律第一號ヲ以テ公布セラレ郡守ノ行フ裁判ハ一切ノ民事及笞刑ニ該當スル刑事ノ第一審ニ限定シ其ノ裁判ニ不服アル者ハ所轄地方裁判所ニ申訴セシムルノ制ヲ立テタリ從來郡守ハ舊慣ニ依リ或範圍ノ裁判ヲ行フニ裁判所構成法ノ外ニ立チテ司法事務ヲ秉掌スルノ觀アリ隨テ上訴ノ途明ナラス裁判管轄ノ觀念ノ如キ全ク缺如シ甲ノ郡ニ於テ敗訴スレハ乙ノ郡ニ至リテ再審ヲ求ムル等濫訴ノ弊アリ郡守裁判ノ信頼スルニ足ラサルハ言ヲ俟タスト雖モ制度上暫ク之ヲ認メタル所以ノモノハ今俄ニ之ヲ全廢セシカ人民ノ不便甚シキヲ以テ其ノ範圍ヲ限定シテ成ルヘク弊害ヲ豫防シ他日裁判制度ノ完備ヲ待ツノ意ニ出テタルモノナリ之ト同時ニ民事ニ關シ判決宣示前ニ訴訟關係人ヲ拘置スヘカラサルヲ規定シ尚ホ同時ニ發布ノ法律第二號拷問刑ニ關スル件ニ依リ民刑事ニ論ナク訴訟關係人ニ對シ拷問ヲ用ウルヲ禁セリ蓋シ韓國官民一般ニ民刑事ノ區別ヲスラ解セサルモノ多ク民事被告人ヲ拘禁スルハ

勿論或ハ原告ヲモ併セテ之ヲ拘置スルコトアリ而シテ一ニ自白ニ依リテ事件ヲ斷セントスルノ傾向ハ多年拷問ノ制ヲ馴致シ警察法衙トモニ之ヲ用テ供述ヲ强ユルノ手段ト爲シ慘酷言フニ忍ヒサルモノアリ人道ノ上ニ於テモ之ヲ看過ス可カラス執法上國情民俗ヲ斟酌スルノ必要ハ敢テ言ヲ俟タスト雖モ先ツ其ノ最甚シキモノニ就テ矯正ノ途ヲ講スルノ急務ヲ認メタルニ依リ四十年七月締結ノ日韓協約ハ其ノ第三條ニ於テ司法ト行政ヲ區別セサル可カラサルヲ明規シ裁判所ノ構成ハ大體ニ於テ範ヲ日本ニ取リ裁判所ヲ分チテ大審院、控訴院、地方裁判所及區裁判所ト爲シ三審ノ制ヲ定メ區裁判所ニ於テハ判事單獨ニ裁判ヲ行ヒ其ノ他ニ於テハ數人ノ判事ヲ以テ組織スル部ニ於テ合議裁判スルコトトセリ

斯ノ如ク制度ノ改正アリト雖モ當時韓國ノ法政ハ到底完全ニ其ノ實質ノ改良ヲ爲スコト不可能ナルノミナラス一面在住外國人ハ各共ノ領事裁判權ノ繫屬スル所ニシテ又在留日本人ニ對スル初審ハ理事廳終審トシテ統監府法務院ニ於テ事件ヲ司レリ然ルニ將來領事裁判權撤廢ノ準備トシテ司法制度ノ信用ハ至大ノ關係アルヲ以テ四十二年七月締結シタル日韓覺書ニ依リ司法及監獄ハ擧テ帝國政

府ニ委託シ同年十月法部ヲ廢止シ同時ニ帝國政府ハ勅令第二三六號ヲ以テ統監府裁判所令ヲ發布シ統監府ニ司法廳ヲ設ケ之ヲ十一月一日ヨリ施行セリ即チ三級審ノ裁判制ヲ採用シ區裁判所、地方裁判所、控訴院、高等法院ニ區分シ職員ニハ日本人及朝鮮人ヲ混同シ在留內地人及朝鮮人ノ民刑事々件ヲ審理スルコトトナセリ而シテ法規ノ適用ニ關シテハ原則トシテ帝國ノ法規ヲ適用スルモ尙ホ韓國ノ法規慣習ハ朝鮮人ノ事件ニ限リ所要ノ變更ヲ以テ之ヲ適用シ其ノ費用ハ一切帝國政府之ヲ支出スルコトトセラレ茲ニ整然タル裁判所ノ構成ヲ見併合ニ至ルマテ此ノ制度ヲ繼續セラレタリ

第二　獄　則

從來韓國ニ於ケル監獄ノ事務ハ警察官ノ秉掌ニ屬シ內部ニ於テ之ヲ管理シタリト雖モ其ノ事務ハ裁判所ト密接ノ關係ヲ有スルヲ以テ裁判制度ノ完備ト同時ニ移シテ之ヲ法部ノ所管ニ歸セシメ明治四十年十二月監獄官制ヲ公布セリ

同官制ニ依レハ司獄官トシテ典獄並看守長監獄醫及通譯若干名ヲ置キ控訴院檢事長ハ法部大臣ノ命ヲ承ケ其ノ管轄地內ニ在ル監獄ヲ監督ス監獄ノ所在地及名

稱ハ法部大臣ノ定ムル所ニ依ル而シテ京城監獄ノ外全國七個所ニ之ヲ設置シ典獄以下ニ日本人ヲ任用セリ
從來裁判及警察事務ノ腐敗紊亂ニ伴ヒ監獄事務ノ不振モ亦甚シク獨リ懲治ノ目的ヲ達セサルノミナラス四人ノ既決タルト未決タルトヲ問ハス其ノ取扱ノ慘酷ナル往々酸鼻ニ堪ヘサルモノアリ警務顧問設置以來其ノ甚シキモノニ就テ匡正ヲ怠ラサリシカ明治四十二年司法權ノ委托ト共ニ監獄モ統監府ニ於テ管理スルコトトナレリ

第四章　軍事

舊韓國ニ於ケル軍備ハ僅カニ陸軍ノ設ケアリシト雖モ傭兵制度ノ積弊年久シク士氣沈衰シテ內亂ノ掃蕩ニスラ充分ノ威力ヲ示ス能ハス列國間ニ介在シテ獨立國ノ體面ヲ保持スル實力ナク外交ノ權謀術策ハ武備ナキ國家ニ其ノ效ヲナサス常ニ東洋ノ禍亂ヲ釀成シ軍隊ハ國家ノ要望ニ副フ程度ニ至ラサルノミナラス却テ累ヲ國家ニ及ホセシ事例一ニシテ足ラス即チ政變ニ際シ常ニ不平黨ト相通シ

テ不軌ヲ企テ軍隊自ラ暴黨ニ加擔シテ不忠實不規律ナル動作ヲ敢テシ殆ント存置ノ必要ナク無用ノ害物ナルヲ以テ帝國カ保護制ヲ敷キ條約ニ依リテ外敵ノ防禦內亂ノ鎭壓ヲ委任セラレタル以上ハ其ノ解散ハ當面ノ急務ナリシナリ故ニ帝國政府ハ施政改善ニ關スル祕密取極書ニ於テ軍隊解散ノ一項ヲ揭ケテ周到ナル計劃ノ下ニ解散準備ヲ急キツツアリシカ明治四十年八月一日之ヲ決行シ王室侍衞ニ必要ナルモノノ外恩賜金ヲ下賜シテ之カ解散ヲ命シタリ當時京城ニ屯スル侍衞兵ハ四千餘人地方ニ分屯スル鎭衞兵約二千ナリシカ解散式ノ命令下ルヤ之レニ應セスシテ騷亂ヲ起シ京城ニ於テハ梶原大尉以下數名ノ戰死者ヲ出シテ之レヲ掃討シ各地ニ頻發シタル解散兵ノ暴徒ハ殺戮掠奪ヲ逞シタルモ我軍隊並警察隊ノ鎭蕩ニ制セラレ閉塞スルニ至レリ

軍隊解散後ニ於テモ親衞隊トシテ步兵一大隊騎兵一中隊ヲ編成殘存シ此ノ事務ヲ掌理セシムル爲メ尙ホ軍部ヲ存置シアリテ頗ル尨大ノ嫌アリシカ明治四十二年七月二十日司法權委任ト同時ニ軍部ヲ廢止シテ新ニ親衞府ヲ設ケテ其ノ事務ヲ掌ラシメシカ併合ニ至リ親衞府ハ之ヲ廢シテ該部隊ハ駐劄軍司令部ニ屬セシ

メ次テ騎兵隊ヲ廢シテ其ノ大部分ヲ憲兵補助員トナセリ尙ホ現ニ募兵ノ制ヲ持續シテ步兵隊ノミヲ存置シ李王家ノ警護ニ任スルコトトセラレアリ

第五章　外交

明治三十八年十一月締結ノ日韓協約ニ依リ帝國政府カ韓國ノ外交權ヲ收受シタル結果韓國政府ノ代表者其ノ他韓國官憲ヲ外國ニ駐在セシムルノ必要ナキニ至リ外國ニ在ル韓國公使館ハ全部之ヲ撤廢シ外國駐在ノ韓國官憲ハ其ノ任ヲ去リ此等ニ對スル處置ハ同三十九年二月統監府開廳前ニ於テ略々之ヲ了シ當時外部ハ多少ノ殘務ヲ處理シタルニ過キス

在外公使館ノ撤廢ト相對應シ韓國政府ノ外交ニ關スル機關モ亦之ヲ存續スルノ必要ナキニ至リタルヲ以テ明治三十九年一月外部ヲ廢シ又各港市監理署所掌事務中外國人居留地ニ關スル一切ノ事務ハ之ヲ各理事廳ニ引繼クコトトナリ同二月十五日統監府ヨリ參政大臣ニ宛テ各監理ニ相當ノ訓令ヲ下サンコトヲ照會シ同二月二十日先ツ元山監理署ノ事務ヲ引繼キ同五月二十五日迄ノ間ニ悉皆之ヲ

完了シタリ

在京城ノ各國公使ハ明治三十八年日韓協約締結後漸次本國ニ歸還シ各國政府ハ爾後京城ニ總領事館又ハ領事館ヲ置クニ止メ統監府開廳ノ前後ニ於テ何レモ總領事ヲ派駐セリ

京城其ノ他韓國各地在勤外國總領事ノ認可狀及韓國人並ニ在留日本人ノ海外旅券ハ明治三十八年協約締結後總テ帝國政府ヨリ之ヲ發給ス

韓國人カ移民トシテ海外ニ渡航シタルハ明治三十五年米國人ノ周旋ニ依リ男約八千八女約四百人ノ布哇ニ移住シタルヲ嚆矢トス次テ墨國人ノ周旋ニ依リ同國ユカタン洲麻耕地從業ノ目的ヲ以テ韓人一千三百名同州ニ渡航シタルモ言語不通ノ爲メ雇主トノ間ニ誤解ヲ生シ且ツ雇主ノ待遇契約ニ反ストシテ屢々紛擾ヲ釀シタリ然ルニ當時海外ニ於テ彼等移住韓國人ヲ保護スルノ官憲ナク移民ノ困難ヲ來サンコトヲ慮リ將來移民ニ關スル完全ナル規則ヲ制定シ其ノ保護ノ途ヲ確立スルニ至ル迄暫ク之カ渡航ヲ許サヽルノ趣旨ヲ以テ韓國政府ハ明治三十八年四月勞働者ノ海外渡航ヲ禁止スルニ至リ布哇及墨國ニ出向スヘキ移民ハ一時

全然杜絶スルニ及ヘリ

然レトモ全然移民出向ヲ禁スル如キハ事ノ當ヲ得タリト爲ス可カラス韓國人ヲシテ海外ヨリ其ノ蓄積シタル所得ヲ母國ニ送ラシムルハ又以テ韓國資源ノ一ト爲スヘク寧ロ韓國人ノ自然的歸向ニ任スルヲ良トス依テ一方ニ於テ勞働者海外渡航ノ禁ヲ解キ他方ニ於テハ此際相當ナル法規ヲ施行シテ移民保護ノ途ヲ完カラシメ公益上移民周旋者ノ取締ヲ嚴ニスルノ必要ヲ認メ明治三十九年七月韓國政府ハ統監指揮ノ下ニ移民保護法ヲ發布セリ

又從來咸鏡南北道ヨリ露領ニ出稼スル勞働者ハ毎年一萬人ヲ下ラス此等ハ往來常ナク秋冬ノ交大抵郷里ニ歸ルヲ例トスルモ或ハ永ク露領內ニ居住シ露領ニ歸化セリト稱スル者アリ此等韓國人中其ノ所謂歸化ヲ理由トシテ歸國後ニ於テモ當該外國領事ノ保護ノ下ニ治外法權ノ特典ヲ主張スル者往々之ナキニアラス然レトモ韓國ニ於テハ最初ヨリ歸化ヲ認ムル制度ナク韓國臣民ニシテ任意ニ他國籍ノ取得ニヨリ直ニ韓國籍ヲ喪失シタリト解釋スルヲ得ス明治三十九年以來露國及佛國ニ歸化シタリト稱スル韓國人ニ關シ多少ノ交渉ヲ惹起シタルモ韓國政

府ハ總テ歸化ヲ否認シ越テ四十一年五月ニ至リ統監ハ韓國政府ヲシテ右ノ趣ヲ關係各官憲ニ訓令セシメタリ

條約ノ特許其ノ他ノ事由ニ依リ外國人カ韓國ニ於テ有スル各種利益ノ正當ニ保護尊重セラルヘキハ言ヲ俟タサル所ニシテ加フルニ各種ノ立法ハ條約ノ規定以外ニ外國人ノ權利及利益ヲ擴張シタルコト少ナカラス鑛業法規ノ如キ土地建物證明ニ關スル法規ノ如キ外國人ノ鑛業及土地所有ニ幾多ノ便宜ヲ供シ又國有未墾地利用森林事業等ニ於テモ韓國人ト外國人トノ間ニ何等差別ヲ設ケス平等ニ其ノ利益ニ均霑セシメタルヲ以テ歐米人ニシテ現ニ鑛業法規ニ依リ鑛業權ヲ設定シタルモノ少ナカラス

第六章　鐵道及通信

舊韓國ニ於ケル鐵道及通信事業ハ保護制實施以前ヨリ日本政府ノ施設經營ニ屬シ舊韓國ノ施政ニハ關係少ナシ卽チ鐵道ニ在リテ京仁線ハ明治二十九年米國人「モールス」敷設權ノ特許ヲ受ケシモノヲ澁澤榮一等ノ京仁鐵道合資會社之ヲ買收

シ同三十三年七月ヨリ開通セリ京釜線ハ明治二十七年八月及同三十一年締結ノ京釜鐵道合同條約ニ基キ同三十四年八月京釜鐵道株式會社ニ於テ工ヲ起シ同三十七年十一月全線竣成同三十八年一月ヨリ營業ヲ開始シ京義線及馬山線ハ日露戰役中臨時軍用鐵道總監部ニ於テ建設シタルモノナリ而シテ京仁鐵道ハ明治三十六年十月京釜鐵道ニ合併シ京釜鐵道ハ明治三十九年七月鐵道國有法ニ基キ日本政府ニ買收セラレ同年十一月統監府鐵道管理局ノ管理ニ屬シ又同年九月軍用鐵道ノ全部ヲ陸軍省ヨリ統監府鐵道管理局ニ引繼キ全部統一經營セラレ更ニ今日ニ至ルマテ兼二浦線、鎭南浦線、湖南線、京元線ノ竣成ヲ見ルニ至リタルモノナリ

次ニ朝鮮ニ於ケル日本通信事業ハ明治九年釜山ニ郵便局ヲ設置セルヲ濫觴トシ爾後漸次其ノ機關ヲ擴張シ來リ郵便ノミニ止マラス電信電話等ノ設置ヲ爲シタルカ明治三十八年ニ至リ兩國間ニ通信合同取極書ヲ交換シ通信事務ノ全部ハ擧ケテ日本政府ノ管掌スル所トナリ從來ノ韓國通信事業ヲ引繼キ明治三十九年一月ニ至リ統監府通信局ヲ設置シタル當時ハ朝鮮ニ郵便局十六、同出張所四十六、郵便電信受取所一、郵便受取所四十六、電信取扱所十五、臨時郵遞所三百三十五、郵便繼

立所十六、郵便交換所十六、郵便受渡所七箇所アリタリ

第七章　內務

內務行政ヲ處理セシムル爲メ內部アリ之ニ內部大臣ヲ置キ地方、警務、土木、衛生ノ四局ヲ設ケテ次官、局長、祕書官、書記官、事務官、警視、技監、技師、飜譯官、主事、警部、技手等ノ補助機關ヲ置キ內務ニ關シ他部ニ屬セサル一切ノ行政ヲ主管セリ今警察及地方制度ニ付キ述フヘシ

第一　警察制度

警察制度ニ付テハ少シク冗長ニ渉ルモ之ヲ詳述セムトス是レ韓國ニ於テハ從來福利的行政ナルモノハ殆ント見ルニ足ルヘキモノナク單ニ警察行政ヲ以テ國家爲政ノ萬能トナシタル關係アルニ依ル而シテ便宜上(一)警察(二)憲兵(三)警察及憲兵ノ統一ノ三項ニ別テ之ヲ述フヘシ

(一)　警察

明治二十七年ニ於テ京城ニ左右捕盜廳アリテ首府ノ警察權ヲ行使シ各道觀察府

亦警察監獄ノ職權ヲ有シテ地方ノ安寧ヲ保持スルノ任ニ當レリ古來警察ノ制度全ク備ハラサルニ非サルモ大小ノ官職ハ金錢ヲ以テ賣買セラレ官吏ハ收斂誅求ヲ事トシ黄白ニ依リテ刑罰ヲ加免輕重スル等官紀ノ紊亂其ノ極ニ達シ人民ハ警察ノ怖ルヘキヲ知リテ信頼スヘキヲ知ラス警察アリテ其ノ無キニ若カサリシモノ實ニ韓國ニ於ケル舊時ノ狀態ナリ

明治二十七年捕盜廳ヲ廢シテ警務廳ヲ置キ漢城府內ニ於ケル警察監獄ノ事務ヲ總攬セシメ我警視廳ヨリ武久警視ヲ聘シテ顧問トナシタルモ久シカラスシテ解傭セラレ將ニ萠芽ヲ發セントシタル警務改善ノ事務モ亦隨テ頓挫セリ翌明治二十八年警務廳ヲ廢シテ警部ヲ置キ警部大臣全國ノ警察權ヲ總攬シ併セテ警務廳ニ代リテ漢城府內ノ警察事務ヲ管掌シタルカ又幾許ナラスシテ警部ヲ廢シ警務廳ノ舊制ニ復セリ此ノ如ク機關ノ更改一ナラスト雖モ事務ノ內容ニ至リテハ殆ント見ル可キモノナク京城ニ於テモ尚ホ且ツ僅ニ不完全ナル司法警察ノ執行アリシノミ行政警察ノ如キハ全然其ノ意想ノ外ニ在リテ何人モ之ヲ顧ミルモノアラス

日露戰役開始後韓國政府ハ警務刷新ノ必要ヲ認メ我林公使ニ對シ警務顧問トシテ警視及巡査ヲ日本ヨリ傭聘センコトヲ依囑セリ依テ同公使ヨリ外務省ニ稟申ノ結果明治三十八年一月警視丸山重俊ハ我政府ノ意ヲ承ケテ京城ニ入リ同年二月韓國政府ト傭聘契約ヲ締結シタリ是レ顧問警察ノ端緒ナリ
警務顧問ハ先ツ京城ニ於ケル警察事務ヲ刷新シ次テ地方ニ及ホスノ方針ヲ取リ同三月日本ヨリ警部ヲ聘用シテ之ヲ警務廳及漢城五警務署ニ配置シ專ラ韓國人警察官ヲ指導シ舊來ノ積習ヲ一洗スルニ努メタリ
地方ニ對シテハ明治三十八年三月以來各道觀察府ニ警務顧問補佐官タル日本警察官吏ヲ配置シ警務改善ノ端緒ヲ開キ漸次顧問補助者ヲ增員シタリ然ルニ統監府設置當時ニ於テ一方ニハ日本警察アリ他方ニハ韓國系統ニ屬スル顧問警察アリ兩々特立シテ其ノ間適當ノ連絡ヲ缺ケリ統監府官制ハ統監ニ付スルニ韓國政府傭聘ノ帝國官吏並邦人ヲ監督スルノ權ヲ以テシ警務顧問並屬員一般擧テ統監ノ指揮監督ヲ受ケ兩箇ノ警察始メテ一ノ監督權ノ下ニ統一セラルルニ至リタリト雖モ實際ノ執務ニ至リテハ尙ホ理事廳警察ト顧問警察ト自カラ嚮フ所ヲ異ニ

シ随テ事務ノ統一普及及經費ノ點ニ於テ遺憾ナシトセス依テ明治四十年二月韓國政府ト交渉シ理事廳警察官及顧問警察官ヲシテ左ノ方法ニ依リ相互其ノ職務ヲ幇助セシムルニ決シタリ

一、統監府及理事廳ノ警視、警部及巡査ハ凡テ警務顧問ノ補佐官、補佐官補、補助員ヲ囑託セラレタルモノトス

二、顧問警察官ハ同時ニ其ノ在官在職タル理事廳警察官ノ職務ヲ執行スヘシ

三、特別ノ場合ヲ除キ理事廳及顧問警察官ハ事務ノ性質ニ依リ互ニ指示ヲ受クヘシ（例之理事廳警視ハ顧問警察事務ニ付警務顧問支部警視ノ指示ヲ受ケ警務顧問支部警視ハ理事廳警察事務ニ付理事官ノ指示ヲ受クルカ如シ）

四、警察ニ關スル報告ハ又前項ノ例ニ依ル

五、經費ハ特ニ支出ヲ認許セラレタルモノノ外事務ノ性質ヲ問ハス凡テ所屬ノ區別ニ依リテ之ヲ支辨ス

六、地方ノ小市邑ニ在リテ兩者ノ機關併存シ其ノ一ヲ以テ足レリト認ムルモノハ其ノ一ヲ廢シ事務ノ引繼ヲ行フ

同年七月日韓協約締結セラレ日本人ヲ韓國官吏ニ任用スルノ途啓クルヤ同八月警務顧問丸山重俊ハ警務總監ニ各道警務顧問支部補佐官ハ各道警視ニ任セラレ次テ同十月韓國勅令第二十九號ヲ以テ警務顧問部職員ヲ警視警部巡查ニ任用スルノ件ヲ公布シ同十一月同部員タル多數ノ日本警察官吏ハ擧ケテ韓國政府ニ任用セラレタリ此ニ於テ從來ノ顧問警察ハ其ノ終ヲ告ケ全國ノ警察ハ內務大臣管理ノ下ニ內部警務局ニ於テ其ノ事務ヲ總攬スルコトトナレリ

一方ニ於テハ新協約締結後統監府及理事廳官制ノ改正アリ統監府警務總長ハ廢官トナリ統監府及理事廳ニ警視警部及巡查ヲ置クノ條項ハ削除セラレ從來ノ謂ユル日本警察ナル組織モ亦自カラ廢止セラルルニ至リ而シテ在韓國日本臣民ニ對スル警察事務ノ執行ニ付テハ同十月韓國政府トノ間ニ左ノ取極ヲ爲シ以テ執行機關廢止ノ缺ヲ補フノ方便ニ從ヘリ

警察事務ノ執務ニ關スル取極書

（明治四十年十月二十九日調印）

統監府及韓國政府ハ日本政府カ明治四十年七月二十四日締結日韓協約第五條ニ依リ任命セラレタル韓國警察官ヲシテ當該日本官憲ノ指揮監督ヲ受ケ在韓國日本臣民ニ對スル警察事務ヲ執行セシムルコトヲ約ス

卽チ同十一月改正官制實施ノ日ヲ以テ理事廳所屬警察官吏モ亦擧ケテ韓國政府ニ任用セラレ爾後韓國ニ於テ在留帝國臣民ニ對スル警察事務ノ執行ハ韓國警察官吏專ラ之ニ當ルコトトナレリ但シ其ノ日本人ニシテ韓國警察官吏タル者ニ限ルハ勿論理事官カ日本人關係警察事務ニ付右警察官ニ對シ指揮監督ノ權ヲ有スルコトモ亦毫モ從前ト異ナラス畢竟舊顧問警察及理事廳警察ノ間ニ於ケル共助ノ方法ヲ擴張シ新協約ノ實施日本人官吏ノ任用ヲ機トシテ兩國警察ノ執行機關ヲ合一ニシテ冗費ヲ去リ事務ノ簡捷ト統一トヲ期シタルナリ

茲ニ於テ韓國警察ノ組織漸ク整備ニ近カツキ內部警務局ニ於テハ行政警察高等警察圖書出版及著作戶口及民籍竝移民ニ關スル事項ヲ掌ラシメ內部大臣直轄ノ下ニ警視廳各道ニ警察署ヲ置キ警視廳ハ皇宮漢城府(京城)及京畿道ニ於ケル警察事務ヲ管シ各道警察署ノ位置及管轄區域ハ內部大臣ノ定ムル所ニ依ル明治四十三年六月ニ於テハ警視廳ノ外十三道觀察府ノ警察部及九十三警察署三百八十九駐在所アリ又警察官ハ日本人約二千韓國人三千二百餘人アリタリ

(二) 憲兵

韓國ニ於ケル我憲兵ノ派駐ハ明治二十九年二月臨時憲兵隊ヲ編成シ電信部提理ノ指揮ニ屬シテ專ラ軍用電信ノ守備ニ當ラシメタルニ創マル爾來明治三十六年末ニ至ル迄其ノ編成ニ大ナル變更ヲ見ス

明治三十六年十二月日露兩國間ノ形勢切迫ヲ示スニ當リ韓國駐箚憲兵隊編成セラレ駐箚隊司令官ノ指揮下ニ入ル同三十七年十月京城ニ駐箚軍司令部ヲ置カルルニ當リ憲兵隊モ亦同司令部ノ指揮下ニ入レリ當時韓國内ニ於テハ一派ノ韓國人等動モスレハ帝國ノ軍事及外交ニ阻害ヲ加ヘントスルノ形勢アリ且ツ軍ノ行動上諸般ノ便益ヲ圖リ其ノ阻害行爲ヲ防遏スルノ必要アルニ當リ到底不確實ナル韓國警察ニ信頼スル能ハサルヲ認メ同七月當時ノ軍司令官原口中將ハ咸鏡道ニ軍政ヲ布キ京城及其ノ附近ニ軍事警察ヲ施行シ此等ハ主トシテ憲兵ノ手ニ依リテ實施セラレタリ爾來憲兵隊ハ電信及鐵道ノ保護ヲ主要ノ目的トシ韓國各地ニ分駐シテ高等警察及普通警察ニ從事シ事實上韓國ノ安寧ハ我憲兵ニ依リテ保持セラレタリ

韓國ノ治安維持上憲兵隊ノ力此ノ如ク廣大ナリシト雖モ其ノ軍司令官ノ指揮下

ニ在ル關係ヨリ全然日本警察及顧問警察ト特立シ日韓警察ノ對立ニ加ヘテ韓國ニ於ケル治安機關ハ自カラ三者鼎立ノ形ヲ爲スニ至レリ此ニ於テ統監府設置後明治三十九年二月勅令ヲ以テ韓國ニ駐剳スル憲兵ハ軍事警察ノ外行政警察及司法警察ヲ掌リ行政警察及司法警察ニ付テハ統監ノ指揮ヲ受クト規定セラレ卽チ軍事警察ニ關シ軍司令官ノ指揮ヲ受クル外一般警察事務ニ就テハ專ラ統監之ヲ指揮監督スヘキモノトシ茲ニ警察機關ノ統一ヲ全カラシムルヲ得タリ顧問警察ノ配置周到シ諸般ノ施設完全スルニ至ル迄尙憲兵ノ協同幇助ヲ必要トシ卽チ統監府設置後ニ於テモ憲兵ハ各地ニ分駐シテ地方保安ノ任ニ當リ義兵火賊ト稱スル匪徒其ノ他不逞ノ徒ノ憲兵ニ依テ鎭定セラレタルモノ甚タ多シ然レトモ韓國ニ於ケル警察ノ本務ハ無論顧問警察ニ於テ之ヲ擔任スルヲ本則トスルカ故ニ軍事上ノ必要ナキ地點ニ於テハ漸次顧問警察ヲシテ之ニ代ラシムルノ方針ヲ取リ明治三十九年八月ニ至リ曩ニ戰時占領地ニ於テ軍ノ必要上發シタル軍律及京城ニ於ケル軍事警察ヲ撤廢シ軍ハ平和克復ノ狀態ニ適應セル軍令ヲ發布シタリ京城ニ於ケル軍事警察ハ之ヲ廢止シタルモ高等警察ニ至リテハ尙ホ憲兵ノ手ヲ

要スルモノ多キヲ以テ顧問警察ト協同シテ其ノ任ニ當ラシメ三十九年八月京城及其附近ニ於テ憲兵ヲシテ高等警察ヲ施行セシムル件ヲ定メタリ當時軍司令官ノ憲兵隊長ニ下シタル命令左ノ如シ

韓國皇室ノ康安ヲ保障シ日韓兩國ノ親交ヲ維持スル爲京城及其附近ニ於テ左ノ要項ニ據リ八月十五日(明治三十九年)以降高等警察ヲ施行スヘシ(要項略ス)

明治四十年七月以來各地ニ蜂起シタル暴徒ノ鎭定其ノ他韓國ニ於ケル治安ノ維持上憲兵增派ノ必要ヲ認メ同十月駐剳憲兵隊ノ編制ヲ改正シ從來憲兵隊長ニハ佐官ヲ以テ之ニ補シタルニ代ヘ新ニ將官ヲ以テ之ニ補シ次テ勅令ヲ以テ憲兵條令中改正ノ件並韓國ニ駐剳スル憲兵ニ關スル件ノ發布アリ此次ノ改正ニ依リ韓國ニ駐剳スル憲兵ハ主トシテ治安維持ニ關スル警察ヲ掌リ其ノ職務ノ執行ニ付統監ニ隷シ又韓國駐剳軍司令官ノ指揮ヲ受ケ兼テ軍事警察ヲ掌ルコトトナレリ憲兵隊本部ノ位置、分隊ノ配置及其ノ管區並憲兵ノ服務ニ關スル規定ハ統監之ヲ定メ其軍事ノ警察ニ係ルモノハ韓國駐剳軍司令官之ヲ定ム卽チ第十四憲兵隊ヲ韓國駐剳憲兵隊ト改稱シ本部ヲ京城ニ置ケリ而シテ韓國政府ヨリ照會ノ結果韓國政府ノ警察權執行ニ關シ駐劄憲兵ニ於テ援助ヲ與フヘキコトヲ承認シタルヲ以テ我憲兵ハ日韓兩國警察權ニ干與管掌スルノ權限ヲ有シ韓國ニ於ケル警察力ノ一要部ヲ爲セリ

韓國政府ハ隆熙二年即チ明治四十一年六月勅令ヲ以テ暴徒ノ鎭壓及安寧秩序維持ノ爲メ韓國人タル憲兵補助員ヲ募集ス我憲兵隊ニ委託シテ其ノ指揮下ニ職務ヲ行ハシムルニ決セリ而シテ明治四十三年六月ニ於テ朝鮮ニ於ケル我憲兵七分隊四百九十二箇ノ分遣所、派出所、出張所等アリ憲兵約二千三百韓人補助員四千四百餘人アリタリ

(三) 警察憲兵ノ統一

舊韓國ノ警察機關ハ叙上ノ如ク警察官廳ト駐劄憲兵隊ト相對立シテ互ニ治安ノ維持ニ任シアリシカ各所屬ノ系統ヲ異ニスルヲ以テ其ノ配置ニ重複アリ警備上往々一般ノ歩調ヲ保ツニ便ナラサル憾アリ殊ニ併合ノ實行ニハ是等警備機關ヲ統一シ之カ配置ヲ密ニシテ嚴ニ警戒ノ必要アルヲ以テ明治四十三年六月二十四日覺書ヲ交換シ韓國ノ警察事務ハ擧ケテ帝國政府ニ委託セリ仍テ帝國政府ハ憲

兵本位ノ警察制度ヲ組織シ同月勅令第二九六號ヲ以テ統監府警察官署官制ヲ發布シ警察事務ハ統監ニ直屬シ一般行政ト獨立シ警務總長ニハ駐剳憲兵隊司令官タル陸軍將官ヲ警務部長ニハ各地憲兵隊長タル憲兵佐官ヲ以テ之ニ充テ其ノ他ノ憲兵將校ハ統監府警視ニ準士官下士ハ同警部ニ任命シ憲兵上等兵補助員ヲ指揮シテ普通警察事務ヲ主掌シ兼テ軍事警察ニ當ラシム卽チ治安警察ニ付キ警察署及憲兵分隊同分遣所ハ各其ノ管轄區域ヲ異ニシテ權限ノ競合ヲ來サザル如ク按配シ同年七月一日統監府令第三一號ヲ以テ韓國政府ノ委託ニ係ル警察事務ニ關シテハ特別ノ規定アルモノヲ除クノ外當分ノ內從前ノ規定ニ依ル其ノ規定中內部大臣及警視總監ノ權限ニ屬シタル事務ハ統監府警務總長、觀察使ノ權限ニ屬シタル事項ハ統監府警務部長、警察署長及同分署長ノ權限ニ屬シタル事項ハ統監府警察署長憲兵分隊長同分遣所之ヲ行フモノト規定セラレタリ同時ニ統監府令第三八號ヲ以テ從來理事官ノ職ニ屬シタル內地人ニ對スル警察事務ハ京城ニ在リテハ警務總長ニ各地方理事官ハ各道警務部長ニ之ヲ引繼クヘキモノト規定シ各理事官ノ發シタル理事廳令ハ之カ改廢アル迄日本人ニ對シテ從前ノ通リ有效

ナルモノトセラレタリ本制度ハ翌八月二十九日併合條約ノ締結アル迄何等ノ變更アルコトナシ

第二 地方制度

明治三十八年ニ於テ漢城府ノ外全土ヲ十三道一牧三府三百四十一郡ニ分チ道ニ觀察使、牧ニ牧使府ニ府尹、郡ニ郡守ヲ置キ別ニ開港市場ニ監理ヲ置キ其ノ職權ハ各官制ノ上ニ明規セラレアリト雖モ五百餘年因襲久シク絕テ其ノ實施ヲ見ス唯舊慣故例ヲ踏襲シ地方官吏ハ人民ノ膏血ヲ搾リ公金ヲ私シ自己ノ財嚢ヲ肥スヲ能事トスルノミ勸業敎育土木衞生等ノ地方政務一トシテ見ル可キモノナク寃枉ヲ伸フヘキ裁判ハ是等行政官ノ手ニ依リ人民ノ財產ヲ橫奪スルノ手段ニ用ヒラレ人民ヲ保護スヘキ警察ハ之ヲ迫害スル機械トナリ幾多無名ノ誅求盛ニ行ハレ而カモ其ノ大部ハ國庫ニ收納セラレスシテ人民ハ地方政務ノ擧否ヲ憂フルモノナク一意唯豺狼ノ如キ地方官吏ノ暴戾ト苛誅トニ戰慄スルノミニテ地方政治ノ腐敗實ニ極度ニ達セリト謂フヘキナリ之ヲ要スルニ地方官吏ハ租稅其ノ他ノ名義ヲ以テ人民ノ財產ヲ强徵スル爲メ裁判及警察權ヲ其ノ武器トナセリト云フモ

決シテ誣言ニアラス

地方行政ノ頽廢此ノ如キ所以ノモノハ其ノ由テ來ル久シト雖モ近接ノ原因ト認ムヘキモノヲ擧クレハ貪官ノ陋弊久シク風ヲ爲セルハ其ノ一ナリ中央政府カ觀察使郡守ニ對シテ何等ノ監督ヲ加ヘス法規訓令ノ如キ一モ地方官吏ノ眼中ニ在ラス換言スレハ中央ノ政令都門ノ外ニ出テスシテ地方官吏カ却テ中央權勢ノ意ヲ迎合スルニ專ナリシハ其ノ二ナリ觀察使郡守カ地方行政ヲ統轄スルト同時ニ裁判權ヲ有シ司法行政ヲ混淆セルハ其ノ三ナリ租税ニ常規ナク無名ノ徵收頻リニ行ハレ人民モ亦慣レテ之ヲ怪シマス怪シムモ之ヲ拒ム能ハサルハ其ノ四ナリ官吏ノ給與菲薄ニシテ不正ヲ誘フノ原因ヲ作スハ其ノ五ナリ其ノ他人文ノ程度低ク人民ニ權利ノ觀念ナク官吏ノ不法越權ヲ以テ不可抗力ト作シ輙ク之ニ服從スルカ如キ地方政務ニ關スル法令ノ具ラサルカ如キ其ノ原因擧ケテ數フ可カラス統監府ハ地方政務ノ改善一日モ忽ニスヘカラサルヲ認メ積極的ニ地方制度ヲ改良スルノ議ヲ決シ明治三十九年五月韓國政府ハ地方制度調査委員ヲ設ケ日韓兩國官吏數名ニ同委員ヲ囑託シテ調査ヲ遂ケシメ同九月二十八日新官制及附隨

ノ勅令ヲ發シ同十月一日ヨリ之ヲ實施セリ

更ニ明治四十年十二月制定公布セラレタル中央及地方官々制ハ地方制度ノ上ニ重大ナル效果ヲ及ホセリ卽チ觀察使ヲ以テ稅務監ヲ兼ヌルノ制廢セラレ國稅徵收及地方財務ニ關スル事項ハ全然地方官ノ權域ヨリ脫シテ度支部ノ直轄ニ移リ控訴院、地方裁判所及區裁判所ノ設置ニ依リ司法ニ關スル事項ハ全ク行政官ノ手ヲ離レ警務ニ關シテハ其ノ觀察使ノ管理ニ屬スルコト依然タリト雖モ事務ノ執行ハ警察署同分署以下ノ警視警部巡查之ニ當リ郡守ヲシテ之ニ干與セシメス中央ニ於テハ內部ニ警務局ヲ置キ全國各道ノ警務ヲ監督掌理セシメ從來一時ノ便宜ニ從ヘル地方制度ハ此ニ至リテ始メテ大成シタルモノトス

今改正官制ノ大要ヲ擧クレハ道ニ觀察使、書記官事務官各一人及警視、主事、警部、巡查ヲ置キ觀察使ノ權限ハ從來頗ル廣汎ナリシカ兵事、收稅、鑛業、度量衡等ニ關スル事務ヲ削除シテ之ヲ適當ニ限定シ道書記官事務官及主事ヲシテ一般內務行政ニ當ラシメ警察事務ハ上記ノ如ク警視以下ヲシテ之ヲ掌理セシム府郡ニ於テハ從來ト大差ナク其ノ職員中府ニハ參與官ヲ置クノ制ナリシヲ必要ニ應シ府郡ニ事

務官ヲ置クヲ得ルコトトス其ノ他觀察使カ道ノ官吏、府尹郡守又ハ警察署長ニ其ノ職權ノ一部ヲ委任シ以テ事務處置ノ便宜ヲ計レルコト及道令發布ノ權ヲ存置スルモ府郡令發布ノ權ヲ認メサルコト下級官廳ノ處分又ハ命令ヲ取消シ又ハ停止シ施政ノ監督ヲ爲スノ權ヲ觀察使ニ與ヘタルコト尙ホ地方稅ノ制度ナキニ依リ之ニ關スル條項ヲ削除シタルコト等ハ改正ノ重ナルモノナリトス

第三　戶籍

朝鮮ニ於ケル戶籍ハ明治二十八年(建陽元年)勅令ヲ以テ戶口規則ヲ制定シ十戶ヲ統トナシ統ニ統首ヲ置キ府尹郡守面長洞長統首ハ戶籍調査事務ニ干與シ各戶主ニ戶籍表ヲ發布シ之ニ住所姓名職業年令家族寄寓者ノ員數家屋ノ種類ヲ記入セシメ府尹郡守ハ之ニ依リ統表ヲ作成シ將來事故發生每ニ屆出ツヘキ規定アリ然ルニ府尹郡守等ハ戶籍用紙代トシテ各戶ヨリ金錢ヲ徵收シ彼等ノ私慾ヲ飽カシメタルノミナラス徵稅ノ權限ヲ濫用シテ戶稅ノ基礎タル戶數ハ常ニ實數ヲ公表セス其ノ半額ヲ隱匿シテ稅金ヲ橫領シ全ク無戶籍ノ狀態ニアリ然ルニ戶籍事務ハ國家施政ノ根本タルヲ以テ明治四十一年一月(隆熙元年)內部官制改正ト同時ニ

戸籍事務ヲ地方局ヨリ移シテ警察官署ノ主管トシテ明治四十二年三月法律ヲ以テ民籍法ヲ發布シ戸口規則ヲ廢シ警察官署及憲兵官署ヲシテ之レカ調査ニ當ラシメ國情及民度ニ鑑ミ民籍ト戸口調査ノ二ヲ折衷シ戸主ヲ中心トシテ其ノ家族ニ及ヒ明治四十三年五月ニ至リテ漸ク調査ノ完結ヲ見其ノ結果戸數二百七十四萬二千餘戸人口千三百九十三萬四千餘人ヲ計上シ爾後民籍簿ヲ警務官憲ニ備ヘ面長ヲシテ身分上ニ關スル人民ノ申告ヲ受理シテ所轄憲兵又ハ警察官署ニ送致スルコトトシ憲兵警察官ハ戸口調査ト相俟テ之カ整理ヲ實行シタリ

第四　地籍

土地ノ調査ハ數百年來全ク之無ク唯々目分量ナル結數制度ニ依リテ一斗落(一斗ノ籾種ヲ播下スル面積)又ハ一日耕(牛一頭人一人ニテ一日ニ耕ス面積)ノ單位ヲ以テ地籍ヲ定メ租税ヲ課シ現時ノ經濟狀態ニ適セサルノミナラス其ノ制度ノ不完全ナル結果所謂隱結ナルモノ多クシテ脱税ヲ企ツル者少ナカラス又土地ニ關スル權利ノ證明ノ如キモ不完全極マル文記又ハ郡守面長ノ證明ニ依リテ之ヲ爲シ權利變更ノ如キ詐僞到ル所ニ行ハレ亂脈極度ニ達セルヲ以テ明治三十九年土地

建物證明規則及土地建物典當規則等公布セラレ權利公認ノ方法稍々面目ヲ改メ爾來之レカ改正ニ關シ計畫ノ端ヲ開キ明治四十三年三月土地調査局官制ヲ制定シ七箇年繼續事業トシテ之カ調査ヲ進メタリ

第八章　間島領土問題

支、鮮兩國間三十年來ノ懸案タリシ圖們江ノ左岸ニ位スル一帶ノ地タル間島ノ所屬領土問題ノ交渉ハ在北京帝國公使ニ於テ專ラ臨機折衝ノ任ニ膺リ我統監府ノ直接關與セサル所ナリト雖モ同地方在留鮮人八萬三千有餘(支那人約三萬)ノ救恤保護ノ事ハ常ニ支那官憲ノ爲メ不利ノ地位ニ在リ所屬未定ノ故ヲ以テ宗主國トシテ韓國ノ外交權ヲ掌握シ之ヲ忽諸ニ付スヘカラス且ツ明治三十九年十一月時ノ韓國政府ヨリ保護方ヲ統監ニ請ヘリ依テ明治四十年八月統監府間島派出所ヲ此ノ地ニ設置シタリ然ルニ清國政府ハ自國領土ヲ以テ我ニ對シ我派出所撤退ノ要求ニ應セサルヤ十數箇所ニ邊務公署ヲ置キ數次ニ四千餘ノ兵員巡警ヲ派駐シテ韓人ニ對シテ裁判權ヲ主張シ種々ノ交渉問題ヲ惹起セリト雖モ我ニ於テハ極メテ平和ノ態度ヲ保持シ百方韓民ノ生命財産安固ノ道ヲ講シツツアリ然ルニ其ノ後滿洲ニ於ケル日支ノ關係複雜トナリ安奉線問題ニ引續テ間島領土權問題ノ交渉ヲ進メ遂ニ明治四十二年九月四日間島ニ關スル協約ヲ締結調印シ兩國ノ境界ハ圖們江ヲ以テ定界トシ帝國政府ハ間島ヲ以テ支那ノ領土ト認メ同時ニ支那政府ハ圖們江以北ノ墾地ヲ鮮民ノ雜居區域ト認メ支那國法權ニ服スルモノトシ間島ヲ開放シテ外國人ノ居住ヲ許シ將來吉長鐵道ハ南境ニ延長セシメ朝鮮會寧ニ於テ朝鮮鐵道ト連絡スルコトヲ約シ帝國政府ハ明治四十二年十一月一日ヲ以テ統監府臨時間島派出所ヲ閉鎖シ更ニ同月二日間島ニ帝國總領事館及領事館分館ヲ數箇所ニ設ケタリ而シテ併合後ノ今日ニ在リテ間島在留朝鮮人ハ支那法權ヲ脱シ日本臣民トシテ支那政府ニ對シ領事裁判權ノ權利ヲ有シ帝國領事ノ支配ヲ受クヘキ一等國民ノ待遇ヲ受ケ生命財産ノ保障ヲ與ヘラレツツアリ

朝鮮行政法要論（總論）（終）

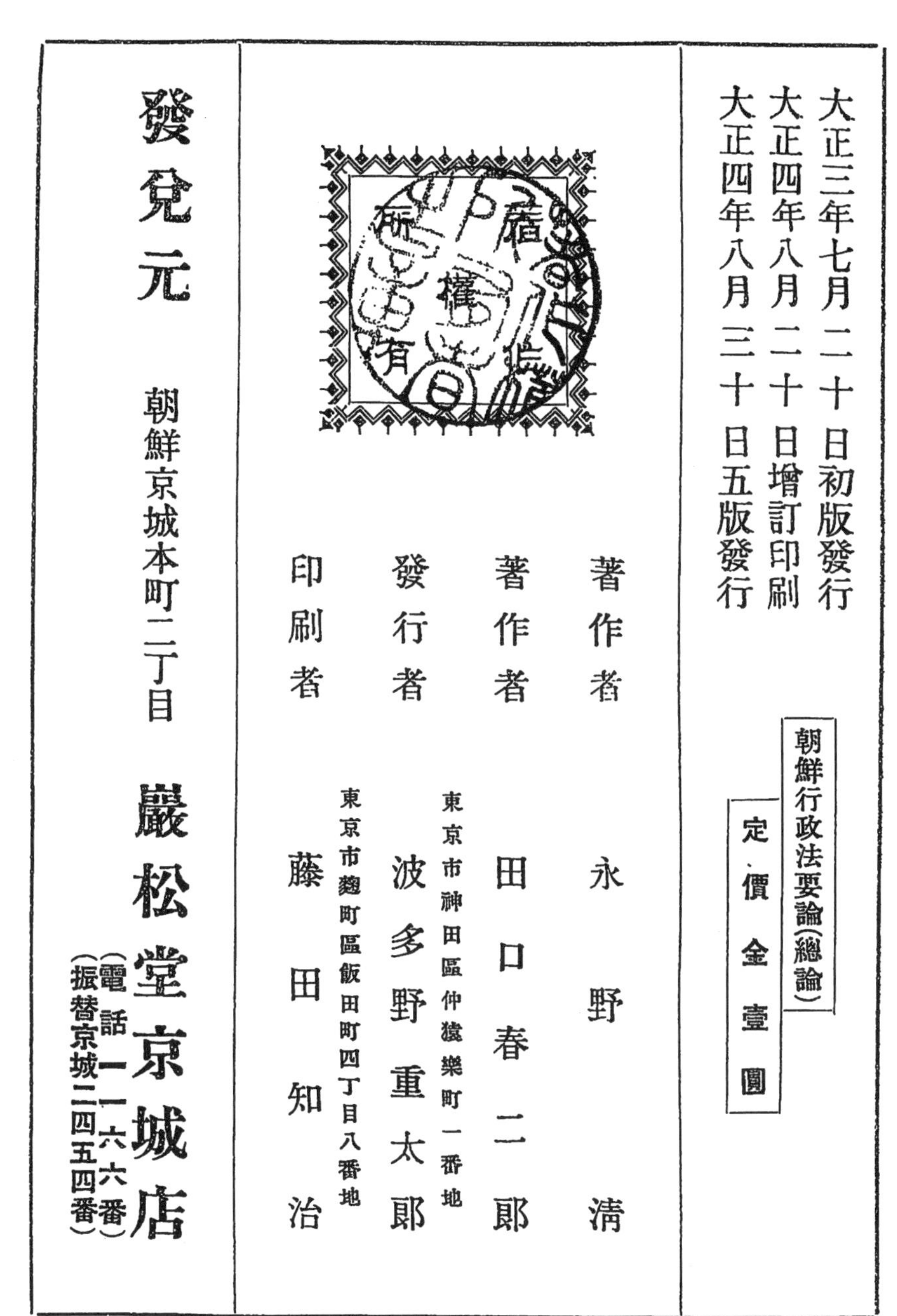

大正三年七月二十日初版發行
大正四年八月二十日増訂印刷
大正四年八月三十日五版發行

朝鮮行政法要論(總論)

定價金壹圓

著作者　永野清

著作者　田口春二郎

發行者　東京市神田區仲猿樂町一番地　波多野重太郎

印刷者　東京市麹町區飯田町四丁目八番地　藤田知治

發兌元　朝鮮京城本町二丁目　巖松堂京城店
(電話一一六六番)
(振替京城二四五四番)

(印刷所　東京市麹町區有樂町二丁目一番地　報文社)

朝鮮行政法要論　總論　　日本立法資料全集　別巻 1205

平成30年10月20日　　復刻版第1刷発行

著　者　永　野　　　清
　　　　田　口　春　二　郎

発行者　今　井　　　貴
　　　　渡　辺　左　近

発行所　信　山　社　出　版

〒113-0033　東京都文京区本郷6-2-9-102
モンテベルデ第2東大正門前
電　話　03（3818）1019
FAX　03（3818）0344
郵便振替 00140-2-367777（信山社販売）

Printed in Japan.

制作／㈱信山社，印刷・製本／松澤印刷・日進堂

ISBN 978-4-7972-7321-2 C3332

巻数	書　名	編・著者	ISBN	本体価格
950	実地応用町村制質疑録	野田藤吉郎、國吉拓郎	ISBN978-4-7972-6656-6	22,000円
951	市町村議員必携	川瀬周次、田中迪三	ISBN978-4-7972-6657-3	40,000円
952	増補 町村制執務備考 全	増澤鐵、飯島篤雄	ISBN978-4-7972-6658-0	46,000円
953	郡区町村編制法 府県会規則 地方税規則 三法綱論	小笠原美治	ISBN978-4-7972-6659-7	28,000円
954	郡区町村編制 府県会規則 地方税規則 新法例纂 追加地方諸要則	柳澤武運三	ISBN978-4-7972-6660-3	21,000円
955	地方革新講話	西内天行	ISBN978-4-7972-6921-5	40,000円
956	市町村名辞典	杉野耕三郎	ISBN978-4-7972-6922-2	38,000円
957	市町村吏員提要〔第三版〕	田邊好一	ISBN978-4-7972-6923-9	60,000円
958	帝国市町村便覧	大西林五郎	ISBN978-4-7972-6924-6	57,000円
959	最近検定 市町村名鑑 附 官国幣社 及 諸学校所在地一覧	藤澤衛彦、伊東順彦、増田穆、関惣右衛門	ISBN978-4-7972-6925-3	64,000円
960	鼇頭対照 市町村制解釈 附 理由書 及 参考諸布達	伊藤寿	ISBN978-4-7972-6926-0	40,000円
961	市町村制釈義 完　附 市町村制理由	水越成章	ISBN978-4-7972-6927-7	36,000円
962	府県郡市町村 模範治績　附 耕地整理法 産業組合法 附属法令	荻野千之助	ISBN978-4-7972-6928-4	74,000円
963	市町村大字読方名彙〔大正十四年度版〕	小川琢治	ISBN978-4-7972-6929-1	60,000円
964	町村会議員選挙要覧	津田東璋	ISBN978-4-7972-6930-7	34,000円
965	市制町村制 及 府県制　附 普通選挙法	法律研究会	ISBN978-4-7972-6931-4	30,000円
966	市制町村制註釈 完　附 市制町村制理由〔明治21年初版〕	角田真平、山田正賢	ISBN978-4-7972-6932-1	46,000円
967	市町村制詳解 全　附 市町村制理由	元田肇、加藤政之助、日鼻豊作	ISBN978-4-7972-6933-8	47,000円
968	区町村会議要覧 全	阪田辨之助	ISBN978-4-7972-6934-5	28,000円
969	実用 町村制市制事務提要	河邨貞山、島村文耕	ISBN978-4-7972-6935-2	46,000円
970	新旧対照 市制町村制正文〔第三版〕	自治館編輯局	ISBN978-4-7972-6936-9	28,000円
971	細密調査 市町村便覧（三府四十三県 北海道 樺太 台湾 朝鮮 関東州） 附 分類官公衙公私学校銀行所在地一覧表	白山榮一郎、森田公美	ISBN978-4-7972-6937-6	88,000円
972	正文 市制町村制 並 附属法規	法曹閣	ISBN978-4-7972-6938-3	21,000円
973	台湾朝鮮関東州 全国市町村便覧 各学校所在地〔第一分冊〕	長谷川好太郎	ISBN978-4-7972-6939-0	58,000円
974	台湾朝鮮関東州 全国市町村便覧 各学校所在地〔第二分冊〕	長谷川好太郎	ISBN978-4-7972-6940-6	58,000円
975	合巻 佛蘭西邑法・和蘭邑法・皇国郡区町村編成法	箕作麟祥、大井憲太郎、神田孝平	ISBN978-4-7972-6941-3	28,000円
976	自治之模範	江木翼	ISBN978-4-7972-6942-0	60,000円
977	地方制度実例総覧〔明治36年初版〕	金田謙	ISBN978-4-7972-6943-7	48,000円
978	市町村民 自治読本	武藤榮治郎	ISBN978-4-7972-6944-4	22,000円
979	町村制詳解　附 市制及町村制理由	相澤富蔵	ISBN978-4-7972-6945-1	28,000円
980	改正 市町村制 並 附属法規	楠綾雄	ISBN978-4-7972-6946-8	28,000円
981	改正 市制 及 町村制〔訂正10版〕	山野金蔵	ISBN978-4-7972-6947-5	28,000円